以空间再造
撬动学习方式变革

陈美莲 ◎主编

华东师范大学出版社
·上海·

图书在版编目(CIP)数据

以空间再造撬动学习方式变革/陈美莲主编.
上海:华东师范大学出版社,2024. —ISBN 978 - 7
- 5760 - 5238 - 1

Ⅰ. G420

中国国家版本馆 CIP 数据核字第 2024V1D027 号

以空间再造撬动学习方式变革

主　　编　陈美莲
策划编辑　彭呈军
责任编辑　张艺捷
责任校对　饶欣雨　时东明
装帧设计　卢晓红

出版发行　华东师范大学出版社
社　　址　上海市中山北路 3663 号　邮编 200062
网　　址　www.ecnupress.com.cn
电　　话　021 - 60821666　行政传真 021 - 62572105
客服电话　021 - 62865537　门市(邮购)电话 021 - 62869887
地　　址　上海市中山北路 3663 号华东师范大学校内先锋路口
网　　店　http://hdsdcbs.tmall.com

印 刷 者　常熟市文化印刷有限公司
开　　本　787 毫米×1092 毫米　1/16
印　　张　14
字　　数　287 千字
版　　次　2024 年 9 月第 1 版
印　　次　2024 年 9 月第 1 次
书　　号　ISBN 978 - 7 - 5760 - 5238 - 1
定　　价　58.00 元

出 版 人　王 焰

目录

序章
以空间再造撬动学习方式变革[①]

随着教育部系列文件的颁布,普通高中亟待改变现有育人方式,大力落实学生核心素养培育。对此,多数学校做法是通过课程改革、教育实践、教育评价来落实新形势下的育人目标。然而,学习空间在促进育人方式转型中的引擎作用却易因认识不足而被忽视。

国内外对学习空间的研究基于建构主义学习理论、情境认知与学习理论,始于 21 世纪初。美国的戴安娜·亚伯林格(Diana Oblinger)于 2003 年主编的《学习空间》一书指出学习空间的变化对教学和学习实践具有重要的影响,并从学生的变化、技术发展和对学习的理解三个方面阐述了学习空间设计的趋势。由此,学习空间的研究受到了国内外学者的广泛关注,重新设计学习空间日益成为一种趋势。

本书旨在探索核心素养培育视角下的学习方式变革的内涵与其实现的内在机制,以及如何通过学习空间的再造来支持学习方式的变革。我们将一所普通高中的整体学习空间的建设与学生整体学习方式变革研究相结合,采用循证研究的思路,围绕正式、非正式、虚拟的学习空间的建设研究,以学校现有的学习空间为基础进行功能拓展和再造,并通过配套课程的建设落实空间的应用,实现研究的整体性与实效性目标。

第一节　空间再造的价值追求

学习空间是连接教育者与学习者的一个重要的潜在因素,是开展学习活动所需要的区域,是学习发生的基本场所。再造学习空间可以帮助教育者创新和升级教育理念和方法,帮助学生在变化的学习环境中强化学习的意愿,通过相应的学习行为的改变,促进高质量学习的发生,培育学生核心素养,促进学生全面而有个性地发展。

---

① 本章由陈美莲撰写。

一、理论依据

我们知道建构主义认为学习是学生自己建构知识的过程,在具体问题的解决中,需要根据具体问题的情境对原有知识进行再加工和再创造,并需要个体基于自己的知识经验而建构对知识的理解,还需要考虑特定情境下的学习历程。沉浸式学习空间力理论认为利用沉浸式技术为学习者构建虚拟世界与现实世界融为一体的沉浸式学习环境,为学习者提供深度互动的、智能化支持服务的学习空间,为教学形式多样化、学习形式个性化提供了更多可能。近年来教育心理学领域兴起的具身学习理论主张,在学习过程中,个体不仅仅是被动地接收和处理信息,而是通过身体动作和实践参与来构建知识和理解。

我们也了解到国外学者对学习空间的设计、实施与评价做了大量的研究和实践。美国布朗(Brown,2005)根据新型学习者的特征,提出了学习空间设计的方案以及技术配置。明尼苏达大学(2010)开展为期三年的积极学习课堂(Active Learning Classrooms)准实验研究以评估不同的学习空间的布置对学习的影响。英国联合信息系统委员会于2008年综合使用定量和定性分析的方法,分析了技术的发展对学习空间设计的影响。澳大利亚的肯·费舍尔(Kenn Fisher)则对不同教学活动的属性、过程及其预设,设计不同的物理空间布置以适应不同的教学法。

由此可见,学习空间会影响教师的教学行为和学习者的学习行为,学习空间的变化对教师改进教学模式、激发学习者学习动机、变革学生学习方式以及促进学生深度学习具有重要意义。

二、时代导向

时代发展赋予教育新的内涵,学校空间再造需要把握时代脉搏,与时代同行。

五育融合发展呼唤学校学习空间的再造。习近平总书记提出,要培养德智体美劳全面发展的社会主义建设者和接班人。五育并举不仅需要课程,还需要课程实施的空间。然而,学习空间这一重要的课程发生场所,往往因为理论和实践的不足而被忽略。事实上,合适的学习空间能够作为教育改革的催化剂,促进教育实践更加贴近现实、更加灵活多元,从而更好地适应和支持学生全面发展。对学习空间再造的深入研究和实践,不仅仅是物理空间的重新塑造,更是教育理念和方法的创新和升级,通过探索学习空间,促进学生德智体美劳全面发展,助力学校五育并举,为普通高中教育的高质量发展提供强有力的支持和保障。

核心素养培育需要学校学习空间的再造。2016年,中国学生发展核心素养框架发布,提出了"人文底蕴、科学精神、学会学习、健康生活、责任担当、实践创新"六大核心素养。这表明普通高中的学习空间再造需要服务于学生发展核心素养。然而,学校的校园建设源自三十年前的初建阶段,目前面临的主要问题是现有的学习空间,包括普通教室、学科和创新实验室及信息化教学设备等,其设备逐步老化和功能滞后,导致空间封闭、类型单一和功能单向,缺乏开放性、情境性和融合性,与学生发展核心素养的培养需求不匹配。我们的重要任务是探究如何根据已有学习空间进行改造和再造,从而更好地支持和适应普通高中学生核心素养的培养。

育人方式改革要求学校学习空间的再造。《国务院办公厅关于新时代推进普通高中育人方式改革的指导意见》指出:"改善学校校舍条件。各地要完善学校建设规划,扩大教育资源,优化校舍功能。要制定优惠政策,建立绿色通道,加快项目审批和工程建设进度。有条件的地方应建设学科教室、创新实验室、社团活动室等,推进数字校园建设。"《上海市教育委员会等十部门关于推进普通高中学校建设的实施意见》提出:"提升普通高中学校教育装备配置水平,提升不同学习空间装备水平,增加并优化个性化学习空间,满足学生自主学习、合作学习、探究学习的需要,增加并优化各类学习空间,构建新时代普通高中学校育人新环境。"在新课程、新教材逐步推行的当下,不论是国家层面还是上海市层面,都对普通高中的学习空间提出了更高的要求。

因此,在五育融合发展、核心素养培育、育人方式改革背景下,有必要深入探索学习空间再造的内涵及其实施的内在机制、深入探索学习方式变革的内涵及其实施的内在机制,有必要深入探讨如何通过有机再造学习空间来有效支持学习方式的革新,为推动教育改革提供有力的理论支撑和实践指引,从而更好地适应"双新"时代的教育要求和学生全面而个性发展的需求。

三、学者心声

教育的根本任务是立德树人,因此在空间再造中关注学习者的需求显得至关重要。在问卷设计中我们基于现实问题,主要聚焦学生需求、空间现状和现有学习方式三个方面的短板和不足。

首先,通过对学生的访谈调查了解到,学生对当前需求得不到满足的现象较为普遍,如部分教学设备有些陈旧,不利于使用也跟不上时代;希望能感受不同的家庭文化,增进人际交流;希望走出校园,从社会中寻找问题,用所学的知识解决问题;希望学校能定期组织学生到高校去参观;希望能体验或参观更多的职业岗位,提前做好职业规划;学校的活动有些无法体会到意义,希望课程的设置能更有意义。

其次,在学校空间现状方面,虽然前期建设了十余个创新实验室,但学生认为还是存在空间封闭、类型单一、功能单向等问题,这些问题的存在直接导致了现有学习方式的不足。

最后,现有学习方式的盲目、被动、维持、单一,在学习过程中仍然较多存在被动记忆和机械训练等传统学习方式,与"双新"背景下所倡导的学习方式存在显著的不匹配。

通过调查发现的上述三个现实问题表明学校学习空间的优化势在必行。

四、价值追求

上海市中原中学地处上海市东北角,是杨浦区一所实验性示范性高中,始建于 20 世纪 90 年代,学校规模不大,建设资金有限。本书记录了指向学习方式变革的学习空间再造研究和实践的全过程,我们期待的是促进学校和学生更好地发展,同时也给予全市乃至全国同类型学校在学术和应用等多方面的借鉴价值。

进一步完善学习空间创设的相关理论。在现代教育改革的背景下,学校环境和学习空间的变革成为推动学生核心素养培育的重要方向。本书延续并发展了学校前期课题"指向普通高中学生'成功体验'的三类学习环境建设的实践研究"的理论成果,进一步深化了学习空间与学生核心素养培育之间的内在联系,揭示了空间资源整合在促进高中生核心素养培育中的关键性角色,为教育学者和实践者提供了一个新的视角。

高中学习方式变革与学习空间建设的学理探究。随着教育目标和教育方式的不断升级和变革,如何构建和优化能够适应新时代教育要求的学习空间,成为当前教育研究和实践的焦点。本书深入研究学习方式变革与学习空间建设之间的内在关系和相互影响。通过理论研究和实证分析,为学校提供科学、合理和有效的学习空间再造理论和策略,为今后的研究和实践提供有力的理论支撑和参考。

支持深度学习的空间再造策略的深度探索。在"双新"背景下,本书旨在打造一套具有针对性的学习空间再造策略和方法,支持普通高中学生实现"深度学习"。首先,通过深入分析当前学生的学习方式和需求,研究能够促进学生深度学习的空间元素和设计理念。然后,结合学校的课程和教育目标,构建一个可以支持学生个性化和全面发展的学习空间,同时也为学校的课程和育人方式转型提供强有力的支持。

此外,本研究还将探讨如何将学习空间的再造作为教育改革的催化剂,促进教师教育理念和方法的创新和升级,为学生提供更多的实践活动和文化熏陶的机会,培育"勤于探索、乐于实践、勇于创新"的实创素养,从而实现学校"建设实创学校,培育实创素养"的办学目标,进一步推动学生的个性发展和全面发展。

第二节　空间再造的研究设计

空间再造集理论研究与实践研究为一体,再造行为之前尤为重要的就是要做整体设计,包括相关学术史的研究,相关实践成果的梳理,确定学校空间再造的总体框架、主要目标、基本思路、实施路径等。我们着重开展普通高中生学习方式变革指向下的学习空间建设的学理探究，包括如何从高中学生学习方式研究视角出发，关注学习空间的建设，丰富传统的学习空间建设的策略研究；如何从学习空间再造的研究视角出发，实现学习方式的改变，丰富传统的学习方式改变的策略研究，使理论研究成为行动研究的指南针。

一、文献研究

在研究之初，我们分别检索学习方式及学习空间，发现中国知网（2000—2020 年）有相关文献近千篇。国内外对学习方式和学习空间的研究多基于学习理论，于 21 世纪初起受到广泛关注。

（一）学习方式的内涵与特征

学习方式是当代教育理论研究中的一个重要概念，学术界对它的解释存在一定分歧。较为普遍的观点是学生在完成学习任务时基本的行为和认知取向。庞维国在比较了各类表述后，认为学习方式泛指学生在各种学习情境中所采取的具有不同动机取向、心智加工水平和学习效果的学习方法和形式。这一表述体现了学习方式具有可变性，而并非相对稳定的个性特征范畴，因此可以被"改变"或者可以依据情境任务的要求而改变。

学习方式因学习目标的多面性、学习内容的多样性和学习者的个别差异性而具有多样性，每一种学习方式都具有特定的功能价值和使用范围。例如：从学习的信息化程度角度，可将学习方式分为传统学习和信息化学习；从学习活动发生场所角度可分为，面对面学习、网络学习以及混合学习；从学习的主动性角度可分为，自主学习、合作学习、教师主导—学生主体学习、被动学习、探究性学习和研究性学习；从知识的来源角度可分为程序性学习、经验性学习和体验性学习；从学习的组织形式角度又可分为独立学习与合作学习；最后从学生参与学习活动的方式角度可分为个体性学习—合作性学习、他控性学习—自主性学习以及间接性学习—参与性学习。有学者认为由于历史条件的限制，传统学习方式具有维持性、被动性、盲目性、单一性和知行对立性五种特点；而现代学习方式与生产方式和思想观念联系密切，具有创新性、主体性、进取性、科学性、多维性、整体性、知行统一性等特征。

事实上，仍有学生以知识点的了解、识记为最终目标而进行维持、被动、盲目的学习，学习过程脱离真实情境，与双新要求下的自主、合作、探究的学习相去甚远。因此，通过外界环境、学习活动设计、学习评价的改变等方式来促使和支持学生学习方式的变革尤为迫切。

（二）学习空间的内涵与类型

21世纪随着信息技术的飞速发展,学习空间的概念和类型得到了广泛的关注和研究。基于建构主义学习理论及情境认知与学习理论,学者们尝试从多角度解析学习空间的内涵和类型,寻求其对学习效果的影响及其未来发展趋势。

学习空间的内涵。学习空间这一概念涌现于21世纪初,其研究基于建构主义学习理论和情境认知学习理论。建构主义强调知识是在特定情境中由学习者所构建的,而学习空间作为情境的一部分,其设计和利用直接影响学习者的认知结构和学习效果。学习空间在广义和狭义两个层面有不同的表述。广义上,它是指可以发生学习行为的任何场所;而狭义上,它涉及多种有特定功能和特征的空间类型,通常根据其构成要素、技术支持和功能指向来界定。

学习空间的分类及特点。学习空间通常可以分为正式、非正式和虚拟三种类型。正式学习空间主要包括专为教育目的设计和配备的空间,如教室、实验室和图书室,这些空间通常能够提供组织化和系统化的学习活动。非正式学习空间则包括那些非专用但能够支持学习活动的场所,例如走廊、咖啡厅和草坪,这些空间具备更多的灵活性和开放性,能够为学习者提供多元化和个性化的学习体验。虚拟学习空间则涵盖了网络社区和学习资源库等基于网络和多媒体技术构建的学习空间,这类空间可以提供丰富的学习资源和交互工具,为学习者创造多维度和跨时空的学习体验。现代学习空间的建设和运行也受益于多媒体交互设备的支持,包括无线网络和各种移动通信设备,它们不仅丰富了学习方式和手段,同时也增强了学习的交互性和实效性。

综上,学习空间作为教育学研究的一个新兴领域,其理论和实践都在不断地发展和完善。未来,学习空间的研究将更加深入和细致,以适应快速变化的教育环境和需求,为创建更加高效和有益的学习环境提供理论支持和实践指南。

（三）学习方式变革下的学习空间设计

早期,国外学者对学习空间的设计、实施与评价做了大量的研究和实践。《21世纪学习愿景》中列举了5所具有代表性的拥有创新性学习环境的英美学校,分别通过一人一设备等空间建设促进学生项目化学习,通过双课时双教师教学空间进行合作交流学习和跨学科学习,通过可区分功能空间设计实现学生独立与合作化学习方式……这些学习空间的功能指向与我国核心素养的"自主发展、社会参与"内涵指向是基本一致的。

近年来,我国部分普通高中通过建设"未来课堂"或"创新实验室",实施学习空间的建设。这些建设,基于学生发展学科核心素养,以学生学习为中心,涉及生命科学、物理、化学、工程技术、地理、音乐、金融等众多学科(跨学科)和领域,立足于研究性学习(以学生为主体的课题或项目小组式学习)要求,实验方式更加注重对学习的过程的探究和真实的体验,从而支持开放性、探究性学习的进行。如:北蔡高级中学为使学生能够身临其境地学习,设计了具有实物模型的航海主题实验室;上海师范大学附属中学的"未来教室"、上海市实验学校的"新型情景体验教学空间"充分运用信息技术手段支持学生个性化学习;市西中学图书馆打造开放的、师生角色灵活转变的、跨学科的"自主+讨论"式的学习方式,使得学生学习潜能被大大激发。

综上,对学习空间的创建已成为优化学习过程,促进学习效果的重要影响因素,相关研究也取得了一定成果,但"双新"背景下,如何通过学习空间建设,促进核心素养下学习方式变革,以及通过学习空间的建设,探究核心素养下学习方式变革的内在机制,其实证和实践研究仍有一定的探索空间。

(四) 文献述评

在现阶段,许多学生仍然坚持通过知识点的识记来达到学习目标,显然,这与"双新"理论强调的自主、合作、探究的学习方法有较大的偏差。此背景下,学习空间通过外部环境调整、活动设计和学习评价的改革来推动学生学习方式的转变。目前,学习空间的理论和实践都在不断地发展和完善,预示着未来的研究将更加深入和细致。而在"双新"背景下,如何通过学习空间建设来推动核心素养的学习方式变革,及探究其内在机制,已成为当前研究的重点和挑战。显然,为了适应不断变化的教育环境和需求,未来的学习空间研究将致力于为创建更高效和有益的学习环境提供理论支持和实践指南。综上,学习空间研究已逐步形成并取得了一些成就,但仍需深化实证和实践研究,以期在"双新"背景下,更好地推动学习方式的革新和核心素养的提升。

二、概念界定

实施指向学习方式变革的学习空间再造之前首先要界定三个核心概念:学习方式变革、学习空间、学习空间再造。

学习方式变革。学习方式泛指学生在各种学习情境中所采取的具有不同行为动机取向、心智加工水平和学习效果的学习方法和形式。结合国家课程标准,我们把学习方式变革界定为:在高中学段,从学校原有教学过程中,学生所体现出来的具有"盲目性、被动性、维持性、单一性、知行对立性"等特征的学习方式,转变为"双新"背景下具有"主动性、交互性、体验性、问题性、独立性"特征的学习方式,从而实现学生"自主、合作、探究"的学习。

学习空间。学习不仅发生在教室中,还会发生在图书馆、走廊、餐厅等教室之外的场所;学习不仅发生在校内,还可以发生在校外场所;学习不仅发生在物理空间,还可以发生在虚拟场景之中,必须打通时空的壁垒。因此我们将学习空间定位为"正式、非正式与虚

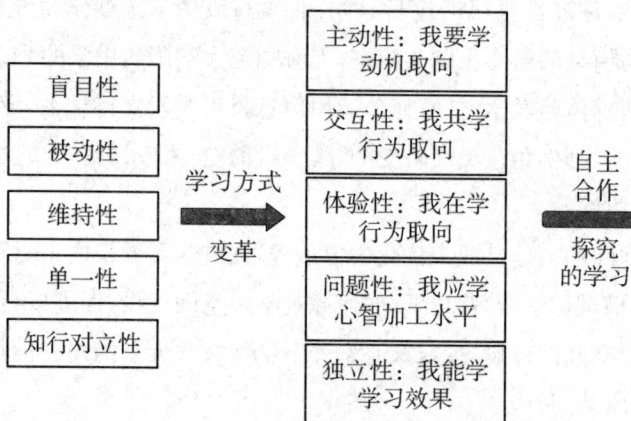

图 0-1 中原中学学习方式变革概念界定

拟"三种形式。正式学习空间包括教室、实验室、图书室等校内学习场所;非正式学习空间是除正式学习空间以外的其他场所;虚拟学习空间包括网络社区、学习资源库等通过多媒体方式呈现的学习空间,所需的技术支持主要是多媒体交互工具,包括计算机、平板电脑、手机、视频会议系统、投影、交互白板、投票等。

学习空间再造。在有限的资金、技术和物理空间条件下,通过盘整现有的学习空间,进行适应学习方式变革的学习空间设计和建设。

三、目标构建

我们着重打造支持学生具有主动性、独立性、交互性、体验性和问题性特征的学习的发生,从而实现学生的"自主、合作、探究"学习的开放、共融、情境化的学习空间。开放,指再造学习空间可支持学习时空的多样性、学习过程的自适应、学习评价的多维性,从而支持学生个性化学习。共融,指再造学习空间可支持人机交互,师生、生生合作,校家社共育,从而支持学生交互性学习。情境化,指再造学习空间可提供真实的问题和生活化的场景,支持学生切合实际的学习。

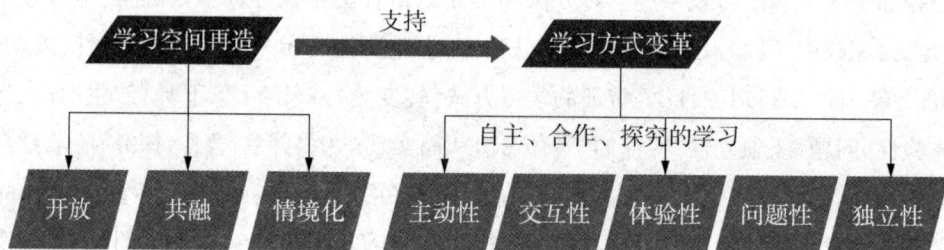

图 0-2 中原中学学习空间再造目标

四、方法选择

我们将理论研究和实践研究相结合,通过查阅文献,充分参考国内外学习空间建设相关经验;通过调研现有学习空间,确定学习方式变革指向下的学习空间再造方案;通过案例研究与调研,对学习空间的再造与配套课程实施进行成效研究,进一步改进、优化建成的学习空间,形成闭环式的行动研究。

文献研究法。着重于详细探讨和分析教育部、上海市、杨浦区的教育改革文件,以及相关理论和实践文献,旨在明确与核心素养相关的学习方式变革和学习空间建设的特征,从而确定学习空间再造的目标、路径和方法。

调查研究法。包括问卷调查、座谈和个别访谈,用于在项目初期深入了解学生在不同学习空间下的学习活动。数据收集和分析的过程将揭示现有学习方式的问题和当前学习空间的应用状况。在学习空间再造后,再次调研了解不同学习空间下学生学习方式的变化,探究其实现的内在机制。

案例研究法。通过案例和学生个案研究,深入了解学习空间再造过程中学生学习方式在核心素养层面的变革,及其实现的内在机制。

行动研究法。着眼于将学习空间再造和相关课程建设的成效评估结果作为学习空间进一步改进的依据,强调理论研究和实践研究的结合,在实践过程中进行探索、修正、检验和优化。

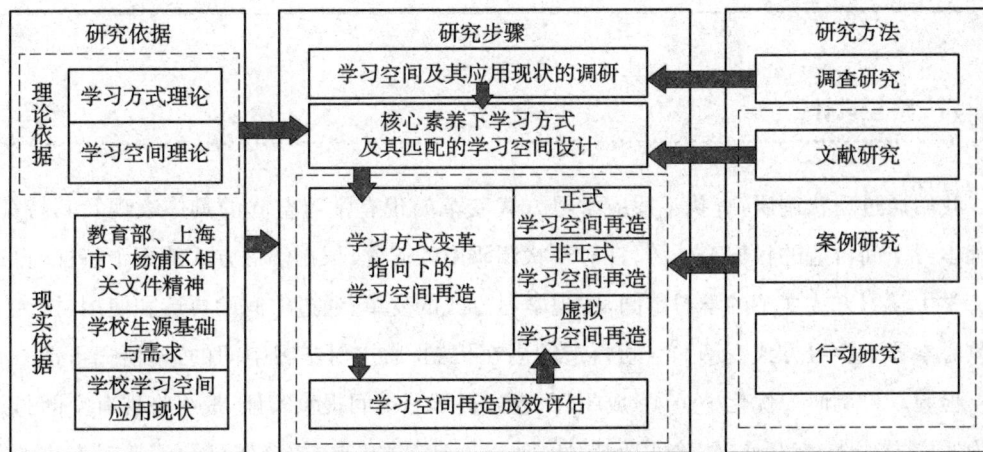

图 0 - 3 中原中学学习空间研究框架

五、整体推进

表 0-1　中原中学学习空间再造推进计划

时间	研究内容
前期准备阶段 （2020 年 9 月—2021 年 6 月）	（1）学习高中生学习方式变革相关政策文件、理论与实践的研究文献，学习国内外学习空间的相关理论与实践研究文献，完成文献综述； （2）选定参与课题主要人员，根据研究综述及本校学习空间现状，初步拟定研究方向； （3）撰写《指向高中生核心素养培育的学习空间再造研究》开题报告初稿； （4）汇报开题进展，听取专家意见； （5）修改开题报告初稿，形成定稿，确立研究方案。
具体实施阶段 （2021 年 7 月—2024 年 6 月）	（1）学习方式及学习空间应用现状的调研，形成《学习空间应用现状调研和评估》调研报告； （2）适应核心素养下学习方式变革的学习空间再造的实践研究，形成《指向高中生学习方式变革的学习空间再造的现状研究》研究报告； （3）指向普通高中生学习方式变革的学习空间再造的成效研究，形成《指向高中生学习方式变革的学习空间再造的成效研究》。
研究梳理与资料整理 （2024 年 6 月—2024 年 7 月）	（1）专家论证与研讨，修改初步形成《指向高中生学习方式变革的学习空间再造实践研究》《指向高中生学习方式变革的学习空间再造》研究报告； （2）对研究过程中学习空间再造的相关论文、案例、电子资料（包括会议、活动等文字和影像）等性资料的整理，初步形成《指向高中生学习方式变革的学习空间再造研究》专著框架； （3）初步形成《指向高中生学习方式变革的学习空间再造案例集》与《指向高中生学习方式变革的学习空间再造研究》专著初稿。
总结阶段 （2024 年 8 月—2024 年 9 月）	形成最终成果《指向高中生学习方式变革的学习空间再造案例集》《指向高中生学习方式变革的学习空间再造研究》。

六、路径设计

　　我们通过现状调研，查找不适应学习方式变革的现有学习空间的具体表现及其特征，明确学习空间再造的目标与任务；针对现状调研中的问题，根据学习方式的五个特征，再造支持学生学习方式变革的学习空间，实现学习方式的变革；通过空间的再造和使用，探究支持核心素养下学习方式变革的空间再造的内在机制；通过对学习空间的"调研—再造—应用—检验—再调研—优化……"形成闭环，为完善学习空间提供实证；最终将现有空间打造成为适应主动性、交互性、体验性、问题性、独立性特征的"自主、合作、探究"学习方式的开放、共融、情境化的学习空间。

（一）学习方式及学习空间的现状调研

在本次研究项目中，集中关注于学习空间再造前后的学校现有学习空间使用情况，具体涉及学习空间中学习内容与学习方式的展示、核心素养与实创素养的匹配与达成度，以及学生对当前学习空间活动满意度的探讨。为了深入挖掘这些方面的信息，采用了多元化的调研方式，包括问卷调查、访谈以及作品设计等，旨在全面收集与学习空间应用现状相关的细节和数据。通过制定细致的调研工具，参照《普通高中课程方案（2017 年版，2020 年修订）》《国务院办公厅关于新时代推进普通高中育人方式改革的指导意见》《"双新"背景下杨浦区普通高中学校选修课程实施现状调研》《上海市中原中学教育改革与发展"十四五"规划（2021—2025）》，编制了《指向高中生学习方式变革的学习空间再造研究调研问卷》，作为捕捉学习空间应用现状的重要工具，辅助研究团队更精准地了解学校当前学习空间的运用情况及其对学生学习方式的影响，进而为后续的学习空间优化和再造提供科学、有逻辑的依据。

表 0-2　中原中学调研工作具体安排

序号	内　　容
1	在校长室领导下，科研室拟定调研内容、工具、对象，确定调研方案初稿，确定方案；
2	科研室牵头召开碰头会，指导各项目组明确调研目的、任务、对象、内容、时间、形式、分工；
3	项目组召开调研工作布置会议，安排调研实施；
4	对在校学生实施"三类"学习空间使用情况调研；
5	项目组收集和分析调研数据，召开组内反馈分析会，完成调研报告；
6	反馈调研过程中的问题，为二次调研做好准备。

（二）适应学习方式变革的空间再造的框架设计

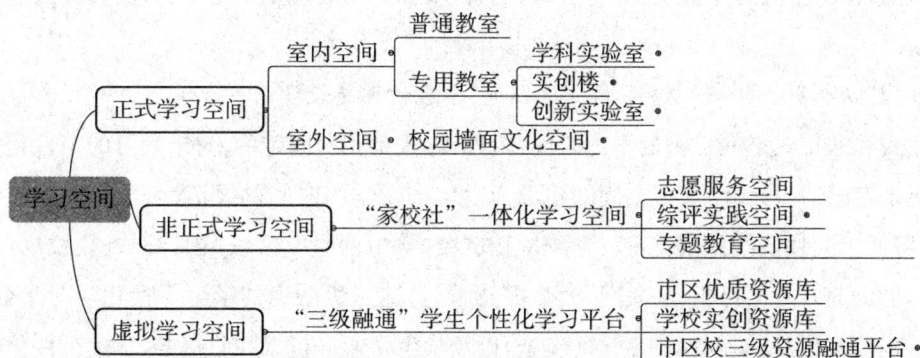

图 0-4　中原中学学习空间再造框架

11

1. 正式学习空间的再造设计

针对学习空间再造的实践研究，聚焦于学校内的教室、走廊和公共场所，包括特定的教室墙面和楼道墙面，以及多功能的创新实验室。重点在于确保这些空间能够更好地满足学生在"双新"背景下的学习需求和活动。

第一，提升普通教室与学科实验室空间的适应性，实现功能升级。进行硬件的数字化和空间的情境化等改造，满足"双新"要求下具有高度信息化、精准性、交互性的大数据支持的学习需求，增强学生学习的主动性、体验性、交互性、问题性、独立性，促进自主、合作、探究学习的发生。

第二，提升实创学习空间的互融性，实现功能迭代。对单科创新实验室进行空间拓展性功能再造，适应跨学科学习的要求。建设"一·三·七"创意实践中心，即"一个实创中心""三大实创厅""七类功能区"，形成集体验、探索、交流、实践、展示于一体的复合型学习空间，为"三级"实创进阶课程提供开放、情境共融的学习空间。

第三，提升校园文化空间开放性，实现功能重塑。对学校墙面进行主题化建设，赋予其明确的教育功能，为学生的学习创造良好开放沉浸的学习空间。将教室、办公室走廊建为讲述学生、教师、学校、城市、国家历史的动态空间，食堂楼顶建成"阳光百草园"生态空间，实验室内外墙建成自主实验的情境空间，增强学习的主动性、交互性和体验性，培育"人文底蕴、责任担当、健康生活、实践创新"等核心素养。

2. 非正式学习空间——"校家社"一体化空间的再造设计

对学校已有"专题教育、志愿服务、综评实践"三类"非正式"学习空间进行升级，打造家庭融合学习空间，创新专题教育空间；建立社会复合学习空间，丰富志愿服务空间；建设"校家社"综合学习空间，充实综评实践空间。将非正式空间再造为学校、家庭、社会三方育人目标一致、课程体系完整、功能融合互补的一体化的学习空间，同时健全家庭学校社会协同育人机制，让学生置身于真实社会生活情境中，培养学生处理复杂情境、解决真实问题的实践能力。

3. 虚拟学习空间——"市区校三级融通"平台的再造设计

正式和非正式空间提供的学习时间、内容、方式是相对固定的，对于学习的个性化需求的满足是有限的。因此，虚拟空间的建设为学生实现学习时间的灵活性、学习内容的丰富性、学习需求的独特性提供支持。学校依托市级"空中课堂"、区级"创智课堂"、校级"实创课堂"，借助 5G、人工智能、互联网、大数据技术，打造三级融通的学生个性化学习平台，为国家课程校本化、校本课程特色化的实施，以及学生学业分析、诊断、提升，学生个性化学习提供空间支撑，培育其拥有自主学习能力、技术运用能力，成为信息化时代下的终身学习者。

（三）指向普通高中生学习方式变革的学习空间再造的成效研究

进行针对"三类"学习空间满意度测评，为进一步优化提供实证依据。建立指向普通高中生学习方式变革的"三类"学习空间再造成效评估框架，包括：学习方式变革的观察量表、学生学习方式变革的评估报告、教师课堂观察调研报告、"三类"学习空间再造下学习方式变革的案例、指向学习方式变革的学习空间评价量表、指向学习方式变革的学习空间成效评估报告等。

第三节　空间再造的实践行动

三年来，我们通过学生调研、教师行动、专家指导，针对空间封闭、类型单一、功能单向等正式学习空间问题，数据互融互通不够、分析循证设备缺乏、个性化学习资源不足等虚拟学习空间问题，学生盲目、被动、维持、单一、知行对立的学习方式问题，选科与选课迷茫、未来职业规划不明等生涯规划困惑，在有限的资金、技术和物理空间条件下，采用项目融合推进、资金通盘整合、空间开放共享等措施，进行适应学习方式变革的学习空间设计和再造，打造开放、共融、情境化的学习空间，以支持具有主动性、独立性、交互性、体验性和问题性特征的学习的发生，从而实现学生的"自主、合作、探究"的学习。

一、再造逻辑

在实践行动中，我们尝试将学习空间、学习方式及学生核心素养培育形成逻辑链，并建构以下模型：

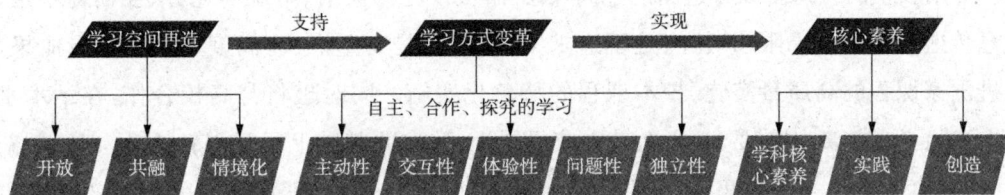

图 0 - 5　学习方式变革下的学习空间再造逻辑链

二、再造实践

再造实践一　变传统空间为实创绿洲

学校的正式空间与当前教育不完全适应，需要进行硬件的数字化、空间的情境化、功能的拓展化再造，使之具备沉浸体验、真实探究、开放互动等功能，再造普通教室为多功能学习环境,专用教室为专业化学习场所,实创中心为创新型实践基地。同时,还要优化相应课程的建设与实施,使结构化、情境化、活动化的深度学习真正发生,培养学生实践创新的核心素养。

(一) 改造现有学习空间,推动学习方式革新

1. 拓宽教室用途,功能类型多样化

教室增加智慧黑板、智能讲台、互动教学、实时录播、AI评课等工具。图书馆重新布局,实现人、书、机、具一室化布局,藏、借、阅、研、休一体化模式。心理中心改造音乐放松室、心理沙盘室、情绪宣泄室等。物理实验室进行核心学习区、思维风暴区、自主实验区、学科探索区、文化展示区等五个功能性区域建设。生物、化学实验室配置水、电、气、网等集成式电动摇臂吊装系统,移动式实验桌椅、独立上给排水水槽、实时投屏实验器材与实验台录像等组成的地面单元,以及中央智能控制系统。

表0-3 普通教室与学科实验室学习空间再造

空间	空间现状	再造要求
物理实验室	座椅与插座等设备固化	改造为配合移动式座椅的吊装插电装置 增加实验台录像等功能
化学、生物实验室	缺乏足够供排水管道 传统显微镜装置	增加试验台及改变相应管道布局 添置实时投屏实验器材与实验台录像等功能
普通教室	电脑和触摸屏故障频出,网速慢,无投屏、无同步录课功能,教室黑板、白板布局不合理	电脑型号更新,网速快,有一键录课功能,有投屏功能,教室触摸屏敏感度强、质量好,黑板易书写、易擦拭,相对面积应较大,有足够书写空间,投屏可移动

专用教室的再造旨在打造新的空间样态,解决设施不灵活、资源不充分、互动性不足、信息传递受限四大局限,其特点是不追求大而全,而是有重点、有高度、有特色、有成果,推进国家课程的高质量实施、校本课程的特色化实施。同时也将与高校合作,在学术水准上满足学生创新的需要,学生在其中获得知识,并在此基础上展开创新活动,训练创新思维,提出创新性的解决思路,学习和创新都可以更好达成,不让他们的创新变成海市蜃楼。

2. 创新教室种类,学习方式多元化

我们开创了智能阳光百草园、古诗文吟诵实验室等多种类的创新实验室,并伴随学校课程、活动开展不断完善创新实验室的设施设备。创新实验室开辟的学习空间和提供的学习设备整合了多样化的学习环境,更有利于创新实践活动的展开,促进育人方式的多元化。

古诗文吟诵实验室具有一体化录制设备、开放性展示平台、立体化情境创设的优势,营造余音绕梁的立体诗意空间,更易激发学生的想象力、共情性、同理心。学生通过小组合作、互相点评、视频录制、个体展示等挑战性任务,置身于诗文的情境中,传承优秀的传统文化,体验古人的喜怒哀乐,开掘自我的生命体验,走向更广阔的人生天地。

数学多功能互动创新实验室在空间、设备、布局等方面体现一定的前瞻性和拓展性,主要突出空间的开放性、情境性、智能化,阅读区、展示区、数学游戏区设置,移动式家具、图形计算器、平板电脑、智能白板、投影仪等配备,支持学生实践学习、合作学习、数字化学习,使学生获得数学思维、文化体验和审美熏陶。

地理创新实验室包括城市灾害防治与生态建设专用实验室和台风、地震体验房。屋顶星空幕布和星象仪、电子白板、触摸式大尺寸电视屏幕、行星风系演示仪、矿物岩石标本、地貌模型等实验设备,创设真实情境,促进教学互动,激发学习兴趣。学生在取样观测、数据分析、报告撰写、措施落实、生态建设中培养实践能力以及社会责任感。

新闻与摄影创新工作室中问题探究区的自由拼接桌椅、创意实践的摄影设施、成果展示的多媒体设备、持人机交互的网络空间为学生们进行新闻采写、摄影技能、视频录制、后期编辑等课程中的自主学习、小组合作、跨学科学习、综合实践活动提供支持,满足学生的个性需求,激发学生的创作激情,培育学生的实创素养。

物理创客空间科学实验室,包括"小型科技馆"、迷你实验虚拟空间、创智工坊三个空间,多媒体设备、灵活课桌椅、专用实验器材、实验录播系统为学生打造开放式、情境式学习空间。城市沙盘制作、器材说明编写、实验视频学习、古代科技还原、高达模型制作等课程,培养学生的科学思维、探究能力、实创素养和工匠精神。

智能阳光百草园,由屋顶阳光房、自然种植区、手作实验室三个空间组成,配置了智能播放、自动喷淋、实验制作等设备,学生在种植课程、手作课程、探究课程中通过独立思考、小组合作、深入探究、动手实践等学习方式,体验实际情境,发现实际问题,解决实际问题,主动构建解决实际问题的模型与方法,不仅形成科学思维,而且收获人文思想。

修艺润心京剧工作室配备服装、道具、音像资料、表演观摩设备,让学生零距离触摸到古老的京剧艺术,使学生形成审美注意—审美期待—审美态度。充分利用多媒体、视频、音频、网络,创设生活情境、故事情境、知识情境、文化情景,选取经典素材、教授赏演技能,让学生感受情绪、学习、过程、成长的多重快乐。

3. 打通空间壁垒,实创素养显性化

"一·三·七"创意实践中心("一个实创中心""三大实创厅""七类功能区")形成集体验、探索、交流、实践、展示于一体的复合型学习空间,使学习更具主动性、交互性、体验性等特征,再造设计如下:

创意实践中心由一个大型多组协作区,文创厅、科创厅、综创厅三个多学科学习空间,城市灾害防治与生态建设创新实验室、生涯模拟公司、物理创客实验室、机器人创客实验室、古诗文吟诵实验室、京剧艺术实验室、新闻与摄影实验室等八个项目工作室构成。

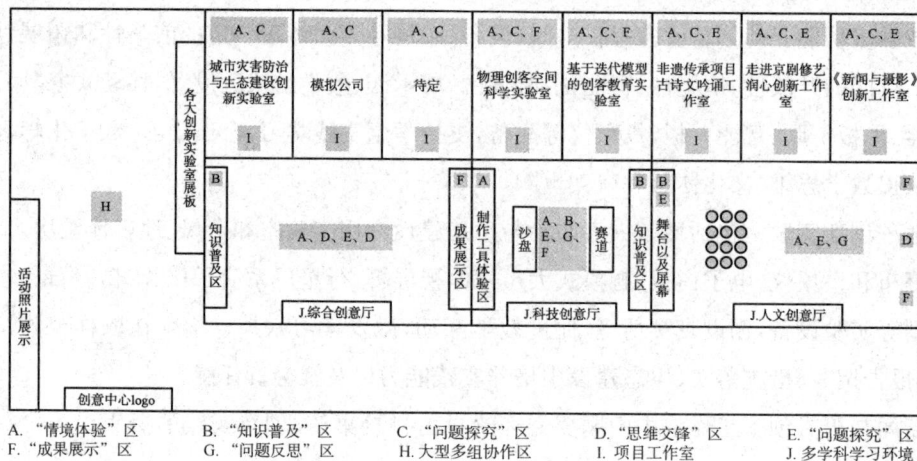

A. "情境体验"区　　B. "知识普及"区　　C. "问题探究"区　　D. "思维交锋"区　　E. "问题探究"区
F. "成果展示"区　　G. "问题反思"区　　H. 大型多组协作区　　I. 项目工作室　　J. 多学科学习环境

图 0-6　"一·三·七"创意实践中心平面效果图

实创中心的再造使"体验激趣"课程,"实践培特"课程更具学习的交互性、体验性和问题性等特征;"探究赋能"课程更具学习的独立性、交互性、问题性等特征,使结构化、情境化、活动化的深度学习真正发生,培养学生实践创新的核心素养。

表 0-4　创意实践中心三个大厅普通空间再造及相关功能

空间名称	服务课程	主要配置	实现功能
文创厅	古诗文吟诵 京剧表演 新闻与摄影	舞台、屏幕、讲台、多媒体、可移动矮凳和讨论桌椅、软包墙面等	建设知识普及、情景体验、问题探究、思维交锋、成果展示、问题反思、大型多组协作区等功能区。
科创厅	机器人实验 物理创客实验	制作工具展示墙、未来城市沙盘、机器人赛道、可替换墙面装饰框、实创作品展示橱窗等	形成集体验、探索、交流、实践、展示于一体的开放、共融、共享的复合型学习空间。
综创厅 (中心大厅)	志愿者服务 职业体验 生涯规划	可移动多媒体设备、可移动桌椅、特色课程展示墙	为学生在项目化学习过程中提供多样化的可变化的情境化学习环境,培养学生勤于探究、乐于实践、勇于创新的实创素养。

(二) 以实创素养培育为核心,打造进阶式实创配套课程

结合语言文学学习领域、自然科学学习领域、社会科学学习领域、技术领域、艺术领域、体育与健身学习领域打磨课程群,开发打造"体验激趣、实践培特、探究赋能"进阶式的跨学科实创课程,培养学生勤于探究、乐于实践、勇于创新的实创素养。

16

体验激趣课程突出实验室融合,八个创新实验室各自领衔、合作,开发一门4课时跨学科短课程,着重激发兴趣、挖掘天赋。实践培特课程强调与必修课的融合,由各个实验室在原有基础上开发的长课程,为期一学年,着重培养学生特长。探究赋能课程突出项目化学习方式,将八个创新实验室分为文创、理创两个项目组,着重培育学生实践能力、创新素养。

实创课程指向个性发展目标、满足不同潜质学生发展需要、打破传统育人壁垒,课程分布横向合理、纵向衔接,惠及全体学生。活动设计以"回归生活、立足实践、着眼创新"为原则,选取具有综合性、实践性、现实性的问题、事件、现象来设计课程内容,让学生综合运用所学的本领解决各种问题,能动地开展探索和改造现实世界的活动,为将来成为创新人才奠定基础。

表0-5 创新实验室及三级实创课程

	所属实验室	体验激趣课程	实践培特课程	探究赋能课程
实创课程	新闻与摄影创新工作室	走进人物采访	校园影视创客	《加油!实创节》微视频制作
	物理探究实验室	自制赤道式日晷	探寻中国古代科技寻找生活中的科学	《保卫鸡蛋》《弹射起步》《传动装置》装置制作比赛
	数学多功能互动创新实验室	认识"双色球"中的概率	数学建模	学生数学视频制作或数学建模
	城市灾害防治与生态建设实验室	智能感应垃圾桶制作	流域沙盘模型制作	变废为宝
	智能阳光百草园	走进"蓝染"	手作课程驱蚊创新研究	生态瓶制作、储蚊箱设计、《谣言止于科学》视频制作
	创客教育实验室	海龟制图	模拟组装	3D打印创作
	古诗文吟诵工作室	吟诵体验	吟诵学习	吟诵录播展示
	京剧创新实验室	京剧体验	京剧学习	京剧创意表演

(三)以学习方式变革为核心,设计空间再造及使用案例模板

为了凸显空间再造对学习方式变革的引擎作用,我们聚焦课程标准、核心素养、学情需求、空间现状、课程设计、学习任务等要素,设计空间再造方案模板、空间再造使用案例模板。

××场馆再造方案模板

一、建设背景

(一)课程要求

(二)学情需求

(三)现状分析

1.客观描述

（1）空间样态

（2）设施设备

2. 利弊分析

二、空间再造

（一）再造目标

（二）再造方案

1. 空间样态

2. 设施设备（软硬件）

三、课程设计

（一）课程规划

学习任务名称	活动内容/流程	空间支撑	学习方式	学习特征	学科素养	评价
学习任务一		□开放 □共融 □情境化	□自主 □合作 □探究	□主动性 □交互性 □体验性 □问题性 □独立性		
……	……	……	……	……	……	……

（二）课程评价

评价维度	核心要素	观测点	评价标准	请在相应等级打"√"		
				A	B	C

四、预期成果

空间再造使用案例模板

《具体课程名称》

——《××》实创课程

1. 学习任务分析

2. 学习任务重点、难点

3. 学习支持空间

4. 学习任务目标

5. 学习任务过程

活动名称	活动内容/流程	空间支撑	学习方式	学习特征
活动一	……	……	……	……
……	……	……	……	……

6. 活动评价

活动名称	评价内容	评价方式	实创素养
活动一	……	……	……
……	……	……	……

7. 学习任务反思

再造实践二　变墙面空间为学习天地

墙面变为学习空间的关键在文化。我们遵循教育性、校本性、动态性、艺术性的原则，进行校园墙面建设，采取可组装、可替换的磁性板材或插框，内容贴近学生生活，展现学校风貌，表现手法或图或文或实物，广大师生成为墙面建设的主体，进行周期不等的动态调整，使墙面有变化、有故事、有内涵、可阅读、可欣赏、可实践，充分发挥它在转变学生学习方式上的特有优势，让墙面成为师生实践与创新的天地，让学校成为一个全场域的学习空间，成为丰富而有质量的学习资源，引发学生显性或隐性的学习行为，促进学生综合素养发展。

（一）以"科学与探究"为主题墙面建设，挖掘学生实创潜力

实验楼墙面建设的主题为"科学与探究"。实验室门厅展示学科素养，实验室电子屏演示实践探究，走廊墙面设置实验装置，形成学科情景，激发学生的兴趣和创造潜力。

（二）以"人文与历史"为主题墙面建设，激发学生实创动力

学校形象墙建设主题为奠基与成长。一楼：党的教育方针。二楼：学校发展目标。三楼：办学特色。四楼：生涯发展。五楼：育人目标。形象墙是人群流动的主线，其价值在于学生耳濡目染间树立学习目标，增强学习内驱力，巩固正确的价值观和人生观。

学校展示墙建设主题是光荣与梦想。一楼：校史。二楼：学校荣誉。三楼：人文历史之光。四五楼：梦想天空。其价值在于让校史转化历史意识和现实动力，让学生进行个性化表达，激发学生的创新力，将今天的梦想通过努力转化为未来校史的光荣。

(三)以"个性与发展"为主题墙面建设,点燃师生实创活力

教室走廊墙建设主题是精彩与追求。外墙为班级特色展示,内墙为班级文化建设。其价值空间特点:让所有学生主动地运用多元化文化载体,参与开放、共融与情境化学习空间建设,实现自主、合作地学习,提高实创能力,享受到从学习到实践的乐趣。

楼梯墙建设主题为团队与情怀。一楼:班级照片。二楼:教师心语。三楼:特色课程。四楼:校友寄语。五楼:奋斗目标。其价值在于学生通过观摩和布置,从集体中汲取精神力量,提高团队意识,感受学习快乐,增强自主学习的动力。

办公室外墙建设主题是引领与交融。展示本楼层各教研组(备课组)独特的学科魅力、教师风采。学校办公室墙面学习空间建设对于促进学习方式转变的主要作用表现在能够增强师生和谐关系,营造安全、愉快的学习环境。

再造实践三　变家社空间为成长家园

学校、家庭、社区不是互相孤立的教育孤岛,我们确定以人为中心的教育观,构建育人目标一致、课程体系完整、功能融合互补、育人机制健全,开放、共融、情境化的"校家社"一体化学习空间,让学生置身于真实情境中,培养学生处理复杂情境、解决真实问题的实践能力,实现学生幸福成长的愿景。

(一)打造家庭融合学习空间,创新专题教育空间

社会经济和文化生活的变化影响了人们的思想行为,人们更加注重隐私保护,计划生育使很多家庭呈现单孩模式,姑舅叔伯等亲属关系不复存在,家庭之间关系日渐疏离,家庭教育以单个家庭内部进行为主要形式,孩子因交际圈子的狭小而不易看到与同龄人的差距。社会经济和文化生活变化也引起家庭教育背景的多元化和复杂化,离异家庭、残缺家庭、下岗家庭等大量涌现,使家庭教育的差异性越来越明显,家庭教育的理念和方法以及家长素质的局限无法满足孩子多元发展。

我们可以探索一种新的家庭教育形式——打造家庭融合学习空间,创新专题教育空间。以班级、年级、学校为单位,让学生的家庭联合起来组成教育联合体,让学生定期到家长具有某方面特长或资源的家庭中去体验和学习,通过学生各自原生家庭的文化交流与资源共享,将单个家庭文化学习空间进行连接,提供共融、开放、情境化的家庭学习空间,在丰富、多元、立体的共融家庭学习空间中立德树人,实现优秀文化的传承和传播。

我们梳理已有的家校共育课程与活动,开创了家文化融合育人课程,通过走进家庭体验、采访视频展播、亲子沙龙活动、圆桌会议探讨等方式组织传播孝心文化、传承优良家风、弘扬传统文化等相关活动,升级打造更深层次、影响广泛、内容丰富、形式多样的家校联动活动,打破家庭空间之间存在的壁垒,发掘和传递家庭正能量,提高家校合作实效,提升学

生感受幸福的能力。

（二）建立社会复合学习空间，丰富志愿服务空间

时代的发展对人格独立性和创造性方面提出了更高的要求，高中生应该走出校园在社会大课堂去体验成长，在实践中学习团队合作，学习面对困难，学习实践创新，从而促进学生个性化发展与健康成长。然而志愿者服务基地有限，基地提供的岗位选择不多，志愿者服务内容较为简单、枯燥与单一，没有与学生的兴趣和职业发展挂钩，极大地影响了学生的兴趣感和获得感。

针对问题，我们进行探索——建立社会复合学习空间，丰富志愿服务空间。依据学生生涯发展需求，挖掘和寻找具有不同功能定位和多种生涯体验方式的综合体验馆和社会实践基地，提供学生横向可组合、纵向也延伸的学习实践空间，提供真实情境化、体验式、开放共融的学习空间，从而实现"自主、合作、探究"的学习。学生在社会复合学习空间中进行社会考察、公益劳动、职业体验，满足生涯需求、激发学习动力，提升自主发展、团队合作等能力和社会责任感。

学校提供平台，通过生涯测评系统、创业者经历分享等了解学生生涯发展需求和职业心理发展水平，为学生提供适合的生涯指导。深挖资源，签约不同类型基地，文化创意类——创业者公共实训基地，生命关怀类——复旦大学附属妇产医院，科技创新类——社区科技创新屋等，建立社会复合学习空间。规范流程，梳理岗位形成清单，根据需求选择岗位，小组合作参加实践，确认信息完成评价，确保志愿者服务形成闭环。

（三）建设"校家社"综合学习空间，充实综评实践空间

家庭教育是学生学习的起点和基础，学校提供了主要的学习途径，而社区对于学习的深度和广度进行进一步的完善。学校必须创新校家社协同育人思路，完善工作机制，各展优势、密切配合、相互支持，切实增强育人合力，共同担负起学生成长成才的重要责任。然而现实中往往存在形式和内容相对单一，没有充分利用社会资源和家长资源，校家社没有真正形成合力。

针对问题，我们探索—建设"校家社"综合学习空间，充实综评实践空间。深化资源，致力于提供真实的学习空间，开发配套课程与活动，设计学校、家庭、社会三方深度参与的项目，形成学生、教师、家长、社会人士共同参与的一体化综合学习场，为学生"自主、合作、探究"的学习保驾护航。

我们根据不同年级学生特点，举行相应主题的家长学校；通过校园网站、微信等平台，将家长学校的建设延伸到家庭和社区；发挥家长社会联系面广、社会行业涉及点多的资源优势，多维度开辟建立校外实践活动基地；开展由学生、教师、家长、司法所和法律服务中心

志愿者共同完成的《高中生模拟法庭》校家社一体化实践品牌项目等,切实增强育人合力,促进各方共同担负起学生成长成才的重要责任。

再造实践四　变虚拟空间为个性乐园

信息4.0时代赋予了教育全新的使命,教育与技术的碰撞将使学习充满活力与无限可能。当知识的获取由于技术的发展变得相对轻而易举时,我们将更多的关注投向了如何促进学生的合作交流能力、探究实践能力,如何更好地助力学生将兴趣天赋与生涯发展、精神追求融为一体成为了我们的新课题。为此,我们通过数字资源开发、数字技术运用、数字平台建设,打造一个适应中原学生需求的个性化自主学习空间,促进学生全面而个性发展。

(一)"原创"个性化学习平台整体构想

"原创"平台框架建设。我们依据国家课程标准及学生特点,通过对市区优秀学习资源的校本化选用、国家课程及学校实创课程的校本学习资源的整合与开发,搭建包含"生涯"和"学科"两大模块的"原创"平台框架。生涯资源包括入学先修、生涯导航、个性展示三个方面。学科资源主要为国家课程,各学科分别从"课程与教材""单元与专题""目标与功能"三种不同的逻辑视角来建构资源框架,从而确定了我们的"原创"个性化学习平台的基本框架。

"原创"平台网络建设。我们将市、区、校三级资源融通,通过网络平台,将所有资源做结构化处理,形成多点进入式链接,借助学校校园网平台、学校云空间、"classin"等网络平台,形成以"生涯"和"学科"两大模块为分类系统的融合平台。各模块依据新课程要求、学生学习现状及发展需求,进行资源的个性化建设,全方位地为学生自主学习提供个性化学习平台。

"原创"平台功能定位。我们希望将"原创"学生个性化学习平台打造成为"资源丰富、形式多样、公平普惠、时处可学"的智能泛在空间,促进学生学习方式的变革,支持学生进行"自主、合作、探究"学习,促进学生全面而个性发展。自主,强调激发学生对学习的兴趣、个性化需求与责任,是把学习与生活、生命、成长、发展有机联系起来的自我学习。合作,强调学习的在线交互与平台资源共享,其对象可以是曾经、现在、将来的同学、教师等。探究,强调在合适的情境创设下,体验问题研究的过程。

(二)"原创"个性化学习平台资源融通建设

市区资源校本化建设。我们梳理市级空中课堂和区级创智课堂的学习资源,如:上海市空中课堂、区级公开课、区域优质共享课程等,对其进行符合校情的选择性推荐、使用和剪辑组合,形成学习指南,供学生自主学习,在满足学生的多样化需求的同时提高育人质量,将市区优质资源校本化。

学校资源特色化建设。学校资源包括了国家课程、校本课程两个方面。前者的资源建设是将国家必修与选择性必修课程做数字化建设,形成如下栏目:自主学习、实践活动、素养提升、项目探究、成果展示、互动平台、在线评估等,供学生自主学习、精准评价。后者的建设包括学校的专题教育、生涯指导及实创课程等选修课程的数字化建设,例如初高衔接、等级选课、实创选修、招考政策、职业测评、志愿填报、综评实践、个性展示等,学生通过自主学习,为生涯发展提供合理的支撑,促进学生个性化发展。

(三)"原创"个性化学习平台学科模板及学习资源模板建设

学校各学科组由学科组长为负责人,在学习平台建设的过程中,通过对标新课程,研究新教材和学情,形成了统一的"市区校三级融通"的各学科"原创"个性化学习平台建设方案,以及学科学习资源模板及典型样例。模板如下:

××学科"原创"个性化学习资源建设方案

(总体要求:针对学生的学习行为特征和认知规律,整合市区级优质资源,开发适切的校本学习资源,支持学生自主、合作、探究的个性化学习,改变学习方式,培养核心素养。)

一、建设背景

(一)课程要求

(撰写提示:聚焦学科课程标准、学科核心素养。)

(二)学情需求

二、资源来源

(撰写提示:国家平台、市级平台、区级平台、网络资源、校本资源、其他资源等。)

三、目录编制

1. 学习资源整体框架

撰写提示:

(1)简单表述框架各板块间的逻辑关系及功能。

(2)用思维导图或者表格等展示框架总体样貌。

(3)各板块使用能体现"双新"理念的名称,如从新教材出发的"必修一、必修二……"为板块分类;从单元教学视域下的以"××单元、××单元……"为板块分类;从功能指向角度考虑的"自主学习、实践活动、在线评估、素养提升、成果展示、项目探究、自主设计、素养拓展、优秀作品、衔接复习、自主巩固、实践探究、能力提升、互动平台……"。

(4)突出于市区资源的融合,例如市区资源的校本化处理,或者使用指导、内容详解、布置拓展作业,利用相关素材实践探究等。

2. 板块内容与功能定位

板块名称	主要内容	功能定位	使用建议
......	......	......	......

××学科"原创"个性化学习资源建设与应用案例

一、建设背景

(一)课程要求

(二)学情需求

二、资源来源

三、目录编制

(一)学习资源整体框架

(二)各板块内容与功能定位

四、典型案例

(一)资源名称

(二)目录路径

(三)设计依据

1. 学习目标

2. 学情分析

3. 学习重点

4. 学习难点

(四)任务设计

学习任务	空间特征	具体陈述	学习方式与特征		具体陈述
任务一	□开放 □共融 □情境化		□自主 □合作 □探究	□主动性 □交互性 □体验性 □问题性 □独立性	
	评价	1. 评价工具 2. 评价者 3. 评价方式			
......	......				

（五）使用成效

五、研究反思

三、再造评价

古人以镜为鉴、借镜自省。在空间再造的研究中，也需一面"明镜"指引，那就是空间再造的评价指标体系，借此实现以空间再造撬动学习方式变革、学习空间为学习者赋能的意图。

在空间再造的评价指标体系的研究中，以下三方面是我们的思考重点：评价体系是否从多维度指向空间设计的合理与否；评价体系是否指向空间功能对学习效能提升的实效；评价体系能否指向为学习方式变革提供充足的环境支持。

我们以"科学性、导向性、操作性、适切性"为原则，以"学生、家长、教师及专家"为多元评价主体，以"正式空间、非正式空间、虚拟空间下的教学活动"为评价客体，形成了包含以"学习空间再造和学习方式变革"为一级指标，以"开放、共融、情景化、主动性、交互性、体验性、问题性、独立性"为二级指标，以及相关"三级指标、具体观察点、评分"等要素的评价体系。我们还形成了《上海市中原中学学习空间评价表》应用案例，持"镜"探索空间再造的成效。

第一章
开垦传统空间荒漠，共享实创素养绿洲①

第一节　绘制实创空间蓝图

一、时代的呼唤

在党的二十大报告、《教育部关于全面深化课程改革落实立德树人根本任务的意见》《国务院办公厅关于新时代推进普通高中育人方式改革的指导意见》《中国学生发展核心素养》等相关文件要求下，《国务院办公厅关于新时代推进普通高中育人方式改革的指导意见》指出：完善学校建设规划，扩大教育资源，优化校舍功能。有条件的地方应建设学科教室、创新实验室、社团活动室等，推进数字校园建设。

《上海市人民政府办公厅印发〈关于本市新时代推进普通高中育人方式改革的实施意见〉的通知（沪府办〔2021〕4 号）》中指出：重视学校信息化环境建设和教育教学设备更新，积极支持学校创建学科教室和创新实验室，配备与学科教学、研究性学习和自主探究活动相匹配的设施设备，促进全体学生的创新素养培育和创新活动参与，增强设备使用效率。建设微实验室，提供学生个别学习和开展课题研究的微型学习场所。

在学习空间理论、建构主义学习理论、沉浸式学习空间理论的启发下，以"双新"教育改革要求为出发点，以学校课题《指向普通高中学生"成功体验"的三类学习环境建设的实践研究》为基础，立足本校学生发展需求，针对学生的学习行为特征和认知规律，围绕学生所处的正式学习空间及配套课程建设，促进自主、合作、探究的学习，进而培育学生的实创素养。

---

① 本章由刘勇撰写。

二、学生的需求

我校入校生源属区域初中腰部,学生总体有好奇心,且创新素养、艺术素养,自我认知智能、人际智能、音乐智能,艺术型兴趣、社会型兴趣稍有优势。部分学生有艺体特长或较强的语言表达能力、动手能力,有强烈的个人才能展示欲。渴望通过努力学习获得核心素养的发展,且相信教师并愿意通过努力改进学习方法,大多数同学对提升学业水平充满期待。然而,学生整体的学业水平并不突出,近年来学生和家长对于在毕业后进一步深入学习研究缺乏自信、意愿不强。

结合多年学生生涯数据,毕业去向主要集中在:上海公办二本、上海民办二本、外地公办二本、艺体类高校、专科高职、国际本科。从中不难发现,中原的学生发展是趋于多元化的,与学生优势相呼应,对于不同特长、能力、需要的学生都有各自的发展途径。另一方面,从专业选择上看,大多数毕业生以实践操作或者技术管理、创新为主要择业方向。对于实践、创新的素养培育提出了新的要求。而传统的模式,无论是对于学生多元化需求,还是实创素养的培育,都体现出管理基础不足、资源支持不够。因此,多种育人方式、学习方式变革是学生所关注的发展需求。

三、前人的智慧

(一)学校研究基础

围绕着"学习环境建设"主题,进行历时三年的探索,完成了市级课题《指向普通高中学生"成功体验"的三类学习环境建设的实践研究》,通过十余个创新实验室及其课程建设,已拥有近30门创新实验室课程,形成了"创新实验室系列丛书",总体学生参与率覆盖全校学生。这些先期的经验一定程度上丰富了学生的选修课程门类,给予学生成功体验。

学校有较完备的研究工作所需的设备资料——图书馆、资料室、电子阅览室、各种实验室,并为课题组研究人员提供便利条件和帮助,使课题组研究人员能够充分利用各种现代科技手段,以保证本课题研究的科学性、先进性。

(二)相关理论依据

【建构主义学习理论】

建构主义认为学习是学生自己建构知识的过程。学生不是简单被动地接受信息,而是主动地建构知识的意义,所学的知识会随认识程度的深入而不断地变革、深化,出现新的解释和假设。在具体问题的解决中,需要针对具体问题的情境对原有知识进行再加工和再创造,对知识的理解还需要个体基于自己的知识经验而建构,并且取决于特定情境下的学习历程。

【多元智能学习理论】

哈佛大学的霍华德·加德纳认为：每个人都在不同程度上拥有上述八种基本智力，智力之间的不同组合表现出个体间的智力差异，它提出了个体身上相对独立存在着的、与特定的认知领域或知识范畴相联系的"语言智力、音乐智力、逻辑数学智力、空间智力、身体运动智力、内省智力、人际关系智力、自然智力"八种智力，奠定了多元智能理论基础。他认为，教育的起点在于能否解决实际生活中的问题和创造出社会所需要的有效的产品，并以此能力为核心衡量智力高低的标准的。

【沉浸式学习空间力理论】

学习空间是开展学习活动所需要的区域，是学习发生的基本场所，具有居所与转运的双属性。设计学习空间是帮助学习者在一定的学习环境中产生学习的意愿，通过相应的学习行为，促进高质量学习的发生。沉浸式学习空间是利用沉浸式技术为学习者构建虚拟世界与现实世界融为一体的沉浸式学习环境，为学习者提供深度互动的、智能化支持服务的学习空间，为教学形式多样化、学习形式个性化提供了更多可能。沉浸式学习空间能够使学习者沉浸其中，围绕特定任务开展与课程相关的活动，为其开展各种探究式和深度研究提供必要条件。

四、蓝图的绘制

学习空间的研究，对起步较早，但已不能满足"双新"要求下具有高度信息化、精准性、交互性的大数据支持下的学习需求。学科实验室需要做功能升级的改建，提升硬件的数字化、信息化和空间的情境化等。

学校虽然有较多的市区创新实验室，但要提升创新实验室空间融合性的功能迭代。对不能完全适应学科核心素养培养和深度学习的传统教室空间及单科创新实验室，做空间拓展的改建，提升学习的灵活性和综合性，实现学习空间的功能迭代。

对部分创新实验室空间中无法开展结构化、情境化、活动化的深度学习，要强调知识、经验、应用关联，营造现实、问题、任务情境，开展自主、衔接、进阶性活动，通过整合创新实验室课程及部分特色课程，进行空间的功能再造，实现全方位多角度、全覆盖的布局，提升实创中心空间丰富性的功能再造。

"双新"背景下，将研究通过正式学习空间建设，包含学校教室、实验室、创新实验室、实创中心等，以及配套的课程建设与实施，促成学生学习方式变革，有利于明确而全面地指向学生核心素养的形成。

为达成课题目标，在正式空间再造以及配套课程设计的过程中将围绕以下的原则。

（一）促进学习方式变革

学习方式的根本性转向，即从缺乏思考时间、空间和精力，疲态、被动、复刻化的消极学习方式，转变为真实化（沉浸式、体验性、情境化），探究化（跨学科、项目化、合作性），自主化（选择性、个性化、独立性），信息化（开放性、互动性、多样化）的学习方式。

（二）培育学生核心素养

借鉴我国学生核心素养的表述，分为"文化基础、自主发展、社会参与"三个方面，综合表现为"人文底蕴、科学精神、学会学习、健康生活、责任担当、实践创新"六大素养，具体细化为：人文情怀、人文积淀、审美情趣；理性思维、批判精神、勇于探究；乐学善学、勤于反思、信息意识；珍爱生命、健全人格、自我管理；社会责任、国家认同、国际理解；劳动意识、问题解决、技术运用 18 个基本要点。

（三）引领学生生涯发展

我校学生中考入学位于区域高中尾部。基于学生核心素养和生涯发展的评估，在财经、心理、工程、人文等素养，自然观察、逻辑数学等智能，研究型、企业型等兴趣处于劣势；在创新素养、艺术素养，自我认知智能、人际智能、音乐智能，艺术型兴趣、社会型兴趣稍有优势。

通过调研问卷分析，中原毕业生一半集中在上海公办二本、上海民办二本、外地公办二本，另一半集中在艺体类高校、专科高职、国际本科。走入职场后大多数为基层管理人员和实践操作人员。

（四）促进学校特色发展

根据我校学生实际发展需要，结合核心素养的 18 个基本要点，学校提出了实创素养特色：学生在掌握一定知识的基础上，能能动地改造和探索现实世界的活动，具备提出新观点、想出新方法、做出新成果的实践创新素养。

实创素养的三个维度：勤于探究、乐于实践、勇于创新。

1. 勤于探究：发现问题、寻找证据、科学解释。

探究的一般过程是从发现问题、提出问题开始的，发现问题后，根据自己已有的知识和生活经验对问题的答案作出假设，设计探究的方案，包括选择材料、设计方法步骤等，按照探究方案进行探究，得到结果，再分析所得的结果与假设是否相符，从而得出结论。

2. 乐于实践：系统思维、模型建构、物化表达。

在实践过程中，能利用系统思维，用"框架"来思考，系统考虑事物的完整性、结构性和立体性。并且把抽象的、不可描述的事物概括成模型，最后将意念、方案转化为有形物品或

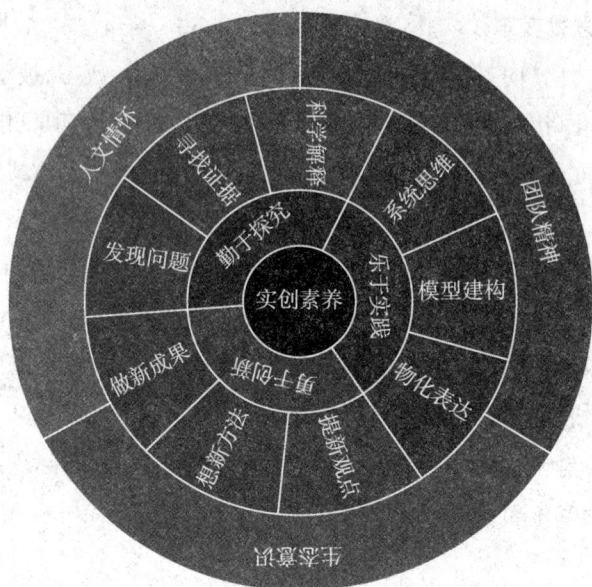

图 1-1　实创素养

对已有物品进行改进与优化。

3. 勇于创新:提新观点、想新方法、做新成果。

积极运用自己的知识和经验,对问题进行斟酌审视,敢于突破常规,提出独到的见解,提出符合设计原则且具有一定创造性的构思方案,并有意识地对世界进行探索性劳动,形成一定的成果。

在探究、实践、创新的过程中,要注重培养学生在团队精神、人文情怀、生态意识这三方面的正确价值取向。

第二节　普通教室:营造多功能学习环境

步入 21 世纪,教学方式发生翻天覆地的变化,部分教室已经做了初步信息化的升级,但依旧摆脱不了传统的教室的影子。普通教室作为学生在校内所处最长时间的学习空间,必须要做升级,以符合"双新"的要求。

一、原有空间的局限

现有普通教室以 1994 年建校时的空间样态呈现,以黑板、讲台、课桌椅为主要设备,以及简单信息化设备,这主要有三个方面的局限。

资源不充分:传统的教室中,教学资源有限,主要依赖于教师的讲授和教材。这种方式下,学生的学习内容和学习资源相对固定,无法充分利用现代化教学设备和网络资源,限制了学生的知识获取和能力提升。

互动性不足:传统的中学教学中,教师与学生之间的互动较少,学生之间的交流与合作也受到限制。这种教学方式不利于培养学生的合作精神和沟通能力,也难以提高学生的自主学习能力。

信息传递受限:传统的教学方式中,信息传递主要依赖于教师的口头表述和教材的文字表达。这种方式传递的信息量有限,且传递速度较慢,难以满足学生对多元化信息的需求。

随着科技的不断发展和社会变革的加速,这样的空间中的教育者面临着越来越多的创新挑战,学习者难以应对创新挑战。在培养学生的创新精神和实践能力方面存在明显不足,难以适应时代发展的需要。

二、再造空间的创想

随着科技的快速发展,信息化技术已经深入到各个领域,教育领域也不例外。信息化多功能互动教室的建设,不仅可以提升教育质量,促进互动教学,还能提高教学效率,完善教学资源,保障信息安全。通过打造一个开放、共融、情境化的教室空间,促进学生开展自主、合作、探究的学习,为学生核心素养的达成提供支持。

(一)智慧黑板

信息化多功能互动教室的智慧黑板结合了白板书写和智能交互体验,不仅可实现自然板书体验,还可搭配交互式教学软件,兼容人性化的触控操作,方便老师调用多媒体素材资源,打造互动式课堂教学。

采用双操作系统一体化设计,支持数据传输共享双系统均可独立实现白板书写和演示文稿等多种格式的多媒体课件;内置超大视场角摄像头,可进行拍摄互动。

(二)智能讲台

信息化多功能互动教室的智能讲台,以符合人体工学的设计,适配教师多种备授课场景,书写与操作更加灵活,符合不同教学场素的需求。

智能讲台配备无线展台,可以将资料、讲义、试卷等内容清晰地展示出来,是多功能互动教室重要的教学设备之一;同时也可以将学生在美术课、手工课、实验课等课堂上的实操表现进行拍摄展示,让课堂变得更具交互性。

图 1 - 2　信息化多功能互动教室的主要设备

(三) 开放资源

多媒体教学资源在教学中的地位日益凸显。为了保障学生能开展自主、合作、探究的学习,信息化多功能互动教室与学校的虚拟平台相连,提供课程视频、题库、仿真实验和古诗词等课堂能够随时调用的开放资源。

1. 课程视频

课程视频是开放资源的重要组成部分,涵盖了各类学科和教育阶段的内容。这些视频资源由学校教师制作,紧贴教学大纲,有助于教师备课和学生学习。教师可直接在课堂教学中播放课程视频,配合实时讲解,增强课堂互动性。同时,学生可自行观看视频,巩固知识点,提高学习效率。

2. 题库

题库是开放资源的另一大特色,包含大量各类题型,满足不同学科的教学需求。题库中的题目按照难易程度和知识点进行分类,方便教师根据实际教学需要筛选合适的题目。教师可以在课堂上直接使用题库中的题目进行随堂测试,实时了解学生的学习情况,评估教学效果。同时,学生也可自行练习,提高解题能力。

3. 仿真实验

仿真实验是一大创新功能,通过模拟实验环境,让学生在实际操作中掌握科学知识。资源库中的仿真实验针对不同学科设计,力求还原真实实验场景。教师可利用仿真实验进行课堂演示或引导学生自主探究,帮助学生深入理解科学原理。同时,仿真实验能有效降低实验成本和风险,提高实验教学的安全性。

4. 古诗词

古诗词是中华文化的瑰宝,对于培养学生的文化素养具有重要意义。资源库汇集了大量的经典古诗词,配以详细注释和赏析,方便师生学习和欣赏。教师可利用资源库中的古诗词进行课堂教学,引导学生品味诗词之美,提高文学鉴赏能力。同时,学生也可利用资源库进行自主学习,丰富文化底蕴。

（四）互动教学

互动教学是现代教育的核心理念之一，信息化多功能互动教室的建设目标是促进这一理念的实践。通过信息化技术系统，我们可以实现：

1. 实时互动：系统提供了多种实时互动工具，如聊天室、画板、投票等，学生可以在课堂上随时提问、发表观点、分享想法，教师也可以实时回答问题、点评作业、与学生互动。

2. 在线协作：系统支持多人同时在线编辑文档、表格等，方便学生进行协作式学习，同时也可以通过共享桌面功能，实时展示教师的屏幕内容，方便学生观看和学习。

3. 小组讨论：系统支持分组讨论功能，学生可以在不同的组内进行讨论和交流，增强学生的参与感和合作意识。

4. 测验与反馈：系统提供了测验功能，教师可以出题并设置时间限制，学生在规定时间内完成并提交答案，系统会自动批改并给出反馈，帮助教师了解学生的学习情况。

5. 互动评价：系统支持学生互评和教师评价等多种评价方式，评价结果可以实时显示在课堂中，帮助学生了解自己的学习状况和需要改进的地方。

（五）实时录播

信息化多功能互动教室通过智慧黑板、智能讲台的录音、互动系统，实现课堂录播的功能，实现本地录课、云端录课、微课制作等功能。

本地录课：教师可以在授课的同时本地录制教室授课视频，录制视频功能只需打开电脑录制软件即可开启。

云端录课：教师进入线上教室，进行线上授课，点击立即录课按钮手动开始录课。录制窗口模式有"教室窗口"和"系统桌面"，选择不同模式录制的内容也会有所区别。对于事假、病假的学生自行学习使用。

微课制作：录播课程自动上传归档，支持剪辑及后期制作，帮助老师制作各类微课，并放在平台上供学生学习，汇聚整合优质资源。

（六）AI评课

在传统的评课方式下，老师授课后，同学科的教师进行点评，往往基于一些直观感受给予大体的评价。对于真正促进教学转型，触发学生课堂生成效果不大。因此评课环节中的变革要能引领课堂向正确的方向转型，这就需要现代化的信息技术手段赋能。

我们通过引入高品质课堂智能诊断分析系统，采集课堂音频视频等基础数据，深度运用人工智能技术对多模态数据进行量化分析，并结合教育学理论从多个维度对课堂进行综合诊断，形成一套系统的课堂教学评估报告，来助力教学。

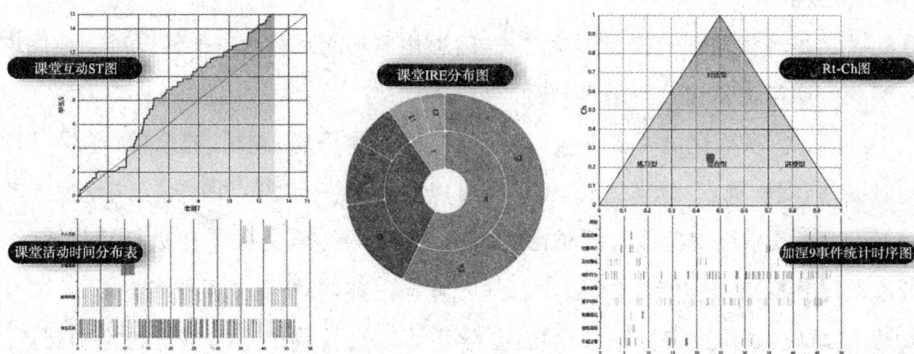

图1-3 评估报告图例

1. 赋能教师发展、教学改进、课题研究等众多教学研场景

采集课堂多模态数据，定位教研重心，为教师教学提供个性化、证据化、智能化的专业反馈与改进建议。突破课堂教学反馈过于单一、难以常态化的问题，创新教研方式。

通过对教师在课堂中的表现和教学效果进行量化分析，识别教师的教学优势和需要改进的方面，为教师提供个性化的专业发展路径和精准培训计划。

基于课堂分析生成的大量课堂数据和教学评估结果，为教育科研的选题提供数据和证据。

呈现大单元、项目化教学等课堂的典型数字画像，从而为落实新理念与政策提供自下而上、可量化、可分析、可操作的抓手。

通过分析大数据和课堂评估结果，帮助学校的教学管理部门对教师的教育质量进行全面评估和监测，发现教育质量的薄弱环节和问题，并提供针对性的改进措施和建议。

2. 为教师的个人发展创造更多的使用空间，促进教师专业发展

促进教师反思，为教师教学提供一个客观的反思载体，促进教师在反思中成长与发展；通过对教师的课堂数据进行分析和评估，识别教师的教学特点和发展需求；提供教学评一致性证据支持的分析报告，促进教学实践与教研共同体的形成。

培养教师队伍，培养一支善用人工智能技术开展教学改进、赋能专业成长的示范性种子教师队伍，通过数字化人才队伍建设，推动学校教育教学方式变革。

支持教师学习，基于数据报告建立教师发展个人画像和档案；根据教师的教学特点和发展需求，为教师提供个性化的学习支持和资源推荐；结合教师需求定制培训内容和学习机会。

通过普通教室的空间再造，建设信息化多功能互动教室，真正推动数字化拓展教学时空、共享优质资源、优化课程内容与教学过程、优化学生学习方式、精准开展教学评价，提升学生核心素养，达成落实立德树人根本任务的目标。

第三节 专用教室:打造专业化学习场所

学校以图书馆、心理教室、理科实验室、体育场馆为对象,打造专业化的学习场所。

在建设过程中,首先明确各个专用教室的学习目标。其次,根据学习目标,为专用教室配备适当的设施,并合理布局教室空间,使其符合学习活动的需要。再次,通过装饰、标识等方式,营造专业化的学习氛围。最后,针对专用教室的使用教师,可以开展相关的专业培训;针对专用教室的使用学生,开发相关的课程。

通过以上建设过程,可以将专用教室打造成为一个符合专业化学习需要的场所,为学生的学习和发展提供良好的环境和支持。

一、图书馆

学校以建设"三径"书社人文研修实践中心为途径,打造开放、共融、情境化的图书馆,使得学生可以开展自主、合作、探究的学习。

图书馆重新布局,打造新的空间样态,以达成人、书、机、具一室化布局,实现藏、借、阅、研、休一体化模式,提供自由、开放、高效的阅读、研讨环境。并围绕"三径"文、史、哲、艺主题,开发、建构、实施涉及阅读、写作、吟诵、课本剧、历史探究、哲学辩论、艺术欣赏等校本课程,形成一个以学校图书馆为中心的课程资源共建共享体系,提升教师专业素养,构建特有的学校文化。

二、心理教室

心理活动中心规划各个功能空间区域,在有限的场地里尽最大的可能服务于不同学生的心理需求,提供安全的心理环境。开展个别辅导和团体辅导,帮助学生疏导与解决自我意识、情绪调适、人际交往、亲子关系和学习生活中出现的心理行为问题,排解心理困扰和识别心理危机的专门场所,是学校开展心理健康教育工作的重要阵地。

三、学科实验室

物理学科教室

学校对物理学科教室进行科学的分区建设,包括了核心学习区、思维风暴区、自主实验区、学科探索区、文化展示区等五个功能性区域。整体环境建设以自主性研发设备为主,力求满足本校学生的特点及物理学科的校本化建设目标。

化学、生物专用教室

将学校原有两间生物和化学专用教室改造升级为两间可满足传统实验教学但配置有新型设备的专用教室,真正实现提高学生能力的目标,促进因材施教目标的真正落实。

生物和化学专用教室建立以后将具有以下主要功能:标准化生物和化学实验学习,满足学校本课程的实验理论检测以及在此基础上提出创新性的解决思路。

四、体育场馆

建设手球、篮球、足球、乒乓球四大智能体育场馆。利用系统集成将大数据、无线通信、多媒体等技术和现代建筑有机结合,实现信息服务的提升和建筑环境的优化。配备现代化的多媒体教学辅助设备。增加各种设备:如小足球门,发球机、定球器等。

以运动精神为核心,围绕体育教学,培养学生能够遵守规则,诚信自律,尊重对手和裁判、超越自我、挑战极限、胜任多种角色,学会正确对待比赛的胜负。

五、专用教室建设案例

案例一

图书馆的再造[①]

一、建设背景

(一)课程要求

《国家中长期教育改革和发展规划纲要》《中国学生发展核心素养》《上海市高考综合改革》等相关政策,对于我们如何更好地完成"立德树人"的根本任务提出了新的要求。为了提升学生素养,构建学校文化,学校拟建设"三径"书社人文研修实践中心。依托数字化图书馆,提升管理效能;建设电子阅览室,丰富馆藏资源;建设研讨功能区,创设互动平台;改造内部空间,进行一室化布局;建设文、史、哲、艺课程群,形成一个以学校图书馆为中心的课程资源共建共享体系,使图书馆成为承载提升人文素养、传承历史文化的载体。

学校里已开设阅读、写作、吟诵、辩论类的校本课程,如品读《苏菲的世界》《大败局》等人文社科作品;研读《论语》《老子》《红楼梦》等经典作品;探讨《孤独六讲》《写给大家的中国美术史》《中国汉字之美》等美学作品;阅读系列古典研究作品,如叶嘉莹的

---

① 本案例由刘勇撰写。

丛书;参与"唐调吟诵"录音工作,且在区里有一定的影响。

（二）学情需求

当下受时代的功利化、碎片化、娱乐化等浅阅读之风的影响,学生可能会出现知识、思维的碎片化,独立思考的能力不足,难以形成良好的人文素养等一系列问题。同时,在双新推进过程中,我校学生在市区级各类辩论、朗诵、写作、配音等竞赛中取得良好成绩。学生急需能开展各类交流,组织社团,参加竞赛,进一步提升学生的文化素养及审美品位的空间场所。

（三）现状分析

1. 客观描述

（1）空间样态

我校图书馆共316平米,共分为藏书室、阅览室、研修室。

藏书室馆藏书2万多册,按索取号顺序排序,共10排书架,学生自行检索所需书籍。

阅览室,紧靠藏书室,共有大型书桌18张,可提供学生阅览。内设陈列架,提供学生比较喜欢的杂志、报纸、期刊等。

图1-4 学校原图书馆

研修室提供支持教师专业研讨的圆形会议桌三张。陈列架提供最新教学杂志、核心期刊。并提供复印机一台,随时给教师提供使用。

（2）设施设备

建有集统计、查询、管理为一体的图书管理系统。复印机一台、消防设备若干。

2. 利弊分析

藏书室、阅览室、研修室各自分离、封闭,使用不便;研修室不对学生开放,书籍、报刊、杂志、期刊分场所陈列,寻找资料要兜兜转转。

缺乏电子阅览室,资源不够丰富。研修室以纸质材料居多,虽然已经给老师配备复印机,但资料检索、查询还需要电子阅览,且不能提供知网等服务。学生的自主研修,尤其是跨学科研修、项目化研修时,需要检索大量资料时,更加需要电子阅览,方便不同学科资料的检索、收集。

缺乏多功能教学设备,教学活动不便。在阅览室不能开展有效的阅读活动或课程,更没有多媒体设备,无法支持目前校本课程的实施。

目前数字化图书管理系统,不能更好地支撑文献资源的采编、检索。图书馆作为承载提升人文素养、传承历史文化的载体的功能发挥不足。

二、空间再造

(一)再造目标

以建设"三径"书社人文研修实践中心为途径,打造开放、共融、情境化的图书馆,促进学生可以开展自主、合作、探究的学习。

"三径"书社人文研修实践中心旨在突破应试的牢笼,追求精神的不凡。"三径"典出陶渊明的"三径就荒,松菊犹存",在此有多层含义:一为不慕荣利地读书,精神上隐而不显;二为"三径"暗含与志同道合者为友之意;三为"三"有多重之意,不故步自封,力争触类旁通;四则有殊途同归之意,回归经典。师生共同乘风破浪,从零起步,背诵、吟诵古代经典作品,阅读现当代经典作品,阅读各国语文读本,欣赏各类书画艺术,了解中西方文化的历史交集等,注重思想的交流与碰撞,寻求精神的突围与提升。

1. 完成"三径"书社人文研修实践中心的空间建设,为热爱文学、艺术、历史、哲学的师生提供一个开放、共融、情境化的阅读、研讨环境。

2. 围绕"三径"主题,开发、建构、实施涉及东西方哲思碰撞、历史与现代碰撞的阅读、吟诵、赏析、演讲、辩论、课本剧编演、课题研究等校本课程。

3. 探索自主、合作、探究的实验教学模式,学生可以自选实践课题,自行寻找伙伴,有序开展研究,最大限度地发挥学生的主观能动性,能更好地培养学生的实践能力、创新能力。

(二)再造方案

1. 空间样态

图书馆重新布局,打造新的空间样态,以达成人、书、机、具一室化布局,实现藏、借、阅、研、休一体化模式,提供自由、开放、高效的阅读、研讨环境。

依据上述的要求具体完成以下空间建设任务:改造图书馆布局;丰富馆藏资源;建成电子阅览室;创设互动教室;建成自助借还系统。

2. 设施设备(软硬件)

硬件:自助借还书机、馆员工作站、RFID安全门、RFID图书电子标签、移动还书车、电子阅读室用电脑终端、触控式电子教学黑板一体机、功放音响套装、打印扫描复印一体机、馆员工作电脑、条形码打印机。

图1-5 学校图书馆

软件：电子分屏软件、电子图书资源及在线数字阅读系统、微型图书馆。

三、课程设计

围绕"三径"文、史、哲、艺主题，开发、建构、实施涉及阅读、写作、吟诵、课本剧、历史探究、哲学辩论、艺术欣赏等校本课程，形成一个以学校图书馆为中心的课程资源共建共享体系，提升教师专业素养，构建特有的学校文化。

创建开放式的实践中心，学生通过自选角度，自寻导师，有序开展文、史、哲、艺品读、研修、探讨活动，走出课堂，突破教材，自主探究，最大限度地发挥自己的主观能动性，实现思想的交流与碰撞，寻求精神的突围与提升。

在实施时要创建开放自由的探究平台，要创设灵活多变的教学模式，让学生自由探讨、平等参与，培养学生勤于探究、乐于实践、勇于创新的素养，带领学生走进古今中外的文学、政治、经济、哲学、历史、艺术的经典著作，互相分享阅读经验，自主确定研究主题，注重思想的交流与碰撞，寻求精神的突围与提升。

四、预期成果

利用学校网站、社团微信公众号、QQ群等，发布相关阅读、朗诵、摄影等研拓型课程的图文或微视频，展示学生成果，延伸和拓展图书馆培养师生人文素养的独特功能。

做好阅读宣传栏和新书介绍专栏，承担精品书籍或优秀读物或范文的讲解。

组织每学年一次教师"读书征文"比赛，积极为朗诵、辩论、摄影、戏剧等学生社团提供服务平台。

提供新一轮课改情报，协助相关学科老师指导拓展活动、给教师科研提供情报支持。

案例二

心理教室的建设①

一、建设背景

（一）概况

自从疫情暴发以来，学生的心理问题大幅度上升，如何更好地利用学校心理活动室的设施设备以减轻学生心理压力是需要进一步研究的。本文旨在探讨学校心理活动中心的空间再造，以实现学生充分使用心理活动中心的设施并能达到心理自助的目标。我们参照《上海市中小学和中等职业学校心理辅导室装备指导意见（试行）》提出了心理活动室空间再造的原则和方法，以促进学生活动的自主性和互动性。我们还通过对当前学生的心理状态分析，深入探讨了空间再造对学生心理健康的重要性并提出了未来的发展方向。

（二）现状及问题分析

目前，上海市中学大部分学校都配备有专门的心理活动室，基本满足开展心理活动课的需求。一部分学校会扩大心理活动中心的心理活动区域，并为心理活动中心配备更为齐全的设备。在心理活动中心中，专用仪器的配备是开展心理辅导工作的重要基础。但是也有不少学校的心理活动室的利用率不高，主要体现在因市中心学校场地有限导致的活动空间狭小、资金缺乏导致设施陈旧等问题，以至于现有的心理活动室不能激发学生兴趣及自助解决心理问题的内驱力。

1. 我校心理活动中心空间分布及设施现状

学校心理活动中心的空间位于远离教学楼的心悦楼二楼，拥有 4 间教室，其中 2 间为大教室，2 间为小教室。小教室中的一间为心理咨询室兼心理测量：拥有小沙发、茶几、花瓶、心理测试系统、电脑及电脑桌椅，用于个别心理咨询及开展学生心理健康筛查活动。另一间小教室为音乐放松室，配备音乐放松椅一个和电脑一台。大教室中有一间为团体心理活动辅导室，由于场地所限，配备了 40 套带桌板的椅子。另一间大教室整合了心理沙盘室、心理宣泄及心理阅览室。

图 1-6 我校心理活动中心

---

① 本案例由方宁撰写。

2. 心理活动中心空间优缺点分析

心理活动中心于 2014 年建设,已有近 10 年的历史,优点是"麻雀虽小但五脏俱全",但缺点也很明显,即各个功能教室中都有不少设施老化并淘汰,降低了使用效率。心理咨询室虽然还有沙发椅、茶几等设施,但因使用频繁而出现老化现象,导致不够美观整洁。心理放松室只有一个放松椅,难以满足多位学生想要放松的愿望。团体心理辅导室因场地狭小,难以开展大规模的团辅。心理阅览室、心理沙盘室和宣泄仪放在一起也不科学。原因在于一方面阅读需要安静的环境,一方面宣泄肯定会发出一定的噪音。

二、心理活动中心空间再造研究

(一)心理活动中心建设的意义

心理活动中心是心理健康教师开展个别辅导和团体辅导,帮助学生疏导与解决自我意识、情绪调适、人际交往、亲子关系和学习生活中出现的心理行为问题,排解心理困扰和识别心理危机的专门场所,是学校开展心理健康教育工作的重要阵地。

(二)心理活动中心建设的原则和方法

本着安静和方便的原则,心理活动中心宜与教学区和办公区有一定的距离,以便形成一种安全、温馨的氛围,这样更有助于学生心态的调适以及保护学生的隐私。在环境布置上,可以选择天蓝或粉色等淡雅的颜色,使用窗帘等有助于保护隐私的装饰。有条件的话最好安装隔音设备。

心理活动中心由若干功能教室组成,包括心理咨询室、心理测评室、音乐放松室、心理沙盘室、情绪宣泄室、团体活动辅导室、心理图书阅览室等。咨询室的环境设置会直接影响到咨询效果,因而布置非常重要。既要给学生一定的安全感,又要有一定的心理专业感,这样才能使他们能够在心理老师面前真实地表达自己。心理测量室是利用心理学专业量表,对学生的心理问题做筛查和测评的功能区。心理测评对于普查学生当前的心理健康状况,建立学生心理档案有重要作用。针对测评结果,可以对有心理问题倾向的学生个体和群体进行辅导。心理测试需要配备电脑和心理测评软件、档案柜等基本设施。音乐放松室主要是为来访者提供一个宣泄内心情绪以及放松减压的功能室。音乐放松室是通过音乐来排解学生的负面情绪,从而消除和缓解焦虑、紧张等不良情绪,消除心理障碍,调适心态平衡,从而恢复和促进心理健康。心理沙盘室利用心理学的"投射"原理帮助学生发现问题、解决问题。情绪宣泄室主要通过一些基础宣泄设备、互动宣泄仪让来访学生在安全、受保护的环境内呐喊、击打,将内心的负面情绪主动释放出去,从而放松身心,提高心理健康水平。团体心理活动辅导室是以心理健康辅导为核心,帮助有相似问题的学生团体更快地认识和适应环境,建立良好的人际关系,融入集体,形成良好的集体氛围,引导他们快速认识自我、肯定自我,促使个体的心理健康成长与发展。心理阅览室放置了许多和心理相关的书籍，学生可以通过阅读来达到心理自助的目的。

三、空间再造方案

（一）科学布局各个心理功能教室

宣泄仪放置在心理图书阅览区并不合理，学生的空余时间有限，既有想安静阅读心理书籍的，也有需要通过击打宣泄仪放松的，他们很有可能在同一时间相互影响，故宣泄仪需要单独放置。幸好每个功能教室中都自带一个单独的小房间，可以把宣泄仪放在团体心理活动辅导室中的小房间里，可降低对其他学生的影响。

（二）更新老化设施设备

心理活动中心的一些设施已经处于淘汰报废阶段，如沙具、团体活动工具箱等，这些不再适用于当前学生的心理自我探索及心理教师的心理评估，故后期应陆续更换这些老化的设备。心理放松室只有一个放松椅，设备单一且空间利用率不高，可以在后期继续增加若干放松椅，满足学生空闲时间放松的愿望。

（三）优化细节布置

心理活动中心的各个功能教室的墙壁非常单调，没有装饰，对学生没有任何暗示作用。后期会根据不同的功能教室进行布置，如心理咨询室可以适当增加绿植，让学生感受生命的力量；心理放松室可以在墙上挂上令人放松的挂图；情绪宣泄仪放置的小房间的墙面可以粘贴宣泄墙软包，在供来访者宣泄的同时，起到隔音效果；心理阅览室还可以配置一台心理健康自助仪，其不但含有大量心理学相关知识，还有心理健康自测模拟和心理咨询模拟，用于学生自测心理状况，记录、分析自身的心理状况，方便后期进行针对性的辅导，帮助学生实现自我调节、自我教育和自我成长的目标。

四、结束语

徐凯文教授在2023年进行演讲时提到目前青少年的心理健康情况时说道："恐怕到了改革开放以来最糟糕的时候。疫情前后中小学生的极端事件的发生比例大概是疫情期间的2—10倍。中科院心理所做的国民健康心理调查显示，中学生抑郁症的检出率为24.7%，四分之一的孩子有抑郁症状。"由此可见，鉴于当前学生严峻的心理状态，对学校心理活动中心进行再造是非常必要的。

我们要更合理地规划各个功能空间区域，在有限的场地里尽最大的可能服务于不同学生的心理需求，提供安全的心理环境。当然，在此过程中必然有较大的挑战，比如设备的维护等。无论如何，从无到有再到完善是一个过程，我们将根据学生的心理需要来进一步探索优化空间，满足不同学生的心理发展，为学生的心理健康保驾护航。

案例三

体育场馆的再造

【手球场馆再造方案】①

一、建设背景

（一）课程要求

手球是一项受人喜爱的运动项目,特点是动作精彩,技巧性强,战术灵活多样,对抗激烈,速度快,讲究拼搏精神和集体协作精神。手球运动的玩法很多,包括运球、传球、射门等,可以让全身得到锻炼,起到强身健体的作用;手球运动还能促进手、眼协调能力的发展,有助于大脑的发育,它对全面提高学生的身体素质有较大的作用。紧张激烈的手球运动能培养学生的集体观念,陶冶情操,丰富课余文化生活。

（二）学情需求

授课对象为男生,此年龄段的男生具有较强的运动学习能力,且有一定的对抗欲望。高中男生有一定基础的篮球或足球运动能力,这也为手球教学打下良好基础。学校为手球传统学校,多次在市级比赛获得优异名次,有良好的手球氛围,有助于手球教学的开展。但目前运动场地不能充分保障手球专项教学的开展。一座现代化的手球馆既能为手球教学及比赛提供良好的场地保障,也能激发学生参与手球运动的积极性。

（三）现状分析

尽管目前手球专项课程已经开设,但是硬件还有很大提升的空间。首先手球场与足球场为合用场地,教学中容易相互干扰;其次场地在室外,雨天无法进行教学。

1. 客观描述

① 空间样态

手球场一片(人造草坪足球场内划的手球场地)。

② 设施设备

手球、手球胶、球车。

2. 利弊分析

手球场与足球场合用,场地充分利用起来,但相互有干扰。室外场地受天气因素影响过大。

二、空间再造

（一）再造目标

在现代化的手球馆内,在开放、共融、情境化的空间中,学生可以更好地融入学习

---

① 本案例由范正宇撰写。

环境,与他人交流思想,激发创新灵感。这样的空间不仅有利于培养学生的团队协作能力,还能提升学生在实际情境中发现问题、解决问题的能力。

开展自主、合作、探究的学习,能够激发学生的学习兴趣和主动性,使他们更加积极地参与到学习过程中。通过自主学习,学生可以培养独立思考和解决问题的能力;通过合作学习,学生可以学会与他人沟通、协作,共同完成任务;通过探究学习,学生可以在实践中发现问题、提出问题、解决问题,培养创新意识和实践能力。

实现创新、实践、素养的培养是现代教育的目标。在开放、共融、情境化的空间中,通过自主、合作、探究的学习方式,可以更好地实现这一目标,培养学生的综合素质,为他们的未来发展打下坚实的基础。

（二）再造方案

1. 空间样态

建设一座现代化标准的手球馆:

至少有一块符合比赛和训练用的标准手球场,有主席台和充足数量的观众席。手球馆内应包含:比赛场地、健身房、更衣室（至少2间）、浴室、会议室、贵宾室、休息室、多媒体中心、器材室等功能性房间。

2. 设施设备（软硬件）

建设智能体育场馆:主要包括智能监控系统、应急指挥系统、门禁票务系统等。利用系统集成将大数据、无线通信、多媒体等技术和现代建筑有机结合,实现信息服务的提升和建筑环境的优化。另配备现代化的多媒体教学辅助设备,学生可以即时观看自己练习的过程,针对自己的不足,及时改进相应的技术或战术,提高练习的效率。

三、课程设计

（一）课程规划

表1-1 手球课程设计表

学习任务名称	活动内容/流程	空间支撑	学习方式	学习特征	学科素养	评价
学习任务一球性练习	1. 抓球 2. 指尖拨球 3. 双手持球绕环 4. 抛接球 5. 地滚球	☑开放 ☑共融 ☑情境化	☑自主 ☑合作 ☑探究	☑主动性 ☑交互性 ☑体验性 ☑问题性 ☑独立性	☑运动能力 ☑健康行为 ☑体育品德	☑手型正确 ☑触球部位准确
学习任务二步法与运球	1. 起动 2. 滑步 3. 交叉步	☑开放 ☑共融 ☑情境化	☑自主 ☑合作 ☑探究	☑主动性 ☑交互性 ☑体验性 ☑问题性 ☑独立性	☑运动能力 ☑健康行为 ☑体育品德	☑发力动作 ☑重心控制

学习 任务名称	活动内容/流程	空间支撑	学习方式	学习特征	学科素养	评价
学习任务三 传球	1. 原地单手肩上传球 2. 双手接球 3. 接高球 4. 接低球 5. 接反弹球	☑开放 ☑共融 ☑情境化	☑自主 ☑合作 ☑探究	☑主动性 ☑交互性 ☑体验性 ☑问题性 ☑独立性	☑运动能力 ☑健康行为 ☑体育品德	☑发力动作 ☑传球落点 ☑动作协调
学习任务四 射门	1. 原地射门 2. 体侧射门 3. 反弹射门 4. 行进间射门	☑开放 ☑共融 ☑情境化	☑自主 ☑合作 ☑探究	☑主动性 ☑交互性 ☑体验性 ☑问题性 ☑独立性	☑运动能力 ☑健康行为 ☑体育品德	☑发力动作 ☑传球落点 ☑动作协调

（二）课程评价

通过手球专项课的教学，学生能够掌握手球运动的基本技能，灵活运用战术，能参加实战比赛。学生的速度，力量，柔韧等身体素质得到提高，心肺功能也得到提升。通过战术的运用学会如何与他人合作，提高团队协作能力。让学生在学习过程中既能掌握技能，增强体质，又能体验到团队合作的乐趣。通过遵守相应比赛规则，学生强化了"规则"意识，从而提高学生遵守良俗公序的自觉性，成为一位有良好品行的人。

四、预期成果

让学生通过手球专项课，体验手球运动激情，增强学生体质，感悟手球文化，发挥学生特长。传授手球知识和技能，让学生走进手球文化领域，感受手球的丰富内涵，培养学生的"规则"意识，养成遵守良俗公序的品行。加强手球硬、软环境建设；参加市区各项手球比赛，并获得较好名次。

【篮球场馆再造方案】①

一、建设背景

（一）课程要求

课程包括篮球理论知识、技战术运用、相关体能、实践与评价等方面的内容，使学生了解篮球运动的锻炼价值、技术原理、安全知识和防护技能，掌握并运用篮球基本技术和进攻、防守战术，主动参与一般体能和专项体能练习，培养积极进取、团结合作、遵守规则的体育品德。

（二）学情需求

通过情境创设和问题导向，让学生了解篮球运动的发展与文化，激发篮球的学练兴趣，以小组探究和比赛等学练方式，掌握转身运球、持球突破、单手肩上传球、跳起投篮、

---

① 本案例由黄晗欢撰写。

掩护配合、关门配合、长传快攻、区域联防等技战术,运用所学组合技术及攻防战术参与比赛,具有合理应对场上变化的能力;逐步形成篮球运动特长,养成自觉锻炼习惯;将篮球运动中形成的良好品德迁移到日常学习和生活中,促进身心全面和谐发展。

(三)现状分析

1. 客观描述

(1)空间样态

学校有两片室外篮球场位于足球场北侧,一遇到刮风或下雨基本上不能进行篮球课。

(2)设施设备

学校篮球架总共有8个,但都属于室外,部分篮球架比较老旧且不能完全发挥其作用。

2. 利弊分析

室外篮球场的功能无法与室内篮球场相比,首先室外篮球场受到天气影响巨大,刮风下雨无法避免,同时室外篮球场的场地比较开阔,有时候篮球滚来滚去,最后还要遗失。

二、空间再造

(一)再造目标

1. 增建一个与时代同步的标准篮球馆,满足广大学生对篮球运动的需求。

2. 提高篮球馆的安全性和舒适度,为学生提供更好的训练和比赛环境。

(二)再造方案

1. 空间样态

根据国际篮球联合会(FIBA)的规定,室内篮球场的标准尺寸为28米长、15米宽。设计师需要根据场地的实际情况,合理安排篮球场的尺寸和比例,确保运动员的活动空间和比赛的公平性。

2. 设施设备(软硬件)

(1)场地硬化:对室外篮球场地面进行硬化处理,确保球场平整、无积水,提高球员的运动体验。

(2)篮球架更新:更换现有的室外篮球架,采用新型材料和设计,优化篮球架的稳固性和耐用性。

(3)篮球场围网:设置专业的篮球场围网,避免篮球飞出场地,保障师生的安全。

(4)灯光照明:更新篮球场的照明设施,确保夜间训练和比赛的照明效果,提高场地可利用率。

(5)周边环境美化:对篮球场周边环境进行美化,种植绿化植物,提升场地的整体环境质量。

三、课程设计

（一）课程规划

表 1-2 篮球课程设计表

学习任务名称	活动内容/流程	空间支撑	学习方式	学习特征	学科素养	评价
学习任务一	运球 1. 转身运球 2. 背后运球	☑开放 ☑共融 ☑情境化	☑自主 ☑合作 ☑探究	☑主动性 ☑交互性 ☑体验性 ☑问题性 ☑独立性	运动能力 健康行为 体育品德	自己 同伴 教师 家长 其他
学习任务二	传球 1. 单手体侧传球 2. 单手肩上传球	☑开放 ☑共融 ☑情境化	☑自主 ☑合作 ☑探究	☑主动性 ☑交互性 ☑体验性 ☑问题性 ☑独立性	运动能力 健康行为 体育品德	自己 同伴 教师 家长 其他
学习任务三	投篮 跳起投篮	☑开放 ☑共融 ☑情境化	☑自主 ☑合作 ☑探究	☑主动性 ☑交互性 ☑体验性 ☑问题性 ☑独立性	运动能力 健康行为 体育品德	自己 同伴 教师 家长 其他
学习任务四	突破 1. 持球交叉步突破 2. 持球顺步突破	☑开放 ☑共融 ☑情境化	☑自主 ☑合作 ☑探究	☑主动性 ☑交互性 ☑体验性 ☑问题性 ☑独立性	运动能力 健康行为 体育品德	自己 同伴 教师 家长 其他
学习任务五	防守 1. 防守有球队员 2. 防守无球队员	☑开放 ☑共融 ☑情境化	☑自主 ☑合作 ☑探究	☑主动性 ☑交互性 ☑体验性 ☑问题性 ☑独立性	运动能力 健康行为 体育品德	自己 同伴 教师 家长 其他
学习任务六	抢篮板球 1. 抢进攻篮板球 2. 抢防守篮板球	☑开放 ☑共融 ☑情境化	☑自主 ☑合作 ☑探究	☑主动性 ☑交互性 ☑体验性 ☑问题性 ☑独立性	运动能力 健康行为 体育品德	自己 同伴 教师 家长 其他
学习任务七	进攻战术 1. 突分配合 2. 掩护配合 3. 策应配合 4. 关门配合 5. 长传快攻	☑开放 ☑共融 ☑情境化	☑自主 ☑合作 ☑探究	☑主动性 ☑交互性 ☑体验性 ☑问题性 ☑独立性	运动能力 健康行为 体育品德	自己 同伴 教师 家长 其他
学习任务八	防守战术 区域联防	☑开放 ☑共融 ☑情境化	☑自主 ☑合作 ☑探究	☑主动性 ☑交互性 ☑体验性 ☑问题性 ☑独立性	运动能力 健康行为 体育品德	自己 同伴 教师 家长 其他

（二）课程评价

篮球评价过程中，评价内容和方法的选择应围绕体育与健康学科核心素养，依据学业质量标准，选择多元评价内容。设计在实战中合理运用技战术的能力、调控情绪的能力、团队配合的能力等标准，从而注意多种评价方法的有机结合，不仅要对篮球技能方面进行评价，还要综合观测体能方面，注重过程性评价与终结性评价、增值性评价与综合性评价、学生自评与互评的结合。

四、预期成果

通过篮球技战术内容的学习，使学生初步掌握篮球运球、传球、投篮、突破、防守、抢篮板球、进攻战术和防守战术，能在各级各类比赛中进行实践运用。培养学生不怕困难、勇于挑战的精神，通过战术配合与教学比赛培养尊重同伴、尊重裁判的良好品德。

【足球场馆再造方案】①

一、建设背景

（一）课程要求

体育与健康课程是普通高中课程的重要组成部分，应根据普通高中课程方案的要求构建本课程，要有助于高中学生培养目标的达成，并根据普通高中的课程设置、课程内容所确定的原则等确立本学科的课程结构和课程内容。本课程的设计理念是保证基础、强调选择、关注融合、重在运用。保证基础是指促进学生体能、运动技能和健康教育知识、技能与方法的学习和提高，为终身体育和形成健康文明生活方式奠定基础；强调选择是指重视让学生根据自己的兴趣和爱好选择运动项目进行学习，深刻体验运动中的成就感，提高自尊心和自信心，获得个性发展；关注融合是指注重体育与健康教育内容、体能与技能以及学习与锻炼、比赛等方面的有机结合，提高学生融会贯通的能力；重在运用是指将体育与健康知识、技能和方法运用到学习、锻炼、竞赛和日常生活中，提高学生的体育与健康实践能力。

（二）学情需求

为了满足高中学生体育与健康学习的不同需求，激发学生的运动兴趣和内驱力，促进学生的个性发展，培养学生终身体育的意识和能力，普通高中体育与健康课程重视基础性与选择性的有机统一，特别强调让学生根据自己的兴趣和爱好选择运动项目进行学习。因此，本课程充分体现了选项学习的特点，除了体能和健康教育两个必修必学内容外，学生在高中三个学年的体育与健康学习中，可以根据学校课程开设运动项目的具体情况选择1—3项进行较为系统和全面的学习，使学生学会、学精，培养运动爱好和专长以及积极进取、追求卓越的精神。

---

① 本案例由曾坚撰写。

（三）现状分析

由于身体协调性差、专项力量不足等问题，造成学生所学技术无法在实战对抗中有效发挥，但高一学生正处于身体素质发展的敏感期，在此阶段加强专项体能素质的训练不仅能够起到事半功倍的效果，还能为突破的实战运用提供良好的体能储备。

作为区重点高中，学生们思维敏捷，学习习惯良好，对于学习足球充满着无限的热情和能量，但在行进间处理球的能力不足，进攻选择不够合理，缺少主动配合的意识和对防守的洞察力，因此在教学中将足球基本知识与原理日常化、理论化、实战化，注重提高学生自主分析能力和灵活应变的能力，最终形成较好的足球意识。

1. 客观描述

（1）空间样态

学校有开放式 300 米田径场，跑道四根（其中第四道靠绿化带太近，为了安全，很少使用）。有 7 人制足球场一片，长度约 68 米，宽度约 40 米，总面积约 2 720 m²。

（2）设施设备

足球门两个。

2. 利弊分析

利：场地是 2023 年暑期新建的，人造草皮很厚实，跑道弹性好；

弊：7 人制足球场对于目前近 40 人一个班级来说，在进行教学比赛时显得捉襟见肘；而且足球场和田径场在一起，是开放式的，对于在跑道上活动的人员来说，存在安全隐患；靠北面的足球门，和篮球场距离过近，很多时候足球会踢到篮球场上，影响其他同学。

二、空间再造

（一）再造目标

利用现有的多媒体设备：显示屏两台，配有视频和音乐的教学课件，多功能蓝牙音响，翻页笔；人文环境：营造"自主探究，合作学练"的氛围，引导学生"边玩边学，玩学合一"，感受足球的魅力，体验足球的快乐。正确对待学练过程中的失误，允许学生有犯错的机会，并给学生正确的引导。在小组学练中让学生一起克服困难，一起面对成功和失败，帮助学生树立"胜不骄，败不馁"的胜负观。

（二）再造方案

1. 空间样态

用铁丝网把靠近北面的足球门和篮球场分隔开，以免足球被踢到篮球场上。

2. 设施设备（软硬件）

增加可移动的小足球门，进行小场地足球比赛，让更多的同学参与到比赛当中，感受足球乐趣和魅力。

三、课程设计

（一）课程规划

表1-3　足球课课程设计表

学习任务名称	活动内容/流程	空间支撑	学习方式	学习特征	学科素养	评价
学习任务一 掌握好正确的踢球姿势以及熟悉球性	脚内侧踢球 1. 二路纵队带球慢跑 2. 徒手操 3. 脚内侧踢定位球基本动作学习	☑开放 ☑共融 ☑情境化	☑自主 ☑合作 ☑探究	☑主动性 ☑交互性 ☑体验性 ☑问题性 ☑独立性	运动能力 健康行为 体育品德	自己 同伴 教师 家长 其他
学习任务二 掌握好正确的踢球姿势以及熟悉球性	脚内侧踢球 1. 二路纵队带球慢跑 2. 徒手操 3. 脚内侧踢定位球复习、小组练习	☑开放 ☑共融 ☑情境化	☑自主 ☑合作 ☑探究	☑主动性 ☑交互性 ☑体验性 ☑问题性 ☑独立性	运动能力 健康行为 体育品德	自己 同伴 教师 家长 其他
学习任务三 掌握好正确的踢球姿势以及熟悉球性	脚背正面踢球 1. 二路纵队带球慢跑 2. 徒手操 3. 脚内侧踢球易犯错误分析	☑开放 ☑共融 ☑情境化	☑自主 ☑合作 ☑探究	☑主动性 ☑交互性 ☑体验性 ☑问题性 ☑独立性	运动能力 健康行为 体育品德	自己 同伴 教师 家长 其他
学习任务四 掌握好正确的踢球姿势以及熟悉球性	脚背正面踢球 1. 二路纵队带球慢跑 2. 徒手操 3. 一人一球对墙踢、两人一球相互踢	☑开放 ☑共融 ☑情境化	☑自主 ☑合作 ☑探究	☑主动性 ☑交互性 ☑体验性 ☑问题性 ☑独立性	运动能力 健康行为 体育品德	自己 同伴 教师 家长 其他

（二）课程评价

基于发展学生体育学科核心素养的育人目标，评价从"运动能力，健康行为，体育品德"三个方面选择针对性观测点，根据集体评价标准进行打分。

表1-4　足球课课程评价表

评价维度	核心要素	观测点	评价标准	请在相应等级打"√"		
				A	B	C
运动能力	知识技能	知识	掌握本单元相关知识点，具有一定的欣赏及评价能力。			
		技能	动作及组合之间的流畅			
健身行为	社会适应	合作	学习过程中，积极进行小组合作，主动参与组内讨论与练习			
	安全意识	安全	难度动作中的跳、踢、转等动作做到体前热身充分、动作准确、身体及时控制。			

评价维度	核心要素	观测点	评价标准	请在相应等级打"√"		
				A	B	C
体育品德	体育道德	遵守规则	在学练过程中遵守课堂纪律，服从指挥，执行力强			
	体育精神	顽强拼搏	在学练过程中勇于克服困难，挑战自我，坚持到底			

四、预期成果

基本掌握足球踢球的基本技术，掌握正确的踢球姿势以及熟悉球性，感受足球文化，提高学习兴趣，树立自信，体验成功乐趣，学会相互配合，共同探究，团结合作。

【乒乓球馆再造方案】①

一、建设背景

（一）课程要求

乒乓球教学包括乒乓球理论知识、技战术运用、相关体能、实践与评价等方面的内容，使学生了解乒乓球运动的发展、特点和价值、技术原理、常用术语、竞赛规则和裁判法等理论知识，理解速度、力量、旋转、落点、弧线对乒乓球技术的重要性，掌握处理上旋球的基本技术，形成一定的战术意识，熟悉发展体能的基本方法，养成良好锻炼习惯，培养敢于拼搏、勇于挑战的体育品德。

（二）学情需求

依据课程标准结合上海市高中体育专项化教学改革推进成果，以培养学生体育与健康学科核心素养为目标导向，以学生运动能力培养为载体，融合健康行为和体育品德教学，构建乒乓球学习单元，采用结构化、情境化、问题化、信息化的教育策略。教学中教师要关注学生在不同情境下对体育与健康知识、技能和方法的运用，能够将具体的教学内容进行情景设计，促成学生学科核心素养的形成，培养学生结合所学知识解决学习生活中实际问题的能力。同时，教学中要注意单一技术与整体运动的有机联系，不过分追求单一技术动作的学练，而应尽早让学生体验完整的乒乓球运动，从而提高对单个技术、组合技术、基本战术的综合运用能力。

（三）现状分析

1. 客观描述

（1）空间样态

本校有一间乒乓球教室，安全距离下可以放置 10 个球台，且球台两端离墙面距离

---

① 本案例由叶云飞撰写。

较近,只能做简单的回合练习,无法后撤回击大力扣杀,目前40人的教学班练习密度较小。地面较滑很难急停,部分动作完成不了。

(2)设施设备

乒乓球教室常出现不规则漏水,导致部分乒乓球台表面受潮凸起;辅助练习器材较少,无法进行全员同步练习,方法手段较难实施,练习密度无法保证。

2. 利弊分析

空间小,设施老旧少,人数多,无法保证课堂练习的强度和密度。

二、空间再造

(一)再造目标

1. 扩建或转移乒乓球教室以获取更大空间,最好能做到二人一球台,球台间隔安全美观。

2. 大量购买发球机、定球器等辅助设备,提高练习密度和有效度。

3. 完善配套设施,如更衣设施等,让学生有舒适的学习运动的环境。

(二)再造方案

1. 空间样态

每个球台空间充裕,有防滑地板或地胶,灯光均匀柔和,适合常规比赛。配有卫生间、更衣室。球台区域附近有统一的集体学习区域,并配有多媒体设备。

2. 设施设备(软硬件)

① 有20个球台阵列分布,练习球拍20套以上,球2000只。

② 百寸以上大屏设备一套,集体学习区多媒体一套。

③ 发球机10套,定球器、捡球器等辅助设施若干。

三、课程设计

(一)课程规划

表1-5 乒乓球课程设计表

学习任务名称	活动内容/流程	空间支撑	学习方式	学习特征	学科素养	评价
学习任务一	乒乓球理论知识	☑开放 ☑共融 ☑情境化	☑自主 ☑合作 ☑探究	☑主动性 ☑交互性 ☑体验性 ☑问题性 ☑独立性	运动能力 健康行为 体育品德	自己 同伴 教师 家长 其他
学习任务二	乒乓球技战术运用	☑开放 ☑共融 ☑情境化	☑自主 ☑合作 ☑探究	☑主动性 ☑交互性 ☑体验性 ☑问题性 ☑独立性	运动能力 健康行为 体育品德	自己 同伴 教师 家长 其他

学习任务名称	活动内容/流程	空间支撑	学习方式	学习特征	学科素养	评价
学习任务三	乒乓球相关体能	☑开放 ☑共融 ☑情境化	☑自主 ☑合作 ☑探究	☑主动性 ☑交互性 ☑体验性 ☑问题性 ☑独立性	运动能力 健康行为 体育品德	自己 同伴 教师 家长 其他
学习任务四	乒乓球实践与评价	☑开放 ☑共融 ☑情境化	☑自主 ☑合作 ☑探究	☑主动性 ☑交互性 ☑体验性 ☑问题性 ☑独立性	运动能力 健康行为 体育品德	自己 同伴 教师 家长 其他

（二）课程评价

学习评价依据课程标准中的学业质量标准，针对学生在学习过程和比赛情境中的运动能力、健康行为和体育品德三个方面学科核心素养的具体表现进行评价。评价内容主要包括乒乓球理论知识、乒乓球技战术运用、乒乓球相关体能、展示与比赛以及锻炼习惯、安全意识等方面。教师在评价中要注重评价的多元性和多样性。关注学生在学习过程中的表现，做到过程性评价与终结性评价、增值性评价与综合性评价、学生自评与互评有机结合，同时要鼓励学生积极参与自评和互评，提高评价的客观性和公平性。

四、预期成果

了解以"国球精神"为核心的乒乓球文化，掌握发上旋球与处理上旋球的单一技术、组合技术，形成一定的战术意识，积极参与乒乓球展示与比赛，能够运用乒乓球专业术语与同伴交流；掌握发展体能的基本原理和方法，体能提高明显；在乒乓球学习和比赛中，能够遵守规则，诚信自律，尊重对手和裁判，超越自我，挑战极限，胜任多种角色，学会正确对待比赛的胜负。

案例四

学科实验室的再造①

一、建设背景

（一）概况

实验室作为一种功能性设施和设备条件下的学习环境，是一种正式学习空间，它能促进学生主动构建知识结构，提升解决问题的能力，在学校教育中起着重要的作用。

---

① 本案例由朱焱撰写。

理科学科的核心素养的落实对实验室的条件提出了显性的要求,与实践活动紧密关联,对实验室的软硬件条件都提出了明确的要求,可见实验室这一学习空间对学生核心素养的发展具有重要影响。

(二)现状分析

我校现有理化生实验室各 2 间,其中生物与化学实验室仍旧维持着十多年前的"秧田式"布局的样貌,且仪器设备功能滞后陈旧,此外还存在以下不足:(1)受限于水电线路等因素,桌椅布局相对固定,课堂形式自由度小,不利于学生进行交流合作;(2)计算机仅仅被定义为信息呈现的工具(展示 ppt 或视频的输出设备),没有发挥计算机的多元功能,也并未将信息化融合到实验中,没有充分体现以计算机为核心的信息化手段在实验教学中的应用;(3)没有充分利用实验室内、外部空间来发挥整体育人功能,如橱窗、墙面、屋顶等,缺少科学氛围,不利于激发学生的探究欲;(4)实验室课程目标主要还是落在学科知识与实验操作技能,以及科学探究的意识和能力,缺乏对真实问题的解决,缺少关注学科素养、技术能力和创新能力等。

综上所述,理科实验室的学习空间还没有跟上课程改革的步伐,已经无法满足新教材与新课标的要求,也不适应普通高中生核心素养的培育。

二、空间再造

(一)实验室内功能区空间再造

学校 2021 年成功申报生物和化学学科创新实验室建设与应用推进项目,获得资金用于实验室硬件设施的第一阶段改造,并于 2021 年暑假完工。

实验室基础设施包括模块化的水、电、气、网络、通风管道等舱体设施和集成式电动摇臂系统所组成的吊顶单元;师生实验桌椅、独立的上给排水水槽等组成的地面单元;借助中央智能控制系统,可实现对系统的智能集中控制,满足师生安全、高效管控各类试验设备的需求,并充分拓展实验室功能应用。三者结合,构成完整的生物和化学实验室的主体系统,有利于学生能力的提高,促进因材施教的真正落实,推动学生将生活中一点一滴带来的灵感和启发,变为实验的源魅力,将创新力、创造力真正渗透在思维力之中。

再造后的实验室有以下改进:(1)吊顶上排的方式使实验过程中产生的各种废气和废液得到更妥善的处理,尤其是废气,可以通过与排风抽气系统连接的万向抽气罩来达到不漏气并将有毒有害气体及时排出的效果,总体来说,这样的排放方式对人与环境更加友好;包括教师演示实验的通风橱也能实现一样的效果(在原先开放式的环境中,废气只能通过实验室边角的几个排风扇排出,噪声大、效率低,教师们往往在授课中会规避一些会产生有毒有害气体的实验,以避免毒性达到一定浓度对环境及身体造成伤害)。(2)吊顶上排的管道使桌椅布局更加灵活,可以根据不同的课程目标对实验室的空间布局做设计和调整，能更好地打造以学生的学习为中心的实验环境，让学生在实验室环境中有一定的主动性和自由度，能够自己控制和调节探究等实践活动，也创设便于交流、合作的空间氛围；(3)生物实验室的传统显微镜已更新为生物数码显微镜，能在高质量地呈现生物的微观图像的同时拥有拍照、录像和测量的功能，还能将教师和学生的图像进行联动，更高效服务教学。

但由于经费有限，这只是改造的第一阶段，主要是实验室硬件功能的改造，后阶段还将进一步对实验室的仪器设备进行更新以满足新教材的需求，以及增加实验台录像功能。此外还有物理实验配合移动式座椅的吊装插电装置；生物实验室学生显微镜的更新；化学实验室数字实验辅助仪器的增加等。

(二)实验室外部科学育人空间再造

除了实验室内部设施改造以外，学校希望能把实验室外部环境也作为育人空间利用，用好每一面墙、每一个橱窗，甚至是屋顶。于是我们把外部空间的利用也纳入实验室的整体设计规划，充分发挥整体育人功能，从校园文化层面充分营造浓郁的科学氛围，使学生未进入实验室便已受到科学与技术的熏陶，进入激发兴趣、自主探究、轻松舒适的学习空间。

于是 2021 年暑假，伴随着实验室内部改造，理科组全员参与了外部育人空间的设计。经历 2 个月，共 6 版，反复修改，最终定稿。

图 1-7　物理、化学、生物实验室的门厅设计效果图

图 1-8　物理、化学、生物实验室的走廊设计效果图

每个实验室根据教学以及学情,具体设计思路如下:

表1-6　各学科实验室门厅及走廊文化墙设计内容表

学科	位置	具体内容
物理	门厅	近代原子物理的发展史、物理学科核心素养 恒星的生命历程、宇宙大爆炸理论
	走廊	古今中外物理名人
化学	门厅	元素周期表、化学定义、学科核心素养
	走廊	古今中外化学史上最具影响力的科学家们 实验室中一般事故的处理方法、定性与定量分析 物质的制备、分离和提纯、物质的检验
生物	门厅	生命科学学科核心素养、学习生物小技巧、实验探究基本步骤 古今中外推动生物学研究的科学家们
	走廊	生物学的定义、走进分子生物世界(DNA、蛋白质) 保护生物多样性——人类赖以生存的条件

（三）实验室文化墙的设计要素

1. 从多角度对本学科定义的介绍

物理、化学、生物都是自然科学,从产生、发展到学科的确立、知识体系的形成往往要经历漫长岁月,所以不同时代的不同科学家、不同教材都有各自的理解。如化学文化墙上便借用中外科学家的语言来描述他们眼中的化学,同时也从《普通高中化学课程标准》中选取了对化学的定义。这样多角度、丰富广义的解释,能让学生一走进实验室便对学科有更明确的认识。

2. 明确学科核心素养

理科实验室是学校基础的课程资源之一,也是开展学生学科素养培养的重要场所之一。新课程教学改革倡导从提出问题、做出假设、制定计划、使用工具和搜集证据、处理数据和解释问题、表达与交流等环节,全面提高学生的科学探究能力,实验室在激发学生的兴趣和探究,培养学生观察问题、分析问题、解决问题的能力,养成理论联系实际的思维习惯,养成实事求是的科学态度和锲而不舍的科学精神等方面都具有重要的作用。门厅和门廊的这个功能性能让学生明确进入实验室学习的最终目的。

3. 中外历史上的重要科学家简介

在每个学科历史上都有一批伟大的科学家,努力为学科的发展奠定了基础（其中我们也精选了一批中国的科学家们）。对这些科学家的事迹及成果的介绍容易引起学生的兴趣,有助于学生了解学科概念发展的进程、加深对学科本质的理解、形成系统的学科概念,同时也培养学生严谨踏实的科学态度、探究意识以及合作精神。

4. 系统的实验方法介绍

在化学实验室的门廊设计中,对高中阶段重要的定性、定量实验进行了总结,并对一般事故的处理方法做了归纳;生物实验室介绍了实验探究的基本步骤。这些与课本中相关的实验内容都使进入实验室的学生更有归属感,在做实验没有头绪的时候能启迪他们的思维,尤其是在临近合格考期间,这些学习场景,能更有效地服务教学,有利于提高学习效率。

三、空间再造后的几点思考

(一)开发配套课程资源

课程资源的开发是实验室建设不可分割的重要组成部分,目前结合新教材内容以及实验室内已有器材,每个学科都在设计配套的拓展课程,以满足后阶段各层面实验室课程的需求。在设计课程的过程中,尤其要关注社会性的综合问题,现阶段教学中越来越多重视学生面对真实情境的解决问题的能力,我们要多营造紧密联系生活、生产实际问题的探究情境,来激发学生学习兴趣,引导开拓创新。

新课程下,理科实验室空间再造也同样需要我们教师的角色和功能跟随着转变,努力从原先的知识的传播者与问题引导者逐渐向资源提供者、行动示范者、时间指导者、跟踪评价者转变;而同时也努力促使学生的学习方式逐渐发生转变,利用实验条件支持动手动脑、目标驱动引领学习活动、时空开放助力实践创新、学习环境促进自主探究。

(二)提升空间的共融性

实验室建设往往只考虑单一学科的功能需求,但如今学生面临的往往是真实情境下的复杂的多学科融合的"跨学科"问题,所以在后阶段实验室建设的过程中,也要慢慢尝试"跨学科"融合,提高学生综合运用各学科知识来思考问题和解决问题的意识和能力。虽然实验室是固定不可移动的,但是我们也能"共享"各种实验室资源,尤其可以关注现代信息技术的整合,使信息在学习过程可以畅通无阻。

(三)延长空间的开放时间

实验室无论是内部设备还是外部文化墙的设计与建设都凝聚了组内老师的心血,这样的教育教学空间应该尽可能地为学生提供,如中午的休息时间、课程前后的课间休息时间,这些碎片时间可以根据老师以及学生的需求尝试对外开放。

第四节　实创中心：发展创新型实践基地

一、建设背景

实创教育对于提高学生的实践能力和创新能力具有重要的作用，同时也是学生职业生涯规划的重要经历。学校实创中心的建设可以更好地满足师生的实践教学需求，提供更好的实践教学条件和环境。

对部分创新实验室空间中无法开展结构化、情境化、活动化的深度学习，强调知识、经验、应用关联，营造现实、问题、任务情境，开展自主、衔接、进阶性活动，通过整合创新实验室课程及部分特色课程，进行空间的功能再造，实现全方位多角度、全覆盖的布局。

二、建设思路

鉴于不同的实创类型，学校计划建设"一·三·七"创意实践中心，即"一个实创中心""三大实创厅""七类功能区"，形成集体验、探索、交流、实践、展示于一体的复合型学习空间，为"三级"实创进阶课程提供开放、情境共融的学习空间，使"体验激趣"课程，更具学习的主动性、交互性、体验性等特征；"实践培特"课程更具学习的交互性、体验性和问题性等特征；"探究赋能"课程更具学习的独立性、交互性和问题性等特征，使结构化、情境化、活动化的深度学习真正发生，培养学生实践创新的核心素养。

文创厅这一共享学习空间要合理规划，根据"古诗文吟诵""京剧表演""新闻与摄影"课程内容的不同和需求错峰使用。利用这个开放、共融的共享学习空间，发挥情景体验与成果展示区的作用，展示学生的优秀作品和成果，提高学生学习的主动性、交互性和体验性。通过关注学习空间的利用与再造，充分利用校内其他学习空间资源，为学生提供多样化的外部学习环境，打破场所限制。

科创厅空间宽敞且灵活，定期举办创智工坊、机器人展示，鼓励学生展示优秀作品。借助学校一年一度的实创节举办比赛，吸引更多学生参与，提高实创中心的利用率和曝光度，给学生提供一个作品展示和交流的平台。把"基于迭代模型的创客教育实验室"和"物理创客空间科学实验室"的设施融为一体，开发动态模型，增强科创实力。

综创厅则针对创新实验室空间无法开展结构化、情境化、活动化的深度学习，提供个性化学习空间。比如社区志愿者服务活动，培养学生的社会责任感。利用社区资源和社企场馆为学生提供情境化学习空间，体验职业挑战，确定生涯发展目标。借助高校资源为学生提供拓展性学习空间，如上海大学数学实践工作站，培养学生的团队交往、自主发展和沟通合作等能力。

三、功能区空间建设方案

（一）新闻与摄影创新工作室

1. 空间样态

通过优化现有学习空间的功能区域，打破学习空间布局相对固化与单一的局面，从而突破传统以"教"为中心的教学模式，为学生自主学习、跨学科小组学习、综合实践活动提供支持，满足学生个性化发展需求，培育学生实创素养。

（1）项目工作室

优化后的学习空间，不仅要支持实践体验活动的开展，更要支持多种不同的互动模式，包括师生互动、生生互动、人机互动等。在"项目工作室"的学习空间优化中，我们将划分"问题探究""创意实践""成果展示"三个功能区。

在问题探究区开展基础理论的教学工作，根据活动设置自由拼接桌椅，实现空间变换，满足学生自由分组，进行讨论合作的需求。同时根据课程内容的安排，在该区域组织学生开展小型交流展示活动。

在创意实践区完善摄影棚的相关硬件设施配置，如增加绿幕、小型摄影棚、柔光箱等拍摄道具，同时提供数码相机（微单）、DV 录像机等，为学生进行"静物摄影""创意摄影""人像摄影"等不同类型的摄影实践创作提供资源支持。

（2）共享学习空间

对人文创意厅这一共享学习空间的利用进行合理规划配置，根据课程内容的不同与需求错峰使用，同时利用开放、共融的共享学习空间，充分发挥情景体验与成果展示区的功能，将学生的优秀作品进行公开展示与分享，增加学生在学习过程中的主动性、交互性与体验性。

通过关注学习空间的利用与再造，充分利用校内其他的学习空间资源，为学生在项目化的学习过程中提供多样化的外部学习环境，突破场所的限制。

2. 设施设备

《新闻与摄影》创新工作室位于校内实创中心，占地约 60 平方米，共设有"问题探究区""创意实践区""成果展示区""共享学习空间"四个活动区域。

问题探究区配备 1 台服务器、15 台电脑一体机、20 台平板电脑，主要是教师开展理论教学、组织学生开展交流展示活动的场地。

创意实践区域配备一套摄影棚、17 架数码相机（单反和微单）、1 架无人机、2 架 DV 录像机、1 架数码电影摄影机、1 套非编系统，作为进行摄影实践创作的主要场地，学生可以自主选择小物件进行"静物摄影""创意摄影""人像摄影"等,运用相关设备进行视频后期编辑制作。

3. 软件配置

根据课程设置的内在需求,打造特色学习资源。通过"内联外引"整合师资,根据课程内容邀请区教育学院、少科站的老师担当外援讲师;邀请往届考取影视传媒专业的同学回母校分享交流影像教育的魅力;利用校内外各类影像技能竞赛活动,激发学生学习的主动性、交互性与独立性。

立足学习空间的现状与学生的学习需求,建设结构化的学习资源库。通过工作室服务器,打造支持人机交互的网络学习空间,综合运用现代技术手段,改变传统的教师教学方式。在积累丰富的学习资源的基础上,对其进行梳理,形成清晰的资源结构,按年级、模块、类型等维度进行整合,从而为学习者配置不同的学习任务,引导他们获取相应的学习资源。逐步帮助学习者形成自主获取、选择、使用学习资源的意识,促使学生改变原有的学习方式,开展自主选择性学习。真正落实以学习者为中心的思想。

同时,充分利用区域共享平台课程资源,学生可以在数据库中自学相关课程。在网络学习空间的建设和实施过程中,学生自身也成为学习资源的建设力量,这种师生共建共享的教学资源促进了学习方式的颠覆性转变。

(二) 走进京剧修艺润心工作室

1. 空间样态

(1) 创设生活情境,让学生感受情绪的快乐

能否成功让京剧走进高中京剧课堂,最关键的核心问题在于学生是否对学习京剧有足够的兴趣。音乐心理学家认为:审美兴趣实际上是一个审美态度的问题,审美态度形成的过程为审美注意—审美期待—审美态度。要想欣赏者对作品产生积极的兴趣,首先必须对作品有所关注,引起审美注意和期待。影响欣赏者审美兴趣的最大问题在于作品,对那些熟悉的作品,学生会潜意识地产生欣赏的欲望,而对那些陌生或较少接触到的作品,会产生抵制情绪,当教师要求他们聆听、探究、分析、感受那些不熟悉的作品时,他们会有很大一部分人会表现出迷茫、困惑,甚至拒绝。教师应寻找学生熟悉或喜欢的内容作为切入口。

(2) 创设故事情境,让学生感受学习的快乐

在教学中,不断地选取利于学生接受和学习的京剧素材,教授学生欣赏方法,从各个角度去发掘京剧内容所带来的教育意义。例如,京剧《贵妃醉酒》选段的欣赏,教师在进行课程讲解前,可以先让学生们欣赏李玉刚的《新贵妃醉酒》,该作品将京剧与现代音乐元素相结合,学生在课堂中的演唱,能感受到学习的快乐,充分发挥主观能动性。对于京剧

教学，由易入难，循序渐进地将京剧的教育层面渗透给学生，教会学生采用古今对比的欣赏方法去发掘古老文化的优点，分析传统京剧的音乐价值，进而养成研究、学习京剧的习惯，在物质文化的基础上，升华精神、文化层次，顺应新课改的要求，注重增强学生学习传统文化意识的养成。

(3) 创设知识情境，让学生感受过程的快乐

信息化的不断推动，促使教育部门越来越注重在教学工作中使用电教媒体进行教学。高中音乐课堂，需要充分利用多媒体、视频、音频、网络，让学生对古老艺术形成更直观的认识。例如，在高中《音乐鉴赏》教材中，关于现代京剧《红灯记》选段的欣赏，教师可以使用电教媒体，先在班级中为学生播放电影版的《红灯记》，加深学生对京剧内容的理解，明白其中的思想以及所表达的意思，然后通过播放红灯记选段《雄心壮志冲云天》，将其音乐元素进行细化分析，向学生展现现代京剧的魅力，进行下一步的深度教学。再如，可以利用音频媒体，让学生进行京剧选段的练唱，录制学生的音频文件，在班级中进行播放，共同分析音调、音色、音准是否正确，并找出相应的改正办法，互相学习，共同进步，感受到学习过程的快乐。100岁的越剧、200岁的京剧、600岁的昆曲与现代学生中间一定要搭建桥梁，例如：欣赏张军的昆曲与现代音乐的碰撞。

(4) 创设文化情境，让学生感受成长的快乐

文化理解与传承素养置于核心素养的首要位置，其二级维度中还包括三个指向，分别为文化理解、文化认同和文化践行。由此可见，重视对学生文化理解与传承素养的培养，对任何一个国家或民族的教育都具有指导意义。学习京剧对提升学生对于中华优秀传统文化整体性的理解，其内含的传统文化教育对于学生的价值观念、道德伦理、行为习惯具有不可替代的作用。戏曲剧目中蕴含着深厚的文化底蕴，积淀着源远流长的中华优秀传统文化思想，每一出剧目中都反映着中华民族传统的道德文化思想与价值观，能让学生在传统文化中感受成长的快乐。

2. 设施设备

布置学习京剧艺术的场地，同时配备服装、道具、音响资料以及剧院观摩等让学生零距离触摸到古老的京剧艺术。

3. 软件配置

京剧具有内容丰富多彩，剧情生动活泼、跌宕起伏的特点，教学中捕捉这些特点，特设立了一堂戏曲化妆课，给学生化戏装，让他们体会了一次学艺之苦，舞台上风光的背后，是泪水与汗水的交融。身穿宫装、头顶凤冠、脚踏彩鞋、头悬鬓花，即使不堪重负但也坚持不懈，做到精益求精。在舞台上我们看到光鲜艳丽的演员，可是舞台背后他们所付出的辛苦是台下观众不能感受的，让小演员脱下戏服说说台上的"苦"。

（三）古诗文吟诵工作室

1. 空间样态

根据古诗文,营造立体效果,使人置身于诗文的情境中,更易激发人的想象力与共情。唐调吟诵与富有诗意的课堂氛围相结合,更激发想象力。学生学习吟诵正是在不断的换气、抑扬、提顿间,在语言吟咏中激发、激荡人的联想与想象,并与诗文多媒体情境相合,产生生命的跃动,人与诗文相融相生,翱翔于诗意之上,进入到审美境界。专用教室设备要一体化简易操作,这样便使学生不断接受新的体验,更有利于激发学生学习与传承吟诵的兴趣,提升学生学习主动性。

创新实验楼的多功能大厅,使用麦克风和音响等工具,记录学习成果,让吟诵视频得以完整保存。学习空间的自由与开放,普通教室与学科专用教室交互使用,学生对在专用教室录制视频有极大的兴趣,调动其主动性;教学方法的多样化,交流、合作、探究过程多,评价方式多样,调动学生主动性。

2. 设施设备

有录制吟诵作品的摄像机,绿幕背景墙,以及供学生成果展示的表演舞台,使学生在吟诵课的活动是丰富且能得以施展的。小组合作交流、小组互相点评、最后视频录制的合作、个体在台前话筒展示,都是很具挑战性的,学生在各种挑战中始终处于积极投入的状态。以后可以尝试更多样化的活动,比如请学生创意编排将吟诵融入小小的情景剧,这是更丰富的跨学科设想。

3. 软件配置

工作室现有区级课程《如何用唐调吟诵古诗文》。吟诵指导专家有"唐调"创始人唐文治先生的亲授弟子陈以鸿先生,指导老师吟诵,指导吟诵课程。另有指导专家刘德隆先生,他是清代大学者刘鹗的曾孙,参与学校吟诵活动、指导课程开展。另有音韵学专家张仁贤先生为吟诵工作室整理、标注高中古诗文"旧读"的读书音。此外工作室与上海市渊雷基金会有密切的合作,策划一系列市级吟诵活动,策划申请上海市唐调吟诵非遗项目。

（四）城市灾害防治与生态建设创新实验室

1. 空间样态

目前,我校地理学科创新实验室主要包括两个,一是城市灾害防治与生态建设专用实验室,另外一个是台风、地震体验房。高一、高二的大部分拓展课程都是集中在市灾害防治与生态建设专用实验室,台风、地震体验房在学习部分拓展课专题的时候会用到。

实验室的学习空间包括室内空间和外部空间。室内空间除了教学区域之外,还有屋顶、墙面。外部空间包括阳台、走廊等,校园的整体环境也可以作为实验室空间的延伸。在教学中对于空间的利用和规划不仅仅局限于室内空间,而是将与综合实验室配套的周边环境、校园环境整体加以利用,因此需要对实验室内外的环境进行整体的规划,充分利用墙面、屋顶、窗台等各种空间,为学生提供能够激发兴趣、自主探究、轻松舒适的学习环境。例如,地理创新实验在进行学习空间打造时,充分利用实验室屋顶空间,在屋顶安装星空幕布和星象仪。这种学习空间的内部改造有利于发挥实验室在教学中的激发学生的兴趣、求知欲的功能。此外,像窗台、走廊等外部区域可以打造出学生作品的展示区,从而为实验室营造外部的科学研究的空间区域。把实验室以外的空间也打造成为与实验室配套的学生学习和活动空间,有利于发挥实验室学习空间的整体育人功能。

2. 设施设备

在配套的设备方面,学校为实验室配备了教师端的多媒体电脑和投影设备,更加方便了教师在实验室中开展教学,同时还配备了电子白板或者触摸式的大尺寸电视屏幕,功能更加强大,使用更加方便,促进了教学互动。随着拓展课程的不断深入和优化,实验室的配套设备也越来越丰富。近年来学校为实验室配备了行星风系演示仪、矿物岩石标本、地貌模型等一系列配合日常教学的实验设备,这些实验设备极大地提高了学生学习地理的兴趣,也丰富了教学的内容。实验室所配备的设施、设备都是简单实用的,实验室的基础设施建设是伴随学校课程、活动开展而不断完善的。

3. 软件配置

结合我校的实际办学情况以及学生的兴趣和能力,在此基础上我们实验室开发了两本实验室校本课程:《城市灾害防治与生态建设》和《垃圾分类的探究与实践》。校本教材的出现可以为学生提供高质量的课程和教学内容,结合本校学生的自身能力和学习基础,适应本校学生的发展。

"城市灾害防治与生态建设"主要研究城市灾害防治,探究城市生态建设,以及如何营造生态城市与高中现有地理课的结合,实现教学广度与深度的拓展。课程以学生探究活动为主,通过学生借助实验室各种设备,如"3S"技术等,对实际发生的城市灾害进行取样观测,通过数据、模板等资料汇集,提出防治办法,制作本地城市灾害防治分析报告,落实防治措施。并将课堂实验教学和城市灾害与生态建设研究性学习辐射到周边学校、社区、家庭,使更多的学生、居民关注城市灾害及防治,参与生态城市的建设。"城市灾害防治与生态建设"的课程结构主要分为"城市灾害防治"和"城市生态建设"两部分。"城市灾害防治"的内容主要包括城市灾害与生活、地震与城市、台风与城市、火灾与城市、洪涝与城市等,通过"城市灾害防治与生态建设"创新实验室的各项实验仪器设备,让学生感受到地理是一门贴近生活的学科,培养学生的防灾抗灾的意识。"城市生态建设"的内容包括绿色城市、海绵城市,主要通过实验室的设备,结合网上查询、实地调研等,培养学生的环保和可持续发展意识。

"垃圾分类的探究与实践"课程是以"STS"教育理念为指导,强调对学生科学知识、实践能力以及社会责任感的综合培养。课程充分挖掘科技教育的育人功能,能让学生充分认识人与环境和谐发展的理念,并以自己的实际行动,展示自己的社会责任感,通过实践体验,构建起自己的知识体系及价值体系。在课程的学习过程中,教师为学生设计了多样化的学习活动。

(五)物理创客空间科学实验室

1. 空间样态

(1)重组 306 教室空间,打造开放式的实验及学习空间

306 教室的空间布局较为陈旧,实验仪器的摆放也不太合理,后期将对两大组实验桌进行拆分,分为 4 小组,提高课堂分组的灵活性。实验仪器需要按照实验类型进行分类,将课堂中常用的实验器材放置于实验桌上进行展示,不常用的整理进实验展示橱窗。同时组织学生为实验器材编写使用说明及简介,将 306 教室打造成一个融合课堂教学及实验器材展示为一体的两用教室,日常作为"小型科技馆"供学校师生参观和体验。

再造后的 306 教室将会成为一个开放的实验空间,既满足日常上课、学生自主实验的需求,也可供全校师生参观学习。此外后期将对教室内外墙壁进行布置,设置照片墙和留言墙,照片墙上展示课堂中的精彩瞬间,留言墙则供参观者留下宝贵意见。

(2)提升创智工坊热度,提供集展示与交流的共融空间

创智工坊实验室位于实创楼的二楼科创厅,有独立的上课教室,但与教学楼有着一定的距离,一般情况的非上课时间,学生很少会去到那里。创智工坊有着宽敞且灵活可变的空间,后期计划定期宣传并开放创智工坊的橱窗展示,鼓励学生将自己课内外的优秀模型作品在橱窗中进行展示,同时也将借助学校一年一度的实创节举办比赛,吸引更多的学生参与其中,提高实创中心的利用率和曝光度,为学生提供一个作品展示及相互交流的共融空间。

(3)优化 DIS 实验室虚拟空间,创设自主情境式学习空间

计划在教师端的电脑上整理各类实验录像,将新教材必修和选择性必修的实验视频存入其中,供学生观看和学习。学生在完成自学后,虚拟空间将提供一些关于生活中物理现象的视频,学生可以借助所学知识,尝试在不同情境下解决实际问题。

此外,利用课堂教学的机会,同步录制教师演示实验,以及学生实验过程中的优秀操作及错误操作演示,逐步建成三楼 DIS 物理实验室的"迷你实验虚拟空间",同时为学校虚拟空间的建设提供实验素材。

2. 设施设备

教学楼 306 教室:拥有上课所需的多媒体设备及课桌椅、用于开展课堂教学的"力、热、光、电以及原子物理"的专用实验器材、天文望远镜及实验仪器展示橱窗。计划将实验器材

按力、热、光、电、原子物理分类，方便学生在没有教师帮助的情况下，自己可以找到实验所需设备。

三楼 DIS 物理实验室：拥有上课所需的多媒体设备及课桌椅、配套实验过程录播系统、DIS 实验仪器以及配有切割打孔机器的迷你车间。

创智工坊：拥有上课所需的多媒体设备及课桌椅、模型制作工具、模型上色工具、模型展示橱窗以及大型城市沙盘（建造中）。与同处于科创厅中的"基于迭代模型的创客教育实验室"结合各自的特点，将隔壁实验的设施设备融入创智工坊，开发制作一些动态模型，增加实验室与实验室之间的互通共融。

3. 软件配置

由于学校物理教师数量不多，实验室目前仅一位青年教师负责课程开发及高一和高二的探究科学研拓课。此外还有一位外聘的模型老师，负责高一年级的模型制作课程。物理创客空间科学实验室以立德树人为根本任务，培养学生的"科学思维"和"科学探究"能力，塑造具有"实创素养"和"工匠精神"的当代中学生。实验室的课程主要分为"探究科学"和"模型制作"两部分。

"探究科学"的一类课程源于生活，从生活中找寻研究的素材，进行原理探究和装置制作。如"自制棉花糖机"就是源于生活的探究，在探究其原理后，能用生活中的材料在课堂上制作一台棉花糖机，并能品尝到自己制作的棉花糖。整个过程既培养了学生的探究能力，又培养了学生的动手能力，最终还能体验自己的劳动成果。另一类课程源于历史，与历史、地理等学科形成跨学科课程，培养多门学科的核心素养，形成小的项目化学习过程，培养实创素养。如"自制赤道式日晷"课程，源于古代计时工具，先对其历史发展进行一定的了解，后研究其原理，并完成日晷的设计图将其在课堂中还原。学生在这一过程中不但了解了历史和地理的相关知识，更有机会接触到切割机和打孔机等加工工具，锻炼动手能力。

"模型制作"课程主要以制作高达模型参加全国各类比赛为主，报名参与的学生无需基础，只要有对模型的热爱和耐心都可以参加。学生经过一学期的学习和锻炼，在专业指导教师的帮助下，就能参与到模型制作的比赛中。此外模型制作不仅限于模型本身，其周围场景也需要自己动手完成制作，因此在课程学习过程中还穿插了大型城市森林海洋的沙盘制作，工程量巨大，需要每一届参与课程的学生日积月累地加工改进。

（六）数学多功能互动创新实验室

1. 空间样态

（1）采用开放式布局，增加通透性

课桌椅采用自由可拼接图形款式，方便师生调整成各种开放式布局，同时增加空间的连通性，便于小组合作、互动交流。实验室采用明亮、色彩丰富的装修色调，增加采光面积，营造开阔、积极的学习氛围。实验室计划增设可移动式家具，支持弹性变换，使用轮式机动桌椅、白板等可移动式家具，方便进行小组合作和不同模式的教学活动。

（2）设立功能分区，满足多种需求

设立专题展示区，运用图片、模型等展示数学概念和应用，增强学生的情境体验；布置好图书阅读区的阅读环境，让学生可以沉浸到书本中；设置数学游戏娱乐区方便学生进行数独等数学游戏，提高学习兴趣；在操作区及展示区增设储物柜，满足教学工具、材料及学生作品的存储需求。

2. 设施设备

目前实验室提供图形计算器、平板电脑，可供学生动手实践，学习如何使用各种数学软件来辅助教学，进一步完成研究性学习。实验室未来计划更新多媒体设备，支持信息化学习，配备电子白板、投影仪等多媒体设备，支持信息化学习和互动展示。实验室计划尽可能将电子设备进行更新换代，以期能够满足课程教学中的基本要求。未来将配备智能互动白板、录课设备等，支持教师课程设计中的互动部分开展，以及公开授课需求等，还将设置电子显示屏，用于数学文化展示，以及学生的数学作品、成果及学习心得等的展示。

3. 软件配置

依据《普通高中数学课程标准（2017年版）》规定的三类课型，形成"两课一活动"课程模式；按课程持续时间长短，可分为"短期课程、中长期课程"两类，课程面向中原中学全体学生，适当向周边区域辐射，采用请进来，走出去的教师授课模式。

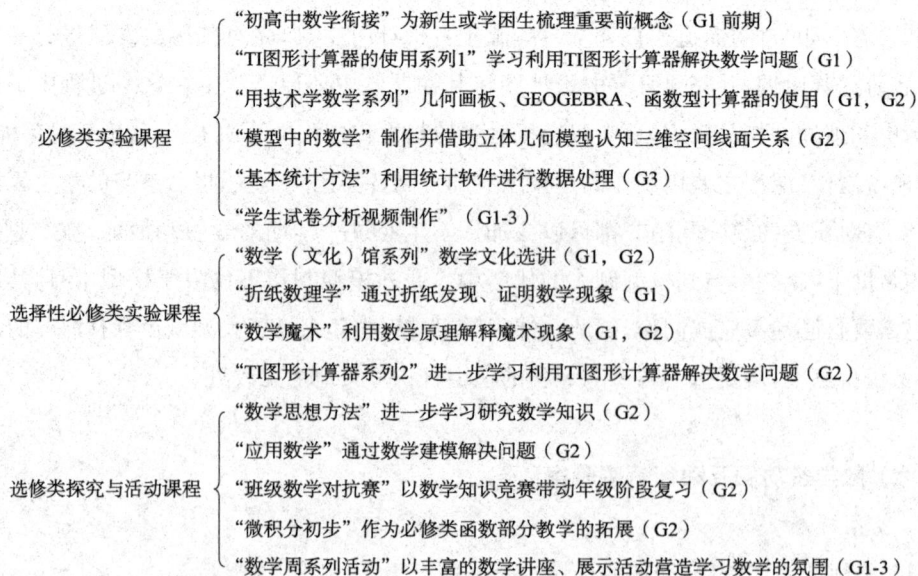

必修类实验课程
- "初高中数学衔接"为新生或学困生梳理重要前概念（G1前期）
- "TI图形计算器的使用系列1"学习利用TI图形计算器解决数学问题（G1）
- "用技术学数学系列"几何画板、GEOGEBRA、函数型计算器的使用（G1，G2）
- "模型中的数学"制作并借助立体几何模型认知三维空间线面关系（G2）
- "基本统计方法"利用统计软件进行数据处理（G3）
- "学生试卷分析视频制作"（G1-3）

选择性必修类实验课程
- "数学（文化）馆系列"数学文化选讲（G1，G2）
- "折纸数理学"通过折纸发现、证明数学现象（G1）
- "数学魔术"利用数学原理解释魔术现象（G1，G2）
- "TI图形计算器系列2"进一步学习利用TI图形计算器解决数学问题（G2）

选修类探究与活动课程
- "数学思想方法"进一步学习研究数学知识（G2）
- "应用数学"通过数学建模解决问题（G2）
- "班级数学对抗赛"以数学知识竞赛带动年级阶段复习（G2）
- "微积分初步"作为必修类函数部分教学的拓展（G2）
- "数学周系列活动"以丰富的数学讲座、展示活动营造学习数学的氛围（G1-3）

图1-9 数学多功能互动创新实验室课程规划图

（七）智能阳光百草园

1. 空间样态

创新实验室现有的墙面布置无法凸显课程的特色,对于营造情境化的教学氛围还不够。由于在创新实验室中的手作课程每次授课主题不同,因此需要经常根据主题更换创新实验室内的室内布置。考虑到这一点,创新实验室内可以添加展板,或者通过粘钩等物件便于装饰品的拆卸。这样在授课之前可以根据上课内容,给所在的学习空间增添布置或者对学习空间进行小规模调整,建立更真实的教学情境。此外,学生在进入学习空间后,则会被所布置的环境吸引,提高了对课程的兴趣与期待,增强了学生学习的主动性和体验感。

作为生态课程的学习空间,生态百草园可以作为一个起点,将课程空间有序地拓展至整个校园。将校园中的一些植物进行装饰,以此和生态百草园建立联系。这样,学生便可以由点及面,走进校园,深入生态。利用好校园环境这一教学空间,不仅突出了科学思维,还能融入人文思想,培养学生探究能力的同时,培养学生的自主学习能力。

2. 设施设备

生态百草园是建立在学校食堂上方的一个屋顶花园。由于漏水的关系今年暑假进行了深度的改建,重做了防水,并因为承重的原因,种植面积大大减少,后期将在新结构基础上进行改建与重新配置。其中阳光房主要用于种植课程,让学生体验植物的生长过程与营养需求;因为新的屋顶花园种植面积很有限,种植的区域主要分成3个板块,即:香草园(供手作、驱蚊课程使用)、球根与草花花园(供种植与手作课程使用)、月季与绣球园(供种植课程使用),学生在学习的过程中能够看到课程中所提及的植物在现实中的样貌、生长的周期、生长特点等。这样可以提高学生的体验感,对于生态课程的学习能有更深入的了解。

目前化学实验室(北)是无法联网的,需要配备网络并增加学生端的数字化用品(例如:IPad)及所需的学科软件,便于数字化教学的授课。当学生在进行实验探究的过程中,如若遇到问题,则可以通过网络自主查询,提高学生学习的自主性,同时也培养了学生的探究精神。此外,网络的通畅也使得学生在设计实验、操作实验、总结实验时能够及时得到老师的指导。例如:在进行DIS实验时,将数据同步上传至教师端,这样在教学的过程中,老师不仅能够在第一时间看到学生的实验进展,还能将不同组学生的实验结果进行展示分享,提高了学生学习时的交互性。

3. 软件配置

百草园的生态空间是有利于对学生开展生命课程和心理课程的,但是在现有的课程中并没有完整全面地体现这一点,也未设计相应课程。在后续课程设计时可以增加对学生情感与心理的关注。将百草园的生态课程与心理健康教育相结合,创设园艺心理课程,不仅可以使学生通过与植物的接触,放松身心,缓解压力,培养良好的心理状态,而且还可以通过植物的破土生长认知生命的顽强,通过植物的盛衰培养生命意识,使学生学会珍爱生命、拥有向上的生活态度。

四、实创课程案例

案例一

如何拍摄一张好照片
——《新闻与摄影》创新工作室[①]

1. 学习任务分析

作为《走进人物采访》项目的第二课时,在这一课中,将引入往期学员的摄影作品,调动学生的学习热情与主动性。通过对作品的分析、理论课程的学习,熟悉常用的摄影器材,通过实景拍摄掌握摄影的基础技巧,进行摄影创作、展示成果。鼓励学生通过合作、探究、创造等活动形式,在开展跨学科影像理论知识学习的同时,充分利用学习空间资源,通过对校园实景进行拍摄实践,筹备校园摄影优秀作品展,进而培育学生实创素养。

2. 学习任务重点、难点

(1) 影像摄影作品的几大因素"用光、构图、景别"三者之间的关系。

(2) 摄影基础技巧(构图、光影)。

(3) 景别的识别及摄影过程中不同景别的选择与运用。

3. 学习支持空间

本课时在《新闻与摄影》创新工作室进行教学,在"问题探究区"通过 PPT 等多媒体设备结合相关数字资源进行课程资源的展示,学习空间自由拼接的桌椅设置便于学生进行讨论与交流;在"实践创意区"提供相关的摄影器材(摄影棚、柔光箱、手机、数码相机、摄影实物素材)等硬件,为学生实践操作活动提供资源保障。通过时配备学习手册、学习任务单等资料。

4. 学习任务目标

(1) 通过观察分析与理论学习,总结归纳影响摄影作品质感的几大因素。

(2) 通过实践与操作,掌握数码相机的常用拍摄模式与技能。

(3) 通过学习摄影构图技巧,拍摄出有质量、有艺术感染力的照片。

(4) 通过实践体验,相互点评发现自己摄影过程中的不足与改进方式。

---

① 本案例由龚瑶撰写。

5. 学习任务过程

表1-7 《如何拍摄一张好照片》学习任务表

活动名称	活动内容/流程	空间支撑	学习方式	学习特征
活动一 情境引入：哪一幅摄影作品好？	【任务驱动】 展示几组具有不同的题材、构图、光感的摄影图片。 提问：选出其中你认为最好的一幅与大家交流分享，并说明理由。 【问题引导】 你能否总结出有哪些因素使得摄影作品成为优秀的、成功的作品？（答：光线、拍摄角度、取景构图、拍摄内容、瞬间捕捉精彩等。）	在作品展示区观看优秀摄影作品，在问题探究区进行讨论，实现师生、生生交互合作。	通过问题设置引导学生自主观察优秀摄影作品，总结归纳出共性因素。	从学习空间提供的真实情境出发，为学生发现、分析、解决问题提供指向性任务，激发学生学习的主动性。
活动二 感受摄影用光并了解摄影构图	【问题探究】 观看照片，分析不同光线对于被摄物体产生的不同效果。总结出在拍摄中光线有哪些作用。 【实例讲解】 1. 光的作用：光是表现被摄对象外形特征的因素；光是表现主题的因素；光是营造环境气氛的因素；光是表达感情的因素。 2. 分别举顺、侧、逆三种光源的摄影作品进行赏析理解。 【学生分享】 1. 分享自己常用的构图方式，说明该构图方式适用的场景。 2. 分析演示文稿中展示的图片在不同构图方式下呈现的效果。 【构图讲解】 1. 几种常用的构图方法 (1)"黄金"构图法（井字构图）。 (2) 中央构图法。 (3) 对称构图/对角线图法。 【讨论辨析】 通过对PPT中呈现的对比照片，总结使用水平线构图时应掌握的要点。	为学生提供真实情境下的生活化问题与场景，围绕"如何才能拍摄好一张照片"共同探讨，为学生提供团队协作的学习空间。	通过问题探究与示例讲解、讨论辨析等方式引导学生在小组合作的过程中分享、交流、总结"光线""构图"等因素对摄影作品的重要影响。	在学习任务单的引导下，学生在小组合作讨论的过程中实现学习的交互性与主动性。在"关键问题"辨析的过程中增强学生对原有知识认知，进而有创造性地去实践、解决真实情境下的真实问题，掌握摄影的基本技能。
活动三 掌握镜头语言	【自主学习】几种常用的画面语言：景别 【学生展示】 通过课前发布学习任务单，同学们在自学景别的基础知识后上台讲解与展示：远景、全景、中景、近景、特写 【教师补充总结】景别运用的注意事项 【案例分析】 通过图片的展示，分析说明不同拍摄角度所呈现的效果：正面拍摄、侧面拍摄、平摄、俯摄；扩大视野、仰摄、慢动作、延时摄影	在问题探究区为学生提供自主学习的人机交互支持。	通过提供电脑、学习资料包等相关资源的支持围绕"景别"这一主题开展自主探究学习。	在自主学习的基础上通过分享与展示，增强学习的主动性与交互性，同时达成对"景别"运用这一知识的再加工与创造。

69

活动名称	活动内容/流程	空间支撑	学习方式	学习特征
活动四 实践体验	【实践体验】 提供拍摄的素材(植物)。 预留时间,小组合作,选择两种不同光源角度/构图方式,拍摄同一个物体,体验光线/构图对于画面的影响。 【评价改进】 指导学生对拍摄的作品进行互评,分析拍摄中的不足,提供改进的意见。	在创意实践区为学生开展不同类型的摄影兼创作提供设备资源支持。	通过选择不同的摄影素材进行主题拍摄,在相互点评过程中反思探究自己摄影作品的不足之处,明确改进的方向。	通过实践体验与评价反思增强对摄影技巧的掌握程度,在交流、展示的过程中激发潜在的学习的活力与动力。

6. 活动评价

表 1-8 《如何拍摄一张好照片》学习评价表

活动名称	评价内容	评价方式	实创素养
活动一	学生课堂参与度	学生互评	主动探究
活动二	团队协作 学习任务单	小组评价	主动探究 乐于实践
活动三	自主学习展示交流 景别的掌握与表达	自我评价 教师评价	主动探究
活动四	实践表现 摄影作品	学生互评 项目评价	乐于实践 勇于创新

7. 学习任务反思

本课作为《走进人物采访》课程的第二课时,具有较强的理论性与实践性。课时围绕"如何拍摄一张好照片"为议题,在教学内容的选择上贴近学生的生活,引导学生从实际出发,进行自主探究;在教学活动设计中,通过创设项目化学习的情境、小组交流、展示分享、实践操作等方式围绕"摄影用光、构图、景别"等元素,通过项目化的活动,融合运用物理、艺术等多门学科的知识开展摄影技能的学习。从课前的准备到课堂上的互动展示、实践与点评,引导学生进行分析观察与理论学习。每个活动环节配合材料设置相关问题,激发学生主动积极思考,总结归纳影响摄影作品质感的几大因素,通过环环相扣的教学环节让学生集中有效地开展学习活动,学会运用客观的态度评价自己和他人的摄影作品,充分体现了学生在课堂中的主体性。在课后作业的布置中,通过编制《校园植物图鉴》这一基于真实情境的跨学科任务,打破学科边界,发挥学科特色,落实课堂的知识与技能,提高学生运用知识解决问题的能力,为最终实现单元任务的达成打下基础。

案例二

经典剧目片段训练系列——《霸王别姬》
——走进京剧　修艺润心工作室①

1. 学习任务分析

京剧《霸王别姬》是梅兰芳大师的代表作之一,其中"虞姬"的经典形象深入人心。对于古装头的剧目也是梅兰芳首创,对于古装扮相,又身带佩剑的女性角色,其四功五法有着自身的独特性,如何表达人物的真善美,如何看待虞姬这样悲情的角色,从当代的视角如何理解和诠释这样的人物,她带给我们的感受是怎样的。这都将是在学演过程中要探究、思考的。

2. 学习任务重点、难点

重点是平衡四功五法的表演,学生在体验的过程中,很难面面俱到,如何调整自身的发力点,使身段、表演、演唱达到一致性是学生体验过程中重要的一课。

学习难点在于从思想上,对戏曲表演的理解、对《霸王别姬》故事的感受、对虞姬的再认识。传统戏曲距离学生的生活很远,以当代的角度看待过去的、带有些历史性的,各种感受迥然不同,要引领学生主动地思考,是他们提出问题,然后老师再解决问题,这样每个活动的学习才能形成完整链条。

3. 学习支持空间

剧本阅读:提供《霸王别姬》的剧本,让学生深入研读和理解剧情、角色。

音乐学习区:设置音乐学习区域,让学生学习并模仿剧中的唱腔和音乐元素。

表演舞台:创造一个小型舞台,让学生进行表演实践,培养演技和身段。

文化背景角落:展示与《霸王别姬》相关的文化背景、历史背景和传统元素,帮助学生更好地理解戏曲的文化内涵。

讨论区域:设立讨论空间,鼓励学生分享对剧情、角色和文化的见解,促进互动与合作。

创意工坊:提供材料和工具,鼓励学生进行创意性的艺术作品,展示他们对《霸王别姬》的理解和表达。

这样的学习支持空间有助于全方位、多层次地促进学生对《霸王别姬》的学习和体验。

4. 学习任务目标

剧本理解:理解《霸王别姬》的剧情、主题和角色,掌握剧本中的台词和情节。

---

① 本案例由江毅撰写。

音乐技能:学习并模仿剧中的唱腔,提高音乐表达能力。

表演技能:培养基本的京剧表演技能,包括身段、动作和表情的表达。

文化认知:了解与《霸王别姬》相关的历史、文化背景,深化对京剧文化的认知。

创意表达:发挥学生的创造力,通过绘画、写作、表演等方式表达对剧目的理解和情感。

团队合作:通过小组演练和合作,培养学生的团队协作精神。

批判性思维:提高学生对戏曲艺术的批判性思考能力,培养对艺术作品的审美意识。

通过达成这些目标,学生将能够更全面、深入地理解和体验《霸王别姬》这一京剧经典,同时提升他们的表演技能和文化素养。能够自主完成《霸王别姬》"南梆子"一段的表演,以文字形式将学演内容与思考性内容进行总结。

5. 学习任务过程

表1-9 经典剧目片段训练学习任务表

活动名称	活动内容/流程	空间支撑	学习方式	学习特征
活动一	《霸王别姬》唱腔体验 大字练习法区分字音 摘上口字、尖字、团字 旋律练习 单人试练 生生相互点评	以文本阅读为初始,再进行音乐学习区,最后到表演舞台区域。	教师讲授后,由学生自主试练,学生间合作练习,并进行相互点评。	勇于实践,在练习与表演中,寻找唱腔的艺术特点,并与老师互动。
活动二	《霸王别姬》表演体验 古装人物姿态训练 动作学演 组合表演	表演舞台区域进行大空间的训练学习。	团队式训练,在共融中看个体差异性。	学习中注重表演的体验性,并能够针对问题,做独立的思考。
活动三	《霸王别姬》互动性故事 老师讲剧目溯源 学生讲故事(谈个人理解及拓展知识点分享) 师生互动交流	文化背景角落进行学习,在讨论区域进行师生互动交流。	课堂讲授与教学讨论相结合,注重突出学生的思考性。	强化主动性学习,师生交互性地探究,结合体验式学习,总结个人的理解。

6. 活动评价

表1-10 经典剧目片段训练活动评价表

活动名称	评价内容	评价方式	实创素养
活动一	经典选段唱腔学习的互动效果 生生相关交流评价	以表演性评价为主,关注学生的学习过程及唱腔最终的呈现。	对于戏曲唱腔科学规范的演唱方式的掌握,并有戏曲表演的思维意识。

活动名称	评价内容	评价方式	实创素养
活动二	经典选段的学演互动效果 单人表演精准度检验	以表演性评价为主，关注学生在四功五法上的掌握，单人评教熟练度与精准度。	在表演中理解传统文化的表现特点，能够发现自身的问题，并想具体方法，达成表演。
活动三	学生对中华美学精神的理解 学生间讨论互动效果 师生互动中的相互评价	在作业完成情况、思考性理解、生生交流、师生讨论中看学生综合能力。	学生发现问题，思考问题，解决问题，用科学思维合理表达对戏曲表演、对传统文化的理解，甚至提出新的观点。

7. 学习任务反思

学习《霸王别姬》的任务反思可以涵盖以下方面：

剧本理解：检查学生是否深入理解剧情和角色，是否能准确表达对剧本的理解。

音乐技能：评估学生对唱腔的模仿和音乐表达能力，检查是否有进步。

表演技能：观察学生的身段、动作和表情表达，评估表演技能的提高程度。

文化认知：检查学生是否能够将剧目融入历史和文化背景中，提高对京剧文化的认知。

创意表达：评估学生通过绘画、写作、表演等方式的创意表达，检查是否展现深度思考。

团队合作：观察学生在小组演练中的协作情况，检查是否有团队合作的成果。

批判性思维：检查学生是否具备对戏曲艺术的批判性思考能力，是否能够深刻理解艺术作品。

通过反思这些方面，可以更好地了解学生在学习任务中的成长和不足，从而调整教学策略，进一步提高学习效果。

案例三

《诗经》《楚辞》调吟诵
——古诗文吟诵工作室[①]

1. 学习任务分析

利用吟诵工作室空间，学习用"唐调"中的《诗经》《楚辞》调吟诵教材中的《诗经》《楚辞》篇目。《诗经》多为四言，中国的汉字是独体字，只有和其他的字组合在一起才能形成音节，二二式便形成最简单的诗的节奏，晋朝文论家挚虞认为，"雅音之韵，四言为正"，认为《诗经》的四言诗有极典雅、规正的诗歌节奏。在吟诵《诗经》的时候，在这

---

① 本案例由张妍群撰写。

相同的回环反复的节奏中,吟的声音略高、略低、略长、略短,微妙的变化传达的是内心不同的兴发感受。楚辞的特点,中间有一个"兮"字,这是楚歌的体式,楚国风物繁复,深山大泽中常有鬼神之思,屈原的《离骚》中有飞扬、丰盈的想象,有艰辛的追求与内心的执守,有美好的修养和境界,吟诵时尽管也是回环反复的调,但是在幽微的高低长短的声音里、纤细的感觉里有极动人的情志。吟诵实则也是生命体验式的学习,使自我不断得到升华,也是融合语言、思维、审美、文化为一体的语文综合教育实践活动。

2. 学习任务重点、难点

学习吟诵《诗经》《楚辞》调,感悟调式与诗歌情感的关联。

自主学习与小组合作相结合,巩固吟诵《诗经》《楚辞》调。

利用多媒体设备,自行录制简单的吟诵视频。

3. 学习支持空间

充分利用上海市普通高中人文科技创新实验室建设与应用推进项目"非遗传承项目古诗文吟诵工作室"的多元空间资源。

4. 学习任务目标

能够用《诗经》调吟诵《关雎》《静女》;用《楚辞》调吟诵《离骚》《归去来兮辞》。

5. 学习任务过程

表1-11 《诗经》《楚辞》调吟诵学习任务表

活动名称	活动内容/流程	空间支撑	学习方式	学习特征
活动一 学习《诗经》吟诵基本调式	学习《诗经》吟诵基本调式:依据陈以鸿先生总结《诗经》《楚辞》调吟诵(学习唐老夫子读文法) 参考简谱:可以根据诗歌内容、情韵,运用低起音式"6135,6135,2211,12165"或高起音式"2211,12165,6135,6135",不断循环。 根据简谱吟诵《蒹葭》: 蒹葭苍苍,白露为霜。 所谓伊人,在水一方。 溯洄从之,道阻且长。 溯游从之,宛在水中央。 蒹葭萋萋,白露未晞。 所谓伊人,在水之湄。 溯洄从之,道阻且跻。 溯游从之,宛在水中坻。 蒹葭采采,白露未已。 所谓伊人,在水之涘。 溯洄从之,道阻且右。 溯游从之,宛在水中沚。	利用多媒体营造诗意空间,大屏幕有"蒹葭苍茫""水道曲折""伊人不可得"的动态视频,配乐以简易古琴曲。学生沉浸情境,视听感受与吟诵之声与想象共融,吟出一唱三叹之感。	学生自主学习《诗经》调式,根据简谱学吟《蒹葭》。体验感悟诗的意境。	体验性。唐调吟诵能营造余音绕梁、富有诗意的课堂氛围。吟诵是根据语言的特点、个人的理解、平仄音韵,将诗文中的喜怒哀乐、感情的起伏变化,通过自己抑扬的声调表现出来,极为幽微。 主动性。初步学习吟诵,从主动练习、到感悟、到展示、到录制视频音频、到吟诵其他篇目,主动性贯穿始终。 问题性。在学习中,在对吟诵与朗读的比较中,进一步

活动名称	活动内容/流程	空间支撑	学习方式	学习特征
	《蒹葭》一诗,其一唱三叹的韵律美,通过吟诵体现淋漓,"蒹葭苍苍,白露为霜。所谓伊人,在水一方"四句的调便是贯穿全诗的主吟诵调,这种回环复沓之美是吟诵独有的,"蒹葭苍苍"中"苍茫、悲凉"感、"道阻且长、宛在水中央"的迷茫与"溯洄从之"的坚定,构成了"可欲不可求"的悲凉意境,并留下"余音绕梁"的回味。			探索、感悟吟诵古诗的平仄押韵之美。激发学生对吟诵美学的研究兴致。
活动二学习《楚辞》吟诵基本调式	学习吟诵《楚辞》调,《楚辞》以七言、六言为主,句式参差错落,用"兮"字是楚辞的特色,唐调吟诵基本简谱为"2211221,1112165,666135,666135",可以根据诗歌内容转为低起音式"666135,666135,2211221,1112165"。 以普通高中语文选择性必修下册书《离骚》(节选)第一章四句为例,教学上通过活动设计感悟吟诵之美:①比较朗读与唐调吟诵不同的感受。②吟诵时去掉"之""兮""于"等虚词效果如何?③第一章"庸""降"押"东冬"合韵,是否能感到出生雍容高贵? 2 2 1 1 2 2 1 帝 高 阳 之 苗 裔 兮, 1 1 1 1 2 6. 5. 朕 皇 考 曰 伯 庸。 6. 6. 6. 1 3. 3. 5. 摄 提 贞 于 孟 陬 兮, 6. 6. 6. 1 3. 5. 惟 庚 寅 吾 以 降。 《离骚》吟诵的节奏可以依据"之""曰""于"等衬字划分(具体可参看本书第二章第一节),"帝高阳之/苗裔兮,朕皇考曰/伯庸",开篇的吟诵声调与字音结合很亮,诗人强调自己身份高贵,是楚帝的后代,王室的高贵气息补面而来。屈原降生的日子是寅年寅月寅日,吉祥神圣。"庸""降"押"东、冬"合韵,声音较响亮,诗人降临,光明、美好、贵气尽显。	利用多媒体营造诗意空间,大屏幕配以屈原的图片及文字,配以古琴曲《离骚》。在情境中,视听感受与吟诵之声相融。	学生自主学习《楚辞》调式,根据简谱学吟《离骚》。在工作室环境诗意氛围中、在吟诵中,不断体验、感悟诗歌意境。	同活动一
活动三	学生分小组练习吟诵《诗经》《楚辞》篇目,互相点评切磋,课堂展示,可边展示边录制视频。	多媒体资料查询,供学生反复练习吟诵;工作室诗意意境,易	在开放的空间,个人自主学习、小组合作交流、小组互相点评、	对主动性、交互性、体验性、问题性、独立性、做文字阐述。主动性。学习吟诵是对优秀传统文化传承的过程,需要反

活动名称	活动内容/流程	空间支撑	学习方式	学习特征
		进入审美境界;在互助交流中,提升感悟;在录制视频中,激发创意。	最后视频录制的合作、个体在台前话筒展示,都是很具挑战性的。《诗经》《楚辞》调掌握后,可以进一步探究,感悟吟诵与诗歌情韵的关联,并试着举一反三地吟诵《静女》《归去来兮辞》。学生在各种挑战、探索中始终处于积极投入的状态。	复模仿、实践、感悟、探究,具有主动性。交互性。在开放的学习空间,师生之间、生生之间活动更丰富、更自由、更主动、更多元。交互性具有共情性、同理心,产生生命体验的和谐、愉悦。体验性。利用开放的学习空间,学生在丰富的吟诵体验的过程中,得到审美体验,通过多种吟诵学习与练习,既是对古诗文的深入感悟,也是开掘自我生命的过程,从而有新的发现与思考。问题性。在吟诵学习的过程中,注重问题意识的培养,引导学生在追问中推进学习,在质疑中走向更广阔的人生天地。

6. 活动评价

表 1-12　《诗经》《楚辞》调吟诵活动评价表

活动名称	评价内容	评价方式	实创素养
活动一	《诗经》吟诵调式掌握的准确度;吟诵的流畅度;声音与情绪的把握	自我评价 教师评价 生生互评	发现问题、寻找证究、系统思维、成果展示
活动二	《楚辞》吟诵调式掌握的准确度;吟诵的流畅度;声音与情绪的把握	自我评价 教师评价 生生互评	发现问题、寻找证究、系统思维、成果展示
活动三	《诗经》《楚辞》吟诵调式掌握的准确度;吟诵的流畅度;声音与情绪的把握;视频录制的效果。	自我评价 教师评价 生生互评 视频后期再评价	发现问题、寻找证究、系统思维、成果展示、创新思维、人文素养、文化传承

7. 学习任务反思

　　鼓励学生尝试更多样化学习,比如请学生创意编排将吟诵融入小小的情景剧,可以完成更丰富的跨学科设想。

案例四

变废为宝

——城市灾害防治与生态建设实验室①

1. 学习任务分析

变废为宝是一节培养学生探究能力、创新能力以及实践能力的一节环保课。本课是针对中学生开展的，以培养学生的创新意识、设计思维、动手制作能力为目标的教育实践活动。通过变废为宝的模型制作能够培养学生发现问题、构建系统思维和提出新想法的能力，进而落实实创素养的培养。

2. 学习任务重点、难点

重点：利用废旧材料进行组合创造，制作实物模型，变废为宝。

难点：合理利用各种材料，发挥想象力，采用多种制作方法，变废为宝，既要美观又要符合科学。

3. 学习支持空间

地理创新实验室为学生提供了开放的学习环境，包括丰富的学习资源，各种设备、器材，学生通过对日常生活废旧物质的探索和研究，收集各种材料，了解其材质和特征，变废为宝。开放的学习环境促进了学生的合作和研究，在这种合作探究中，学生的实践能力、想象力、创新能力以及探究性的学习能力都得到了有效的提升。

4. 学习任务目标

收集各种材料，了解废旧物品的材质和特征，培养学生的探究能力。

引导学生发挥想象力，将各种旧材料加工成艺术品，变废为宝，培养学生乐于实践和勇于创新的实创素养。

5. 学习任务过程

表 1－13　变废为宝学习任务表

活动名称	活动内容/流程	空间支撑	学习方式	学习特征
活动一 往届学生变废为宝的成品展示	通过往届学生变废为宝的实物展示，让学生体会到变废为宝的乐趣和保护环境的重要性。	通过往届学生将废弃材料转化为有实际价值和功能的成品展示，将变废为宝的学习置于真实的情境之中，学生可以更好地理解和掌握所学内容。	通过往届学生变废为宝的实物展示，激发学生合作，探究。	往届学生变废为宝的实物展示引发了学生的思考，例如，他们可能会面临材料选择、结构设计、功能实现等方面的问题，这些都需要思考和加以解决。

---

① 本案例由夏锋撰写。

活动名称	活动内容/流程	空间支撑	学习方式	学习特征
活动二 变废为宝的制作	学生根据自己收集的废旧材料,了解废旧物品的材质和属性,充分发挥自己的想象力和创造力,将废旧材料变废为宝。	地理创新实验室为学生提供了开放的学习环境,轻松的学习环境有利于学生更加主动的学习。	学生对老师提供的日常生活废旧物质表现出极大的兴趣,并进行充分的自主探究和合作探究,完成实物作品。	学习的内容更加贴近实际生活,趣味性更强,学生学习表现出了更强的主动性和独立性。
活动三 变废为宝的作品交流展示	学生将自己制作的变废为宝的作品进行小组交流展示,全班评比,选出最有创意的作品。	学习环境的开放、学习时空的开放、学习理念的开放,为学生的研究性学习提供了便利。	学生在已有的知识基础之上,通过自主探究和小组合作探究,完成对小组作品的评价。	不同小组作品的交流展示和评价,增强了学生保护环境的主动性,学生也体验到了创新的成就感和快乐感。

6. 活动评价

表1-14 变废为宝活动评价表

活动名称	评价内容	评价方式	实创素养
活动一 往届学生变废为宝的成品展示	学生能否对以往变废为宝的实物作品进行实用性和科学性的解释。	对变废为宝的实物作品从创新性、功能性以及科学原理等方面进行量表评价。	发现问题 提新观点
活动二 变废为宝的制作	根据老师提供的废旧材料,学生对废旧物品的材质和属性是否有充分的了解,进而完成变废为宝的制作。	从可回收性、可降解性以及其他特性方面对废旧物品的材质和属性进行量表评价。	物化表达 提新观点
活动三 变废为宝的作品交流展示	根据不同小组完成的实物作品,学生能否从科学性、美观性、环保性、实用性等方面互评。	从科学性、美观性、环保性、实用性等多个指标进行量表评价。	物化表达 发现问题 提新观点 做新成果

7. 学习任务反思

在学习任务设计上要注重学生的体验,在这个过程中要以学生为中心,尊重学生的兴趣和情感的表达,要以启发式的教学发散学生的思维,从而展开他们想象的翅膀,制作出各种有趣的实物模型。

案例五

设计赤道式日晷

——物理创客空间科学实验室①

1. 学习任务分析

本课是跨学科教学的第三课,通过前两节课学生对日晷的历史和原理已经有了初步的了解,本节给学生提供开放式的课堂环境完成日晷的设计图,为下节课的制作做好准备。

学生已经对中国古代科技发展史及日晷的原理有了一定的了解,也对日晷产生了浓厚的兴趣,通过亲自动手设计并制作一个日晷,也是将理论知识付诸于实践,同时通过项目化的驱动,能激发学生主动探究自然科学的兴趣。

2. 学习任务重点、难点

重点:自制赤道式日晷设计原理。

难点:完成自制赤道式日晷的设计图。

3. 学习支持空间

(1) 桌椅:物理创新实验室配备有4个可移动的实验桌和可移动的黑板,不设讲台,学生可以根据学习过程中的讨论需要,自由改变教室桌椅位置。

(2) 工具:实验器材和工具分门别类放置于教室四周的橱柜中,学生根据需求取用。

(3) 设备:实验室配有白板,切割机、打孔机。

4. 学习任务目标

(1) 设计赤道式日晷。

(2) 改进赤道式日晷的设计图。

5. 学习任务过程

表 1-15 设计赤道式日晷学习任务表

活动名称	活动内容/流程	空间支撑	学习方式	学习特征
活动一复习巩固	教学环节概述: 回忆上节课的内容,巩固日晷的工作原理及晷盘的刻度分布。 提问1: 上节课,夏老师给同学们分享了日晷的基本原理,请一位同学来说一下。 提问2: 那么古代日晷的摆放方向一般面朝什么方位?	通过白板向学生展示照片、视频及动画。	学生根据上节课的学习及课后查阅相关资料后的进一步理解,用自己的语言阐述观点。	学生主动探究后的回答会带有自己的理解。

---

① 本案例由姜志超撰写。

活动名称	活动内容/流程	空间支撑	学习方式	学习特征
活动二 设计赤道式日晷	教学环节概述: 教师引导学生在理解原理的基础上,通过层层递进的问题,完成赤道式日晷的设计。 问题1: 如果在赤道上放置一个日晷,晷面垂直于地面,晷针与地面平行,模拟太阳东升西落,如何设计晷面? 问题2: 时间的流逝是均匀的,地球自转形成了太阳在地球上东升西落的现象,过程中,地球的自转也近似认为是匀速的,因此晷面的时间是否应该等分? 问题3: 我们所做的日晷在赤道时只需要将晷面垂直于地面,然后面向南北即可使用,若该日晷移动到北半球或南半球某处时,是否需要重新设计晷面?或如何进行处理? 附:可用材料 1. 边长为10 cm的正方形木板 * 2 2. 直径10 cm的圆形木板 * 2 铰链1个 细木棒 * 1 胶水及螺丝螺帽若干	通过白板的视频动画及实验室内的地球仪演示,帮助学生更快建立日晷摆放位置的模型。	在回答问题过程中,学生参与合作讨论及探究的过程。	通过地球仪的实物演示,对比视频动画,理解日晷摆放位置。
活动三 交流讨论	学生分组上台和其他组的同学分享交流自己的设计图。	可移动的实验桌方便学生独立思考和小组分享讨论。	在自主探究后,向别的小组分享自己的探究成果。	先组内独立学习,后小组和小组之间的想法交互。
活动四 改进设计图	根据其他组的分享,改进自己的设计图,最终定稿。	参考空间内已有设施设备完成设计图。	最终独立自主完成设计图。	体现了学习的独立性。

6. 活动评价

表1-16　设计赤道式日晷活动评价表

活动名称	评价内容	评价方式	实创素养
活动一	能知道日晷是根据一天不同时刻太阳的照射晷针时在晷盘上形成的影子的位置不同而设计的。晷盘的刻度应该是均匀的。	根据学生回答分水平。 水平一: 学生主动回答,用自己的语言阐述原理。 水平二: 学生主动回答,用自己的语言准确完整地阐述原理。	系统思维 科学解释

活动名称	评价内容	评价方式	实创素养
活动二	积极参与课堂讨论且设计图没有原理性错误即可。	根据学生回答分水平。 水平一： 学生主动回答，用自己的语言阐述原理。 水平二： 学生主动回答，用自己的语言准确完整地阐述原理。	系统思维 科学解释 想新方法 提新方法
活动三	能清晰地解释自己的设计图，有绘画基础的同学也可以将拼装后的成果图画出。	能向周围同学介绍自己的设计图。	科学解释
活动四	完成最终可实际操作的设计图。	根据学生设计分水平。 水平一：能画出设计草图，且无原理性错误。 水平二：能画出设计草图，且无原理性错误，并能标上尺寸刻度。 水平三：能画出设计可以调节角度的日晷草图，且无原理性错误，并能标上尺寸刻度。	系统思维 模型建构 物化表达 做新成果 想新方法 提新观点

7. 学习任务反思

（1）制作材料的限定对于学生的设计思路有了一定的限制，可以适当让学生增加生活中容易获得的材料对设计进行改进。

（2）讲解设计原理的时候需要配合地球仪的模型演示，否则学生很难构建三维的模型。

案例六

纸牌魔术——"私下交易"

——数学多功能互动创新实验室①

1. 学习任务分析

"私下交易"是纸牌魔术的第一课，表演易学、有趣，其中所蕴含的数学原理十分简单、直接，能够让学生直观地感受到，原来数学也可以这样玩。

2. 学习任务重点、难点

重点：了解纸牌魔术"私下交易"所体现的数学思想方法。

难点：对玩法的掌握以及对原理的理解。

---

① 本案例由厉善撰写。

3. 学习支持空间

学生和老师围坐在一起,形成一种表演者与观看者更易于沟通的氛围。

4. 学习任务目标

(1)掌握纸牌魔术"私下交易"玩法的主要流程,了解纸牌魔术"私下交易"所体现的数学思想方法。

(2)通过数学魔术体会用方程的思想来解决问题,树立用科学的方法来解释客观现实的意识。

(3)养成积极探究的态度,独立思考的习惯和团结协作的精神,提高学生学习数学的自信和兴趣。

5. 学习任务过程

表 1-17 纸牌魔术学习任务表

活动名称	活动内容/流程	空间支撑	学习方式	学习特征
活动一	教师展示,介绍流程: 先表演魔术私下交易,表演需要请两位学生配合,首先向大家展示一副正常的牌。 让一个同学洗牌,另一个同学把牌的顺序完全打乱并切牌将牌分成两堆随机的牌,将牌分成四堆,按照这样的方式发牌:如果是黑色牌放在自己的左手边,则下一张牌不翻面放在黑色牌的下方,如果是红色牌放在自己的右手边,则下一张牌不翻面放在红色牌的下方直到所有的牌全部发完为止。 把两堆没有翻开的牌分别给两位学生。 提问环节(迷惑的作用): 手里红牌多还是黑牌多? 愿不愿意与对手交换两张牌? 是否愿意再交换一张牌? 对自己的牌满意吗?还需要交换牌吗? 指出一位学生手中的红牌数量,是等于另一位学生手中的黑牌数量的。	教师介绍魔术的相关规则,师生围坐便于大家进行交流。	需要两名学生配合教师共同合作完成展示。	需要学生体验魔术的过程,合作的学生需要和教师进行充分的配合,观看的学生需要有自己独立的思考。
活动二	学生猜想,分组检验: 学生以小组为单位,对教师所展示的魔术进行模仿并展示。	需要学生分小组进行活动展示,模仿教师的魔术。	每个小组需要 3 名学生合作完成,以小组为单位探究魔术背后的数学原理。	参与表演的学生需要尽可能完整地重复魔术的内容,观看的同学之间可以互相讨论并指导魔术的进程。

活动名称	活动内容/流程	空间支撑	学习方式	学习特征
活动三	情境再现，学生讨论：教师再次示范，展示过程更加细致，学生讨论教师魔术产生现象的原因。	师生需要再次围坐进行魔术展示，并组织学生讨论，代表发言。	再请2名学生配合完成魔术，同学们进行讨论探究。	需要通过观察、体验提出问题，独立思考背后的数学思想方法，并把自己的想法与同伴进行分享。
活动四	检验猜想，原理揭示：师生互动问答，寻找问题的本质，最后由教师总结魔术背后的数学思想方法。	同学们自由发言，提出问题以及分享在魔术过程中所发现的细节。	学生以讨论的形式进行互动，由教师将学生讨论的结果进行汇总。	对讨论的结果进行总结归纳。

6. 活动评价

表1-18 纸牌魔术活动任务表

活动名称	评价内容	评价方式	实创素养
活动一	学生对于活动的参与程度	小组互评、教授评价	模型构建
活动二	小组活动的情况	小组互评、教授评价	物化表达
活动三	学生的发言情况	小组互评、教授评价	物化表达
活动四	对知识点的总结情况	小组互评、教授评价	系统思维

7. 学习任务反思

（1）完成整个魔术的教学过程时间在30分钟左右，若仍有时间剩余，可以让学生自己来操作一下这个魔术或者再表演一个魔术让学生回去思考背后的原理。

（2）魔术相对来说比较小众，并不是所有来上课的学生都会感兴趣。

（3）教师缺乏表演魔术的专业技巧，因此在教学生如何表演上有所欠缺，从观赏性上来说有所不足。

案例七

<h1 style="text-align:center">设计蓝染一条渐变色围巾</h1>
——智能阳光百草园①

1. 学习任务分析

"草木染"与"蓝染"都是我国传统文化技艺中重要的一环,学生通过相关知识的介绍,能够了解其历史与具体的操作方法。通过挑战性大任务(如何染一条渐变色围巾)的统摄,找寻实验中的变量,并尝试通过变量控制的方法来探究实现染色效果的方法。

2. 学习任务重点、难点

重点:寻找影响染色深浅的因素,形成变量。

难点:设计一条渐变色围巾的染色实验方案。

3. 学习支持空间

提供学生实验所需的蓝染材料包。

智能终端播放视频:蓝染介绍。

百草园课堂环境:百草园创新实验室、智能终端、演示文稿等。

4. 学习任务目标

研究影响蓝染颜色深浅的原因有哪些,并结合研究结果,设计蓝染一条渐变色围巾的实验方案。

5. 学习任务过程

表1-19 设计蓝染一条渐变色围巾学习任务表

活动名称	活动内容/流程	空间支撑	学习方式	学习特征
活动一 小组讨论	讨论影响蓝染深浅的条件有哪些。观察并总结影响染色深浅的多个变量。	结合智能终端播放蓝染的视频与动手蓝染实践。	通过小组合作,探究影响因素。	通过主题任务情境激发学生探究的主动性并在与他人的交流、讨论过程中体现交互性与问题性。
活动二 动手实践	讨论哪些因素可作为实验的探究点,以及研究时应采用的方法。	动手体验蓝染的过程。	通过自主实验与小组合作,通过控制变量法探究蓝染的过程中的变量。	通过蓝染体验,学生从实际问题出发,研究染色深浅的问题与科学方法,并通过小组内和小组间的交流展示深化理解。

---

① 本案例由朱焱、徐溥群撰写。

活动名称	活动内容/流程	空间支撑	学习方式	学习特征
活动三 预实验	如何设计蓝染一条渐变色的围巾，并进行预实验。	动手蓝染实践，并进行预实验。	通过自主实验与小组合作，探究渐变色蓝染的策略。控制实验变量，逐渐调整实验变量的刻度。记录实验数据，形成最终实验实施计划。	通过预实验，学生从实际问题出发，研究渐变色蓝染的策略，并通过小组内和小组间的交流展示深化理解，修改实验方案。
活动四 形成方案	通过小组交流，不断修正并形成实验方案。	各小组交流实验方案。	通过小组间的交流，不断总结经验修正方案。	通过小组交流，激发学生发现问题与总结经验，并形成自己的实验方案。

6. 活动评价

表 1-20　设计蓝染一条渐变色围巾活动评价表

活动名称	评价内容	评价方式	实创素养
活动一 小组讨论	能通过观察视频中的蓝染细节，独立自主归纳出影响蓝染深浅的因素。	学生自评、学生互评结合。	发现问题 寻找证据
活动二 动手实践	通过自主实验与小组合作，通过控制变量法探究蓝染的过程中的变量。	学生自评、学生互评结合。	寻找证据 模型构建 系统思维
活动三 预实验	通过预实验，自主探究染出理想颜色的方法，并对实验进行调整和改进。	学生自评、学生互评结合。	发现问题 科学解释 想新方法
活动四 形成方案	通过小组交流，不断修正并形成实验方案，并尝试从不同角度呈现渐变效果。	学生自评、学生互评结合。	发现问题 物化表达 提新观点

7. 学习任务反思

本课时内容是整个"走进蓝染"课程单元中最重要的一环，学生在了解蓝染的相关历史及制作方法后，都跃跃欲试，但蓝染的过程所蕴含的化学原理是学生在高中学习过程中较难理解的知识，所以我们尝试启发学生通过蓝染过程中控制变量来研究蓝染的深浅并提出设计一条渐变色围巾的实际情境下的问题来激发学生的思考与实践。

整个学习过程充分激发学生的学习兴趣，在智能阳光百草园创新实验室提供的学习空间下，学生在有趣生动的实际情境中，通过独立思考与小组合作，探究学习，主动构建解决实际问题的模型与方法，在小组内与小组间的交流中，不断提高与他人交流、展示与写作的能力，并不断深化对问题的研究方法与理解，将问题的发现、分析、解决贯穿于整个学习过程之中。

第二章
赋予墙面建设新价值，立起学习空间第三维[1]

走在校园里，尤其是教学楼里，如果你留意墙面，你就会看到一长溜或一堵堵的墙，但是我们一般不会留意墙，除非墙面上有你感兴趣的东西，因为墙的基本功能是为了区隔空间，而我们走过墙是为了到达某个空间，因此我们会忽略墙，甚至内心对墙的阻隔而感到一丝不快。同样，很少有人注意到教室墙面的面积是远超教室地面面积的，我们以一间长8米、宽6米、高3.5米的普通教室为例，教室地面面积为48平方米，教室内部四面墙面积总和为90平方米，一般情况下，还有一面是靠近走廊的教室外墙墙面，也有24平方米。当然，这五面墙上，教室两侧开有窗户、靠走廊一面还需要有前后门，教室前方一面需要安装黑板，除去这些面积后，基本与教室平面面积相差不大。我们作这样的比较，并不是为了要说墙面面积多大，而是希望引起大家对学校墙面建设重要性的注意，不要对墙面熟视无睹。

如果我们走出学校大门，来到大街小巷，就会发现广告商早就发现墙面空间的重要价值，街道旁的橱窗、灯箱，地铁通道中的屏幕、招贴，形形色色的广告令人目不暇接，甚至眼花缭乱、目迷五色。

当我们从这些墙面广告中，再次体会到墙面建设的必要性时，也许你会自问：对学校墙面的利用不是"早已有之"吗？鲁迅先生就读的"三味书屋"，就有立轴画作、匾额条幅，就已是对墙面的利用，现在学校里随处可见的教室黑板报、壁报、走廊标语，不是也存在多年了，那么我们现在所讲的学校墙面学习空间建设与街头墙面广告、一般教室墙面布置有什么区别呢？

第一节　变墙面布置为学习空间

我们为什么会对学校里的墙"熟视无睹"？可能因为墙面缺少布置，就是一面"素墙"，

---

[1] 本章由胡小农撰写。

也可能因为墙面虽然有布置，但让人不感兴趣。这可以从一般教室布置和街面广告常被人忽视的原因加以说明。

一般教室布置的内容，通常来说，多是开学初布置后就少有变动，直至学期末，这主要是因为无论是黑板报、壁报还是标语，常常因为制作费事、费时，多依赖于极少数有技能的同学，为此多采用长时效内容，以避免不断更新，这样学生就由司空见惯到不加留意了。街面广告虽然更新及时，但是主要聚焦潜在客户人群，不关心其他受众，因此也就为多数人忽视。

以上是从反面讲，如果从正面讲，我们以上海市提出"建筑是可阅读的"提法为例。要"可"阅读，首先要让多数人能看明白；要可"阅读"，那么建筑就要有故事、有内涵，能够吸引人、启发人。

综合以上正反经验，我们在建设学校墙面空间时，至少要注意到受众面广、有文化内涵、更新及时等要求。当然作为以立德树人为任务的普通中小学在墙面空间建设方面，必须要提出更高的要求，要完成从墙面布置到墙面学习空间建设的提升。简而言之，"墙面学习空间建设"是指在学校墙面上建设能够引发师生学习行为、获得学习效果的空间。如果我们对"墙面布置"与"墙面学习空间建设"两个概念作一番咬文嚼字的比较，可能更方便地理解墙面学习空间建设的含义。两个概念中都有"墙面"一词，说明两者建设空间所处的位置是相同的，都是利用墙面。再来看"布置"与"学习空间建设"的不同，"布置"的内涵很宽泛，从目的来看可以指向实用性或艺术性等多方面，而"学习空间建设"，从目的来看，是指向师生学习行为的。再看"布置"与"建设"这两个动词，两者的区别在于墙面布置常常含有单向输出的、预设的意味，而学习空间建设是含有双向的、生成的意味。

我们开展墙面学习空间建设并不是哗众取宠，或者是制造一个新概念来"新瓶装老酒"，而是学校顺应教育规律和时代发展所必须开展的教育建设。

从广义角度来看，学校应当成为一个全场域的学习空间，各类场所及建筑物经过精心设计，既可以引发学生显性或隐性的学习行为，也可以成为学生丰富而有质量的学习资源。学校的墙面空间作为校园建筑一部分，也应当成为促进学生综合素养发展的学习空间。

这不仅是学校自身的要求，也是国家的要求，《中小学德育工作指南》明确提出"优化校园环境。学校校园建筑、设施、布置、景色要安全健康、温馨舒适，使校园内一草一木、一砖一石都体现教育的引导和熏陶"。教育部等六部门在 2021 年发布了《关于推进教育新型基础设施建设、构建高质量教育支撑体系的指导意见》，也充分说明高质量教育离不开学校基础设施建设。随着上海市"双新改革"逐步深入，校园环境建设如何为学生提供更多的学习、实践资源和机会，成为教育改革新的增长点，如何使校园环境成为"学生友好型校园"也成为促进学生身心和谐发展的必须思考的问题。

要贯彻党的教育方针，落实立德树人的根本任务，就必须综合、整体思考学校教育诸多因素,校园环境对学生成长存在重要影响,这是诸多研究所证实的。如果我们从教育理论和教育管理角度来看,优化校园环境建设,有利于体现学校办学理念,促进校风教风学风建设,形成引导全校师生共同进步的精神力量;有利于转变教育教学观念,推进高中育人方式改革,为学生提供更多学习空间,适应学生全面而有个性发展的需求;苏霍姆林斯基认为孩子在他周围、在学校的墙壁上、在教室里、在活动室里经常看到的一切,对他的精神面貌的形成有重大意义。李秋燕在《中学校园墙面文化的育人功能研究》将校园墙面文化视为"第二课堂",它是以中学校园墙面为平台,倡导师生共同参与,具有熏陶人、发展人的隐性功效,具象化为响应立德树人要求和体现学校文明的"窗口"。杜建国在《对中等职技校校园墙壁文化建设的构想》指出,依据课程的呈现方式可以将校园墙壁文化归入隐性课程的类别。以上研究都揭示出学校墙面空间研究无论从学习资源还是从学习方式转变方面都对学生成长具有极大意义。

从新时代学生发展需求来看,随着学生生活水平提高、视野日益开阔、个性化表达欲望不断增强,学生对于优美学习环境的期待也在增长,学校墙面学习空间建设将成为学生融入学校文化、展示学习过程与成果的重要途径,墙面学习空间建设也将为学生提供更多的学习资源。

我们还想强调,如何实现五育融合以达成学生的全面发展,在现实教育教学中,始终存在实施路径方面的困难,建设墙面学习空间可以为破解这个难题提供帮助。当学习空间建设具有新的样态,学习方式也就具有了新转变的可能性,就像地理环境与生产方式之间具有相互改造作用一样。墙面学习空间建设不仅是提高学科知识与能力的学习空间,而且也是学生德智体美劳全面发展的学习空间,在这个学习空间里,学生的学习方式更加丰富,当我们放手让学生去建设这个具有"开放、共融、情境化"特点的学习空间,那么具有主动性、交互性、问题性、体验性、独立性等特点的学习方式,就会被激发出来。

从现实条件来看,随着社会经济的发展,作为国际大都市的上海教育具备了较为充裕的教育资金,建设适合学生发展的校园设施设备基本具备了物质条件,不少学校在建设信息化校园、改造学校教育环境方面提供了很好的案例。从我校的实践来看,作为落实《上海市中原中学教育改革与发展"十四五"规划(2021—2025)》的重要内容,我校在墙面学习空间建设过程中,不仅有效地促进学生学习方式转变,而且也为"建设实创学校,培育实创素养"办学特色目标落实提供了新资源和新途径,为广大师生提供更多的实创空间,为学校建设多样化有特色发展高中作贡献。

墙面学习空间建设除了承载以上诸多功能之外,还具备改造成本低(不需要大型基建建设)、空间范围大(学校围墙空间比比皆是)、影响辐射广(处于多数师生视野范围内)等优点。

第二节　用"学习"点亮墙面空间

　　学校墙面学习空间建设是学校学习空间建设的重要组成部分，需要在学校学习空间建设的总体框架下实施，我校在建设学校墙面学习空间建设时依据学校学习空间的核心目标：建设"开放、共融、情境化"学习空间，通过墙面学习空间建设促进学生向"主动、交互、体验、问题、独立"的学习方式转变。在此核心目标指引下，我们将研究墙面学习空间建设的特点，重点研究墙面学习空间建设如何更好促进学生学习方式转变。

　　墙面学习空间与其他学习空间相比较的突出特点是它的公共性，不是属于师生的私人学习空间，而是属于普适性、外显性的学习空间，它的学习参与者是班级群体或学校群体，而且这种公共性不仅指结果的公共性，还包括建设过程的公共性，建设过程"有目共睹"，建设者一般是多人参与、公开参与，而且这种学习空间学习行为不仅是结果导向的，也是过程导向的，它要求在实施过程中就具有教育性。除了公共性之外，它还具有综合性，不仅是学科教学方面的，而且也是融合德智体美劳各方面的综合性，这种综合性还表现在情感体验、价值观念、实践能力相统一上。因为它展示的内容是贴近学生生活，以展示学校精神、师生风采、时事政治等内容，表现手法也是多样的，或图或文或实物，是学生综合实践所得。因此在建设墙面学习空间时，要充分发挥它在转变学生学习方式上的特有优势。

　　由于墙面学习空间是公共性、综合性的，因此它还兼具体现学校文化、为学生提供更多的综合性学习实践场所与机会、提高教师环境育人的意识与能力的功能。

　　基于以上分析，我们在建设墙面学习空间时，要注意以下几个要点。

　　首先，要与学校总体建设和发展要求相一致。因为学校墙面学习空间的公共性，必然从视觉上成为学校文化的外显，如果不能统一在学校文化建设框架中，势必破坏学校的整个教育文化氛围，甚至于成为学校的视觉污染。而且学校墙面学习空间作为学校整个学习空间建设的组成部分，要服从学校学习空间的建设原则。墙面学习空间应当为学生提供丰富的学习资源、实践机会，构成学校环境育人的重要内容。学校墙面学习空间建设还要特别重视与学校特色建设相一致，因为墙面学习空间是学校校园文化建设的外显标志之一，应当表现出本校的办学特色，例如我校的办学特色就是要培育师生的实创素养，因此学校墙面学习空间就强调要为学生提供实践与创新的学习空间，让学生在真实发生的活动情境中，丰富实创的学习经历、体验实创的情感过程、习得实创的基本技能，成为学校学习空间再造的重要组成部分。通过墙面学习空间建设与总结提炼，要为师生提供更多的教育资源，例如为新生开设"认识中原"微课程、为在校学生留下"精彩足迹"实践课程。学校墙面学习空间建设还要重视艺术性，在满足功能性的同时，进行整体设计，以体现学校墙面文化的公共性、标志性、装饰性。从色彩到构造，学校校园文化，例如学校的办学理念、办学宗旨或"三风一训",例如我校在建设时就围绕核心词:"实创",选用象征无限空间与梦想的蓝色,布置材料大多采用磁性板材或插框,方便学生更换内容。

其次,墙面学习空间建设要着眼于转变学生学习方式,提供学生自主、合作和探究性学习的实践活动机会;墙面建设的内容,要聚焦学生核心素养培养,帮助学生形成正确价值观、关键能力和必备品格;墙面建设的过程,要为五育融合创造条件,促进学生和谐发展。要特别重视发挥学生在墙面建设中的实践与创新能力,提供高阶思维的真实情境运用场景;促进学习全面思考、反思、评价调整等。为了体现"学习"性,学校墙面学习空间建设还要重视动态性原则。首先,墙面学习空间的内容要根据要求,进行时长周期不等的动态调整,例如设计不同的主题,更替进行政策宣传、学习成果展示、节庆渲染等;其次是建设主体的动态,要动员更多的教师学生参与到墙面建设中,扩大参与面与参与度。在安排各类展架、装置时,尽可能采取可组装、可替换的框架,以便动态调整。

第三,要注意整体与具体的和谐统一,不能刻板划一。学校在建设墙面学习空间过程中,一般来说可以按照学校功能区域分为实验楼墙面学习空间建设、教学楼墙面学习空间建设、办公楼墙面学习空间建设、综合楼墙面学习空间建设。我们在分区域建设墙面学习空间时,既要保持与全校学习空间建设的主题一致,还要通过丰富学校学习空间主题、墙面学习空间主题的内涵,将之具体化到各区域的学习空间建设主题中,以免因单一、重复而失去学习空间的丰富性。

第四,在建设过程中要注意实用性。安全性是实用性第一条件,各类墙面装置应当避免锐角、尖刺、突边、易碎等因素,充分考虑师生观看、使用过程中的安全。由于墙面建设是基于学习空间定位,因此在注意美观性同时,更要为学生自主、合作和探究的学习方式创设条件,因此在设计与制作中,要满足多种展示方式、易于操作、便于更换等要求。我们要注意墙面学习空间的高度,我们在逛超市时,我们一般更多地看与我们眼睛差不多高的几排货架,很少去踮起脚或俯下身子去看,如果超市要对入场的进货商按商品陈列位置开价,一般也是在与眼睛差不多高度的货架开价比较高。就像我们的黑板高度,也是基本设置在这样的高度,让学生看得比较舒服。当然,我们也要注意根据观看者的远近来确定高度。要能够借助各种机会来加强宣传。通过新生入学参观、动态发布、评选展示等方式,充分发挥墙面建设的教育价值,拓展墙面建设的学习价值。

第五,要注意形成管理机制。学校墙面学习空间建设不是建设结束就结束了,而是应当"永远在路上",因为铁打的学校、流水的学生,每一届学生都有不同特点,学校所要提供的教育内容也因时而变,学习方式也根据学习工具变革而变,要让墙面学习空间始终具有生命力,就要建立一套较为完整的运行机制。例如由校长室负责组建相关建设与管理队伍;制订管理规定,至少包括《电子班牌管理规定》、《实验楼墙面装置管理规定》、《办公室文化墙管理规定》(纳入先进组室评选指标)、《班级文化墙管理规定》(纳入优秀班级评选指标)等。

第六，注意开发课程。为了使墙面学习空间能常态化更新学习资源，更为了提升墙面学习空间促进学生学习方式转变方面的功能，学校将根据"五育融合"要求，开发"中原之光"课程，主要帮助学生通过自主、合作和探究的方式，运用多种表达方式来展示学习过程或学习成果。学校墙面学习空间建设作为一个新的课题，我们在不断推进过程中，围绕促进学生学习方式转变这一中心目标，展开了探索，同时，在此过程中，我们还不断拓展研究范围，也取得了一些成果，在这里与大家分享，期待大家的指导。

通过对学校墙面学习空间建设的探索，学校不仅积累了实践经验、进一步显现了校园文化，还在建设过程中，不断总结经验，形成了一些理论成果，例如在班级文化建设主题下，正在开展"如何通过墙面学习空间建设提升班级文化建设水平"理论研究，聚焦墙面学习空间建设在立德树人、班级管理方面的重要价值。

学生学习空间进一步扩大。班级内部安装的展示板，成为学生优秀作品的展示园地，促进同伴教育效果明显，展示了学生个性化才能。班级外部展示板成为班级文化的宣传窗口，将同伴学习拓展到班级之际的学习。实验室展示墙为学生提供课外的学习资源，显示屏能够比较便捷地传播最新的学科知识。教师办公室展示墙，不仅促进师生交融，而且起到了教师引领学生学习先进文化、高雅文化的作用。

学生实践能力进一步提高。在墙面学习空间建设过程中，强化学生的主体意识、实践意识，由学生自主设计、自主布置，将想法转化为做法，改变了主要动脑、较少动手的学习方式。

在实践过程中，学生不仅有独立完成，更多的是团队合作，不仅取材于校内，还要借助校外资源，学习人际交往、商品比较等方法。

学生学习体验进一步丰富。在完成布置的过程中，学生独立判断、分析综合等高阶思维获得了提高，更难得的是，学生感受到了"由作业到作品"的成就感与愉悦感。

学校校园文化进一步夯实。学校不仅要教会学生知识，更需要给予学生文化，文化需要滋养，通过学校墙面学习空间建设，学生的心灵得到了滋养。因为这些学习空间不仅展示学生自己的作品，也让学校因为学生的参与而有了"实创文化"氛围，有了艺术的美感教育。

当然在此过程中，我们也遇到了一些困难。由于学校的人力有限，因此需要与外部单位合作，设计具体图纸、制作各类实物，但是由于外部单位并非专业教育机构，在落实过程中难免走样，占用学校很多精力来修改、调整。在以后的实施过程中，可以进一步细化方案、改善沟通。学校墙面文化空间建设过程中，学校教师的发动面需要更广、更深入，在保持学生独立性同时，更好引领学生完成高水平作品。

第三节　提升学生学习空间的高度

相对于我们比较留意的、由长宽构成的教室面积,学校墙面学习空间建设立起了教室高度的第三维;相对于学生以坐姿为主的学习方式,学校墙面学习空间提供让学生站着学习的第三维;相对于以班级为单位的学生与教师交互学习交流方式,学校墙面学习空间增加了学生与更广泛群体交流的第三维。

为了更具体地说明学校墙面学习空间的建设过程,下面将结合中原中学墙面学习空间建设的实例来做说明。

案例一

中原中学墙面学习空间建设总体实施方案①

一、实验楼墙面学习空间建设

实验楼集中了学校物理、化学、地理、生物等学科实验室以及创新实验室,因此实验楼墙面建设的主题为"科学与探究"。一般可以分为三部分内容,一是实验室门厅展板,突出与实验室内容相应的文化布置,注重装饰性的同时,突出知识性与教育性,例如学科基本框架、学科名人等。二是充分利用各实验室的电子显示屏,展示实验室简介、科学问题、实践探究要求、学生实验演示等。图书馆可以开设新书简介、阅读心得等栏目。三是走廊墙面,设置相关实验装置、模型、图册等,鼓励学生参与制作,激发学生创造潜力,激发学生兴趣。

二、教学楼墙面学习空间建设

教学楼是师生最长时间所在的地方,因此教学楼墙面是学校师生关注度最高的部分,我们可以按照空间布局与功能将教学楼墙面从纵向分为五个区域,分别是形象墙、展示墙、教室墙面(内、外)、楼梯墙面、办公室外墙。

(一)学校形象墙学习空间

学校形象墙是指教学楼从一楼到五楼每一层正对楼梯的墙面,是学校人群流动的主线,因此是最醒目的墙面,此处主要彰显学校精神建设方针、目标,通过明确标示,让师生获得精神熏陶,引领师生在成长过程中形成正确价值观和人生观。建设主题:奠基与成长。蕴含国家要求和学校办学文化,落实"为谁培养人、培养什么样的人、如何培养人"的要求。

一楼:党的教育方针。文字内容:培养德智体美劳全面发展的社会主义建设者和

---

① 本案例由胡小农撰写。

接班人。提示所有教师，牢记作为教育工作者的使命，彰显学校立德树人根本任务。也提示所有学生接受教育的责任感和崇高感。为师生奠定正确的人生观与发展观。

二楼：学校发展目标。文字内容：把学校办成"发展基础厚实，办学特色鲜明，社会声誉良好"的优质普通高中。

三楼：学校办学特色。文字内容：建设实创学校，培育实创素养。这是学校落实转变高中育人方式要求的主要抓手，也是学校办学特色化、多样化的具体落脚点。

四楼：生涯发展。文字内容：学生生涯要为大学准备、职业准备和社会生活准备；教师生涯要做到青年教师启航、成熟教师远航、优秀教师领航。

五楼：学校育人目标。文字内容：将学生培养成具有良好的德行、厚实的基础、健康的身心和创新实践能力，德智体美劳和谐发展的优秀高中毕业生。

学校形象墙墙面学习空间强调情境化，通过色彩鲜艳、造型美观的艺术装置，让学生在耳濡目染中，感受到学校的文化氛围和价值导向。这样的建设虽然看似与学校学习方式变革所要求的主动性、交互性、体验性、问题性、独立性的学习方式贴合度不高，但是通过固定的长时段的熏陶，可以成为学习方式转变的思想底座，主要作用表现在：培养学生能够树立自觉的学习目标，增强学生学习的内驱力，巩固正确的价值观和人生观，是学习方式的内在性要求。

（二）学校展示墙学习空间建设

一般学校教学楼至少要有两个楼梯，东面正对楼梯的墙面我们称之为形象墙，那学校展示墙位于教学楼西面，也是学校教学楼中与形象墙一样受人关注的墙面，建设主题：光荣与梦想。这个主题既是对学校历史荣光的记录，也是记录可能成为校史的内容：目前只是梦想的计划、想法、半成品。它们的主要作用是增加学生情感体验，帮助学生自觉融入时间意识和学校集体意识中。

学校的历史是学校发展的基础，要让学校的优秀历史文化成为全校师生厚实的精神基石，增加学校荣誉感，树立为校增光的自觉意识，通过展示墙，不仅希望让校史走进师生现实、转化为现实动力，而且也希望让学生有自觉的历史意识，将今天的梦想通过努力成为未来校史的光荣。

一楼：校史。按照时间的节点，梳理出学校的发展简史。

二楼：学校各项荣誉，包括优秀特色课程、学校各个时期获得的荣誉、杰出人物等。

三楼：学校人文历史之光。校史不能只是展示一件件物品或图片，要成为有故事的内容、物品，通过征集校史故事，有意蕴地开展校史展示，也可以是学校当下发生的事迹或人物，成为学校当下史。

四楼与五楼：梦想天空，主要展示师生的榜样、愿望、生涯目标等。可以让学生布置，开展我的愿望、我的努力、我的格言、我的榜样等征集，让学生表现，引导学生勇敢表达,而且能有表达的方法与较深度的表达内容。此外,也可以展示学校层面的内容,按照主题来布置,例如端午、梦想、语文等。

学校展示墙墙面学习空间强化突出学习空间的开放、共融、情境化。开放是指所有同学都有可能参与其中建设,共融是指能够通过建设而融入到学校群体之中或学校历史之中,情境化是指学生能够在其中感受到学校与个人之间的互动,实现感情与价值观的沟通,唤醒积极的情绪和乐观的情感。学校展示墙学习空间建设对于促进学习方式转变的主要作用表现在:帮助学生打开想象空间,让学生能够围绕自己确定的主题进行个性化的表达,激发学生的创新力,进而达到主动性、交互性、体验性、问题性、独立性学习方式转变。

（三）教室走廊（内外）

这是学校师生来往最频繁的地方,是开展班级个性化建设的重要展示窗口,能够起到荣誉激励、班集体建设等重要作用。

学校可以在教室外的走廊墙面上设置展板,这些展板以方便布置和更换的软木板、磁性板等材料为好。这些展板就是教室外墙面学习空间建设的载体,本部分的建设主题是:精彩与追求,主要展示班级文化建设、学习探究、实践活动等方面的优秀成果,也可以根据学校主题教育进行展示,营造学校的氛围。

教室内部墙面学习空间建设。在教室内部四根立柱上装置可重复粘贴的展示框,用于班级内部装饰,例如班级标语、班标、学生作品,起到美化教室作用的同时,保护墙面,方便更换。

学校教室走廊墙面学习空间建设具有鲜明的学校学习空间特点:开放、共融与情境化,向所有学生开放、让所有学生参与,在所有学生关注的情境中,体会学习的效果、实践的快乐。对于促进学习方式转变的主要作用表现在:让学生在真实的学习环境中,在班级文化主题指引下,主动地、多元化地运用各种文化载体,实现自主、合作地学习,提高学生的实创能力,享受到从学习到实践的乐趣,收获个性化评价。

（四）楼梯墙面

楼梯墙面是每一位师生每天都要经过的地方,因此重点受众是全体师生,从展示等级角度来看是最高等级的,因此建设的重点内容是凝聚学校集体荣誉感、开展学校团队建设。本部分建设主题是:团队与情怀。

一楼:中原是一家人,全校学生班级集体照及教师集体照。

二楼:教师心语,布置教师给学生的鼓励或自己的教学格言。

三楼:学校特色课程介绍,发挥"课程育人"作用,也表明教师精彩绽放是在课堂。

四楼:校友寄语,毕业学生的祝福。

五楼:高三年级奋斗目标与成果展示。

学校楼梯墙面学习空间建设对于促进学习方式转变的主要作用表现在：提高学生的团队意识，让学生懂得个体的成长离不开集体的力量，从集体荣誉感中汲取精神的力量，感受学习的快乐，增强自主学习的动力。

（五）办公室墙面学习空间

从心理角度来看，办公室外墙是学生怀着严肃、拘束的心理来到的地方，是学生比较陌生的地方，因此要特别重视拉近与学生之间的距离。建设主题：文化引领与师生交融。主要内容：办公室教师名牌、教师成果、办公室文化介绍等，展示本楼层各教研组（备课组）独特的学科魅力、教师风采。

学校办公室墙面学习空间建设对于促进学习方式转变的主要作用表现在：增强师生和谐关系，营造安全、愉快的学习环境。

三、综合楼墙面学习空间建设

建设主题：实践与创新。我校综合楼主要为学校各类创新实验室，以三个大厅：综合创意厅、科学创意厅、人文创意厅。主要以展示对应创新实验室相关内容、作品为主，以艺术装饰品美化环境为辅。

案例二
学习空间"墙"势出击，德育熏陶"墙"占先机①

苏霍姆林斯基曾说过"一所好的教育学校，其学校的墙壁都会说话"。他指出："在孩子精神面貌形成的过程中，具有重要意义的是他在自己周围——在学校走廊的墙壁上、在教室里、在活动室里经常看到的一切。这任何东西都不应当是偶然出现的，他们在某种程度上都体现着教育者的意志和学校对学生的期望。"学校作为一个全场域的学习空间，各类场所及建筑物经过精心设计，可以引发学生显性或隐性的学习行为，成为学生丰富而有质量的学习资源。教育部等六部门在 2021 年发布了《关于推进教育新型基础设施建设、构建高质量教育支撑体系的指导意见》，支持有条件的学校部署智慧公共设施，拓展教育新空间，充分说明高质量教育离不开学校基础设施建设，离不开学习空间建设。

一、墙面学习空间的内涵

学习空间对于高质量育人具有不可或缺的重大价值。学习空间这一概念涌现于 21 世纪初，其研究基于建构主义学习理论和情境认知学习理论。建构主义强调知识是在特定情境中由学习者构建的，而学习空间作为情境的一部分，其设计和利用直接影响学习者的认知结构和学习效果。学习空间在广义和狭义两个层面有不同的表述。

---

① 本案例由李芳撰写。

广义上,它是指可以发生学习行为的任何场所,而狭义上,它涉及多种有特定功能和特征的空间类型,通常根据其构成要素、技术支持和功能指向来界定。

墙面学习空间作为校园的重要载体,同时兼备培育学生健全人格,促进学生个性全面发展的教育价值。从学习视角看,当代学习科学的研究的主要任务就在于设计有效的学习环境,并理解发生其中的学习。学习环境是学习者在学习过程中可能与之发生相互作用的周遭因素及其组合与结构,包括学校墙面的人工制品环境。学习环境分为物理环境(如学习材料、技术工具等)和社会心理环境(如人的交互关系、规则和文化等)。校园墙面在推动校园文化建设、学习空间发展、发挥育人功能上是功不可没的,要充分利用板报、墙面等一切可以利用的媒介体现教育理念,促进教育高质量发展。

二、墙面学习空间建设的策略——以高二(3)班为例

班级文化是班级凝聚力的外显,是班级精神风貌的集中体现,墙面学习空间是班级文化的重要组成部分,一以贯之于师生生活的点滴之中。高二(3)班的墙面学习空间主要包括教室内部四根立柱上的4块展示板和教室走廊墙面、前后黑板,墙面学习空间建设有利于促进学生学习方式转变,让学生在真实的学习环境中,在班级文化主题指引下,多元化运用各种文化载体,实现自主、合作地学习,提高学生的实创能力,享受到从学习到实践的乐趣,进而收获个性化评价。

(一)接班初期展育人慧心

高二(3)班的大部分孩子性格偏向沉静,走进教室,总有几双闪躲的眼睛逃避你的目光;面对困难,默默地叹息有时就昭示着他们的决定;遭遇失败,时常会默认自己的不够优秀,这是他们给我的初印象,虽然接班时班级的总体成绩在年级前列,慢慢相处下来发现班级并无尖子生,而是以中部成绩学生为主,所以他们的沉默来自于不自信,但内心里他们也渴望优秀,加之初中时期的居家学习给孩子们的交往增加了阻碍,回归校园后存在明显的不适应性,在开学第一堂班会课上,我和同学们一起聊新学期的愿景,"不想当将军的士兵不是好士兵",当我轻轻地说出本学期我们要成为学霸云集的班级时,同学们都用难以置信的眼神看着我,怀疑道:"这怎么可能?""学霸离我好远!""我怎么可能是学霸呢? 我是十级学渣差不多!""还是躺平适合我"教室里哄笑声一片。"不试试怎么知道? 要上那么多年学,难道甘心一直当学渣?""再坚持2年就可以进入理想大学,难道甘心错失?"我发现有几双目光变得严肃起来,有几个脸上开始若有所思,看来这不是老师的玩笑话,于是一场围绕"学霸"的讨论在课堂中升腾"到底啥样的学生才能称之为学霸呢?""我们如何能够成为学霸呢?"在热烈的讨论中,同学们勇敢迈出了第一步:敢想,敢于给自己定一个稍显"宏大"的目标。于是我结合学期初学校对于班级文化的建设引领,针对本班学生特点,与班里的学生一起完成了班级墙面学习空间文化的"私人定制"。

教室外墙：为了让学霸的火苗不轻易熄灭，我们把新的班级合照置于班级外墙的中心位置，彰显我们下定的决心。教室内部四根立柱："与学霸交朋友"分享如何养成好的学习习惯并将各科学习方法相互渗透；"背诵小妙招"针对古诗、文言文背诵；"文字的力量"来自于班里同学的阅读体验分享；"佳作欣赏"则是艺术生们的展示区，妙笔生花的文章、挥毫泼墨的作品、精巧别致的手工无不展示着同学们的才华与想象力，也显示着他们在攀登着自己心中的那座"山峰"。教室内部四根立柱采用的是塑面材质的封套和磁力贴，方便打印替换，临时事件也可以取下来完善后再放进去。前黑板右侧：每日更新的课程表及作业；后黑板左侧：时间计划墙，列出本学期重要的事件，同学们也很习惯每天看一看前后黑板，有什么事情需要提前做好准备，强调时间观念。

（二）集体荣誉寄润物无声

这学期在9月份和10月份，高二学生们连续经历了军训、学农和秋游，虽然期间班级也获得的很多荣誉，但几件小事让我意识到班级的集体荣誉感有欠缺，比如在年级表演节目时，总有几个同学不顾场合讲话，而其他同学则事不关己高高挂起，比如，军训集合队伍时，又有几个学生慢悠悠的……此时我想到班级墙面学习空间，我必须利用这种墙面文化软实力让他们感受班级荣誉感的重要性。

教室外墙：班级口号的征集，3班学生里有特长的同学很多，钢琴、吉他、绘画、书法等等，最终我们选定了"三班不一般，唱跳全能班"这一口号，展示在教室外墙最上方；在右下角区域展示班级班委天团，表示老师和同学们对班委的认可，在左下角区域则继续展示我们的学霸文化之我的理想；作为中途接班的班主任，我认为在与人交往的所有套路里，真诚是必杀技，我选择真心换真心，准备了班主任寄语送给每位同学，我相信教育是一朵云推动另一多云，一棵树摇动另一棵树，一个灵魂唤醒另一个灵魂。教室内部四根立柱：分别为班级集体参加活动的有纪念意义的照片，增强班级集体荣誉感。前黑板右侧：除了每日更新的课程表及作业，同学们还在旁边画上或栩栩如生的插画或幽默诙谐的表情包，可以感受到班级大家庭的温暖和归属感。后黑板左侧：张贴班纪班规，促进学生健康成长，建设积极向上的班级。

三、结语

学校不仅要教会学生知识，更需要给予学生文化，文化需要滋养，通过学校班级墙面学习空间建设，学生的心灵得到了滋养。因为班级学习空间不仅展示学生自己的作品，也因为学生的参与而有了"实创文化"氛围，有了艺术的美感教育。班级墙面学习空间，进一步促进师生交融；在墙面学习空间建设过程中，强化学生的主体意识、实践意识，学生实践能力进一步提高；在完成教室布置的过程中，学生独立判断、分析综合等高阶思维获得了提高，学生学习体验进一步丰富。让学习空间"墙"势出击，让每一面墙壁开口说话，以"润物无声"的方式，潜移默化影响学生成长，陶冶他们美好的情操,激励他们内在的学习动力,德育熏陶"墙"占先机,小小的墙面学习空间,凝聚了同学们的智慧,寄托着老师的殷切期望,同时也蕴含着深刻的教育意义,也必将照亮孩子们的人生。

案例三
五育融合下教室墙面学习空间建设①

教室是学生在校期间最主要的学习空间,对教室墙面的打造可以采用丰富的知识性与育人性内容,经由师生通力合作,彰显学校教育理念、体现班级精神面貌,提高学生主体意识,从而创设"开放、共融、情境化"的学习空间。通过对学习空间的再造进而推动学生向"自主、合作、探究"的学习方式转变,增强核心素养,促进学生全面而有个性的发展。

一、设计理念

2018 年 9 月 10 日,习近平总书记在全国教育大会上强调,要努力构建德智体美劳全面发展的教育体系。至此,立德树人,"五育"并举,培养德智体美劳全面发展的社会主义建设者和接班人的任务成为全体教育人的共同目标。② 因而,在教室墙面设计之初,笔者以五育融合为指导思想,拟从德育、智育、体育、美育、劳育五个方面丰富墙面内容,以期实现真(智)、善(德)、美(艺)、健(体)、富(劳)五大教育价值追求,由此促进学生全面发展。

此外,在策划墙面布置安排时,笔者也力求践行罗杰斯的人本主义思想。罗杰斯认为,有效而有意义的教学活动能够帮助学生发掘自我意识,实现自我完善,在促进知识增长的同时,个人潜力得到充分发挥,从而成为"功能充分发挥的人"。③ 在整个墙面布置过程中,笔者处于引导者的地位,学生处于主导者的位置,师生根据学校教育理念,班级奋斗目标、学生兴趣需求,时下文化热点等,确立了班级墙面内容主题、风格等。在这一过程中,学生依据已有的知识、经验和才能,对想要展示的内容进行设计、筛选,发挥了自我意识,体现了从自我发展到成熟的驱力发展,充分挖掘了自身的潜力。

二、设计思路

班级墙面建设主要包括教室外面的一块展示板和教室内左右墙面上的四块展示板。在五育融合理念的指导下,依据学校教育理念、班级奋斗目标、学生兴趣需求等,笔者与学生开展头脑风暴,总结提炼了墙面学习空间建设需具备的特征,确定了风格

---

① 本案例由孙冉撰写。
② 宁本涛."五育"融合本质的再认识[N].中国教师报,2020－12－9(6).
③ 史影,尹爱青.从马克思到罗杰斯——人本主义教学观探析[J].外国问题研究,2017(02):110—116.

与内容。在这一过程中,学生思维得以深化,解决问题的能力有效提高,也促进了民主平等和谐师生关系的构建。

(一)整体性

班级墙面学习空间是校园学习空间的重要组成部分,要与学校的教育理念等内容相呼应。笔者学校的办学目标是立德树人、成功学习、幸福成长;育人目标是把学生培养成具有良好的德行,厚实的基础,独特的个性品质和创新实践能力,德智体美劳和谐而有个性发展的优秀高中毕业生。这充分体现了五育融合的理念。因此,在墙面布置时,要将德、智、体、美、劳方面的内容适宜融合,与学校整体文化相互配合,相互影响。

(二)独特性

每个班级各具特色,在设计墙面时也会采取不同的表达形式与风格。笔者是历史教师,在与学生沟通时,考虑到学科特色与时下流行元素,建议采取古风样式进行布置。建议一经提出,就获得学生们的一致赞同。然后学生们又提出自己的优化方案,建议教室内的四块展示板采取古风样式,教室外的展示板体现现代风采,展现青春活力。由此,师生共同确定了班级墙面学习空间的风格——"古今融合"。同时,也确定了内容主题——"传承传统文化、弘扬时代精神、展现幸福生活"。

(三)主体性

班级墙面学习空间由师生共同打造,主要内容是学生成长的足迹,体现了学生为本的理念;同时,为学生创新精神和实践意识的培养提供了新的平台,有效促进了学习方式的转变。比如,有一期展示板展出的是优秀作业范本,笔者观察到有部分学生会认真欣赏。这些学生在之后的学习中,作业质量有了明显的提高,学习的自主性大大增强。

(四)渗透性

教室是学生在校期间最主要的学习空间,墙面文化渗透在学生的校园生活中,有着"润物细无声"的功能。开学伊始,笔者观察到班级学生说脏话的现象比较普遍,因此在墙面布置时专门设置了行规板块,该板块包括出勤、值日、文明礼仪方面,如有行规不当之处,每月就不能在该板块贴上星星。实施一段时间后,班级说脏话的情况得到有效改正,学生从有意识地不说脏话到久而久之无意识地获得了讲文明的优秀品质。

(五)互动性

在新媒体时代,人与人之间的互动性不断增强,学生在学校也希望有一种多方面、多形式的互动模式。除了传统课堂上的师生互动、生生互动,学生期盼课间也能有这样一个互动平台。因此,学生在教室外部展示板中开辟了一块"留言板",为师生互动、生生互动、亲子互动提供新的途径。在互动的背后,其实体现了学生的自主性与表达欲望。

三、设计效果

教室墙面空间的再造为学生提供了良好的学习和生活氛围,墙面文化作为一种无声的资源以潜移默化地方式体现着师生对实现真(智)、善(德)、美(艺)、健(体)、富(劳)的追求。在五育融合理念的指导下,班级墙面文化发挥了以下四大功能:

(一)鼓励实创精神

实创精神是核心素养的重要内容,是促进学生终身发展的重要品格。在班级墙面建设过程中,学生以"锦""荣""静""搏"作为教室内四块展示板的主题。其中,"锦""静"展示的是学生的各种实创作品。"锦"展示板主要是学生的绘画作品,体现繁花似锦的特点。"静"展示板主要是学生的书法作品,展现沉心静气的品质。此外书法《二谢帖》《青年强则国强》的笔法与内容也让人深感精妙。这些书法与绘画充分体现了智育与美育的融合。

(二)培养拼搏精神

拼搏精神是党的重要精神标识,也是永不褪色的时代精神。面临世界百年未有之大变局和中华民族伟大复兴战略全局,学校需要培养能担当民族复兴大任的时代新人。在"搏"这块展示板上体现的就是与国家教育目标相呼应的班级奋斗目标。作为青年学生,理应在学习中增长知识、锤炼品格,在行规和成绩方面都要敢于争先。在开学伊始,笔者与学生共同设计了学习小组计划,对考试、作业、行规等方面制定了详细的积分机制,以期增强班级学习氛围,规范行为准则,提高学生参与学习与实践活动的积极性、主动性。这种拼搏精神实现了德育、智育与劳育的有效融合。

(三)提升成功体验

成功体验是指个体在学习活动中,取得成功后所产生的自我满足和积极愉快的情绪感受。学生学习时取得成功或失败,会在心理上引起不同的情绪体验,并且这种情绪体验会形成一种循环效应。[①]"荣"这块展示板上张贴是班级在各类活动中获得的荣誉,如运动会、艺术节、军训、先进集体评选等。笔者所带班级的学生很多时候难以在学习中获得成功的体验。为了激励学生,笔者鼓励他们发挥所长,积极参与文体类、实践类活动,以期通过这些成功体验增强学生自我提高内驱力,从而获得学习方面的成功体验。这种成功体验展现了善(德)、美(艺)、健(体)、富(劳)的价值追求。

(四)增强班级凝聚力

班级凝聚力是班级文化的重要内涵,是学生的情感寄托和安全支柱,能促使学生积极地面对学习和生活中的挑战。教室外面的展示板是笔者班级文化的集中体现,包含班级名称、班级口号、班级合照、班歌、班训、优秀学生榜、指纹树、成长足迹、班主任教育理念、任课老师寄语等内容。这些内容是师生合力创作的智慧结晶,也是师生有效互动的重要平台。此外,展示板的周围还缠绕了彩灯。当放学彩灯亮起的时候,学

---

① 赵连城,李秀梅.应用"成功体验"——原理的教学尝试[J].教育科研通讯,1994(05):22—24.

生感受到一种别样的温情与感动。

四、反思

在教室墙面学习空间再造告一段落之际，笔者时常查看展板内容，发现还有不少改善优化的空间。

（一）心理教育内容的缺失

心理健康教育是根据学生身心发展的特点和规律，运用相关的理论和方法，有计划、系统地传授心理健康知识，使学生在心理健康方面全面和谐发展，促进其身心健康，形成健康人格的教育活动。[①] 进入高中，学生心理发生诸多变化，在学习、人际交往、父母沟通等方面急需科学的心理指导。之后，考虑通过设置"树洞"的方式，收集学生的问题，与心理老师交流沟通，对学生进行有效疏导。此外，也可以让心理老师分享一些典型案例张贴在展示板上，如学生反映自己已经很努力了，但是成绩无法提升，感到很焦虑怎么办？希望通过多种形式，促进学生心理健康发展。

（二）动态学习空间的不足

在新媒体时代，学生往往期待动态的信息展示。目前，教室墙面学习空间的再造多以静态的方式呈现，动态内容缺乏，学生成长足迹的有关视频往往只能利用班会课展示。期待未来能充分利用班级门口的电子显示屏，及时反馈学生集体活动的精彩时刻。

（三）创设成果更新的乏力

在墙面设计之初，笔者想留一块展示板不定期更新班级日常活动，如辩论赛、知识竞答、跨年活动、期末表彰活动等。然而，由于笔者事务繁忙，学生学业繁重，往往会忘记更新相关内容。后续，笔者考虑成立"班级墙面学习空间维护小队"，及时更新展示板内容，为学生的校园生活增添多种色彩，留住青春的绚丽风采。

案例四

用好教室一隅，做学生的"策展人"[②]

若干年前，尚在大学外语系求学的笔者在翻译稿件时偶遇了一个英语生词：curator。传统的英汉词典将 curator 解释为"（博物馆、美术馆的）馆长"。然而，笔者将"馆长"之意代入原文，却总是感觉脱离语境，词不达意。查阅了一些英语母语者撰写的文章后发现，到了当代，curator 已经衍生出"策展人"的含义。怀着好奇心，笔者又阅读了几篇介绍"策展人"这一职业的文章，其中有大意如下的一段评论给笔者留下了

---

① 陈君，李莉.论高校思政课的心理健康教育功[J].学校党建与思想教育,2020(24):43—45.
② 本案例由孙力撰写。

深刻的印象:时至今日,比起藏品本身,优秀的策展人才是衡量一家博物馆专业水准更为重要的因素。

从"馆长"到"策展人",头衔的变化体现的是对被展示对象态度的变化:前者是把展品当成死物,墨守成规,爱看不看;后者是赋予展品以生命,"展"以载道,主动作为。

班级内外的墙面文化是教室环境的重要组成部分,也是校园文化、班级文化、学生风貌展示的窗口,更是学生实现自我教育的载体。墙面上所展示的物品本身及由此给师生带来的显性的美的体验,固然有其意义,但是教师在班级墙面学习空间设计各阶段带有明确育人导向的规划与指导,以及在实施过程中与学生之间的互动与呼应则是一篇更需着墨的立德树人"大文章"。教师在此过程中的角色及作用正如"策展人"之于博物馆一样重要。

一、反映学生的学习过程

在许多人的记忆中,无论是班级还是家庭,都爱用满墙的奖状向外界传达学生的优秀表现。此外,学生的高分考卷、优秀作业也常常被拿来作为班级墙面展示的素材。不可否认,这类做法的出发点是充满善意且积极的,一方面可以鼓励优秀学生,增强他们的自信心;另一方面,也可以通过榜样示范,让其他学生见贤思齐。然而,这些被展示的物品大多是学习或评价的结果,无法体现大多数学生所参与的学习过程,也难以反映学生的动态发展,也就难以对全体学生起到长期的、发展性的育人效果。我因而开始思考如何在班级墙面学习空间设计中更多体现学习过程。

首先,展示素材不应局限于班级或学生的既有荣誉,而应更多呈现学生学习过程中的亮点、反思,以及体现思维品质的阶段性成果。相较于看似"完美"的优秀作业,那些代表不同学生学习风格、不同学科学习规律的听课笔记,那些反映学生"发现问题——解决问题"过程的错题整理、阶段总结、调查报告,那些体现知识结构化等思维品质的知识点梳理、思维导图等才是关注了学生学习体验与动态发展的展示素材。

在一所生源相对薄弱的高中执教,笔者听闻了太多的任课老师抱怨学生的听课笔记混乱且毫无详略主次,往往沦为抄书、抄课件;错题整理只关注格式,而忽略了内容……事实上,学生对知识的信息加工能力并非与生俱来。若是通过课堂专门教授这样一种能力,似乎有小题大做之嫌,效率上恐怕也是事倍功半。而在教室墙面展示学生学习过程中体现思维品质的阶段性成果则能够潜移默化地为学生指导正确的学习方法,有助于为学生补齐上述短板。

第二,面对高中生,教师应将班级墙面学习空间设计作为一个项目式学习的载体,不仅是最终让各色材料挂上墙头,更要让学生在这一过程中有充分的参与感和实践经历,培养书本上学不到的"软实力"。设计本身是一个天然的学习项目,要求学生带着具体的目的(对内凝聚班级,对外展示风貌,可能还涉及班与班之间的竞争),通过合作,综合运用多种知识与能力,完成真实世界中的一个挑战性任务。教师在这个过程中的角色十分重要,既不可越俎代庖,大包大揽,也不能做甩手掌柜,完全交予班干部或听任学生自由发挥。项目开展前,教师应先在全班进行项目动员,要求全班同学人人参与,鼓励学生头脑风暴,集思广益。随后召集班干部明确本次墙面学习空间设计的大主题,引导班干部确定班级主题及其子话题,并从板块布局、人员分工、材料搜集(征集)、时间进度、项目工作与日常学业的平衡等几个角度做好合理且服众的规划;项目进行中,教师应多与学生团队交流进展,启发学生培养自身的元认知策略,自我监控及反思实施过程和效果(例如人员是否到位,进度是否达到预期,有无新的问题或困难出现等),并在分析成因后,根据需要再做出合理的调整。在此过程中,高中学生之间难免会出现意见不一致,分工未落实,甚至激化为内部矛盾,教师应予以密切关注,合理引导,必要时"下场"调解处理;项目完成并展示后,教师可以在全班内部先对本次教室墙面学习空间设计进行评价,及时将成果与家长分享,以班集体之名,表彰项目中不同分工、不同阶段的优秀贡献者。鼓励学生参观、比较兄弟班级的设计,为下一次的布置增加经验。相信在经过多轮这样的实践后,教室内外的这堵墙对于参与设计的班级学生而言,不再是无关痛痒、可有可无的装饰,而将成为他们从少年走向成人之际一段自主合作实践过程的美好记录。

二、涵养学生的规则意识

班级墙面学习空间的另一大重要功能是规则与制度的表达,以期学生每天在环境的浸润中实现认识规则,悦纳规则,守护规则的育人目标。一方面,最常见的形式是班级的集体管理原则——班规的呈现。考虑到高中生的心智特点,为了充分发挥高中生的主观能动性,最终实现学生的自我管理,在班规草拟、公布、落实的各环节,教师均可以有效利用班级墙面开展教育。在草拟阶段,可以先在班会课上让同学们就班规条文开展头脑风暴或分组讨论。事实上,学生对于班规中涉及"是非对错"的内容不太会有异议,众说纷纭的往往是违反班规后的处罚手段。待梳理完前期畅所欲言的结果后,教师可以将同学们就处罚部分有分歧的内容展示在班级墙面,供全班同学比较、探讨,待下一次班会时进一步讨论并最终确定。在正式公布阶段,教师可以先请擅长美工的学生将其制作成美观亮眼的大海报。在邀请全体同学于空白处签名后,张贴在班级墙面的醒目区域,给予参与学生充分的仪式感,旨在让学生认识到:这并非外界强加于个体的"不平等条约",而是班级所有同学都已参与订立且日后须恪守的"契约"。墙面公示的做法也便于班干部在班级自我管理中及时援引班规,有章可循。到了落实阶段,可以绘制学生个人或小组积分排行榜,设置于班级墙面,由班干部轮流记录同学因遵守或违反班规而引起的得分或失分。

另一方面,除了呈现班规之外,教室墙面也可以根据班级学生在日常行为规范中暴露出的新情况进行动态调整，添加由学生创作的生动标语、照片或漫画，使教育更具针对性和人文关怀，贴合高中生的心理特点。教师可以利用每月班干部会议的契机，定期了解班风学风中的问题。例如，曾有班干部指出班里一部分同学在期中考试后出现了学业倦怠，有"躺平"之趋势。于是经过师生讨论，大家选择在教室前方的墙面上悬挂爱因斯坦（Albert Einstein）一句颇为形象的格言："生活就像骑自行车，若想保持平衡，就必须不断运动前行。"配上学生拍摄的同学骑车跑跑的照片（事先征得当事同学的同意），以幽默的方式，做出善意的提醒。教师也应该关注班级行规中偶发的问题开展教育。例如，笔者曾发现班级有几位同学丢垃圾时总爱模仿投篮动作，以至于垃圾被丢到了垃圾桶外，形成了"破窗效应"，导致后来者也对此熟视无睹，哪怕距离垃圾桶几步之遥，也随意丢弃垃圾，给教室环境与值日生的工作都带来了困扰。在指出他们的问题后，除了常规教育之外，笔者还让当事学生领受"任务"，每人想一句标语或设计插画，打印出来后张贴于垃圾桶后的教室墙面，起到提醒班级同学养成公德心，不给别人添麻烦的作用。比起一味的说教或惩戒，学生在这样的任务中更能认识到自身的问题，也更能激发自身的责任感。

入行之初，曾听到一位老教师谈及，面向高中生的行规教育有时要"少说"，最好能做到"不言之教"，当时笔者还颇为不解。如今想来，这种考虑到高中生特定年龄心理特点的做法是很有意义的。至于"少说""不言之教"本身有很多维度，而无声的班级墙面文化为教师提供了一条实践"少说"教育的可行路径。

三、把握"墙"背后的教育契机

如同布展仅仅只是策展人工作的起点，后续还有讲解、宣传、文创产品等工作需要持续推进，班级墙面学习空间设计作为一项集体活动，几乎涉及到班级的全体成员，从筹备到展示，整个过程又会持续较长时间，自然也会衍生出各种各样的新问题。从普通成年人的视角看，这都是些小问题。而作为教育工作者，这些小问题恰恰是教育学生的良好契机。

笔者曾中途接手一个高三班级，开学初第一次布置班级墙面设计时，有班干部提议，收集全班同学的生活照，拼成一面照片墙，体现班级的凝聚力。当时，对于这种常规操作，班级同学并没有什么异议。然而，待布置完成，班级女生小洁却突然造访办公室，向笔者大声抱怨班干部把她的照片和另几名女生的照片排在了一起。"我上周就和某某闹翻了，然后她们几个就都不理我了。真是莫名其妙！我也不想再跟她们有什么交集了。现在还把我们的照片放在一起，真是尴尬至极。"了解了学生间矛盾的前因后果，我发现这其实是一件很小的误会，但是正被情绪左右的小洁此时多半是听不进老师的劝说的。于是，笔者先平复了小洁的情绪："这件事班干部可能不太了解，老师也是头一回听说。我会让班干部重新调整照片布局的。"班级墙面布置中的小插曲反映出的是学生关系之间的裂痕，如同学生心中的一根肉刺，长期萦绕于心头势必会不必要地波及到当事学生的高三学习状态。事后，笔者寻找了合适的机会，向此事另一方的几名女生以及几位班干部进一步了解了事情的全貌，并做了那几名女生的思想工作。此后不久，班级前往东方绿舟开展为期一周的国防教育，在这个过程中笔者密切关注这几名女生的相处状况，同时也安排同寝室的室友居中穿针引线。数日的集体生活让她们不得不"狭路相逢"，却也是在同甘共苦的训练过程和室友们的善意劝说中，逐渐消弭了此前的分歧和敌意。待时机逐渐成熟，某天晚训结束后的班级总结时段，笔者以她们在训练中表现出色，为班争光的名义为小洁和另一方的几名女生同时准备了小点心作为奖励。在班级同学的掌声中，双方冰释前嫌。军训结束时，小洁还主动要求笔者为她和那几名女生一同拍一张身穿迷彩的合影。这张彰显和解的照片自然也成为了下一次班级墙面文化设计时的宝贵素材。

同样是在高三，一次班会课上，班级同学正在筹划班级墙面布置，班委提议每位同学在心愿卡上订立自己的高三奋斗目标：写下自己理想的大学、专业和激励自己的话语。大多数同学对此非常积极。然而，在回收学生心愿卡时，笔者发现学生阿欢在自己的座位上坐立不安，课桌上的心愿卡已经被涂改了数次，字迹已无法辨认。课后，笔者与阿欢私下交流起此事。原来，阿欢从小就心仪沪上某所在全国享有盛名的行业高校，家中也有亲戚毕业于此校，故一直以此为梦想，然而他目前的成绩与这所高校的录取分数线相去甚远，这让阿欢感到既失落又焦虑："我不敢把这所学校的名字写在心愿卡上，贴在教室墙壁的展板上。反正也考不上，若贴上去，只怕同学们会笑话我的。"阿欢在本次班级墙面布置过程中所暴露的问题是不少高三学生在这一学业生涯的十字路口，所遭遇到的一种理想目标与自身能力的认知之间的不协调。笔者抓住这个契机对阿欢做了有针对性的生涯指导。第二天，阿欢重新在心愿卡上写下自己的目标，自信地把它贴在了教室墙上，并以更积极的状态投入到学习中。

四、结语

随着技术的进步，新的教育装备层出不穷，学校教室的物理环境越来越先进，传统的墙面在今天似乎相形见绌。然而，正是这堵平实朴素的墙面为身处其中的师生提供了可用面积最大、浸润时间最长、创作氛围最自由的实践天地。要做好学生的"策展人"，教师可延展班级墙面的时空，给予学生参与项目式学习、展示学习过程的平台；教师应考虑到高中生的心理特点，扩大墙面育人的运用场景，从集体管理原则和个别化教育两个方面涵养学生的规则意识；教师还需要"全链条管理"，善于发现班级墙面文化设计过程期间所暴露出学生的其他问题，及时引导教育。这样，我们才能赋予墙面学习空间更丰富、更多元的育人价值。

第三章

丰富校家社体验空间，拥抱幸福成长家园①

面对教育发展的新理念与新趋势，核心素养的培育需要学生具备在现实生活中处理复杂情境的能力，只是在学校的正式学习空间内无法真实触及这些问题。学习不仅发生在教室，还发生在由正式与非正式学习空间共同构建形成的校园学习空间连续体内。[1]非正式学习更注重知识建构，更重视自主探索，对学生发展更具长期价值。[2]学校已有"专题教育空间、志愿服务空间、综评实践空间"三类"非正式"学习空间。后续我校需要再造一个学校、家庭、社会三方育人目标一致、课程体系完整、功能融合互补的一体化的"非正式"学习空间，健全家庭学校社会协同育人机制，让学生置身于真实社会生活情境中，打造一个开放、共融、情境化的非正式学习空间，培养学生处理复杂情境、解决真实问题的实践能力，从而为达成学校"构建和谐校园，营造幸福氛围"，促进学生幸福成长的愿景。

第一节　时代回音中的学生心声

一、时代回音

（一）育人方式的变革

2019 年，国务院办公厅印发《关于新时代推进普通高中育人方式改革的指导意见》（国办发〔2019〕29 号），提出"全面贯彻党的教育方针，落实立德树人根本任务，发展素质教育，深化育人重点领域和关键环节改革，切实提高育人水平"。其中构建全面培养体系中指出，突出德育时代性，坚持把立德树人融入思想道德教育、文化知识教育、社会实践教育各环节；强化综合素质培养，改进科学文化教育，统筹课堂学习和课外实践，强化实验操作，建设书香校园，培养学生创新思维和实践能力，提升人文素养和科学素养。拓宽综合实践渠道；健全社会教育资源有效开发配置的政策体系，因地制宜打造学生社会实践大课堂，建设一

---

① 本章由张小莉撰写。

批稳定的学生社会实践基地；完善综合素质评价，把综合素质评价作为发展素质教育、转变育人方式的重要制度，强化其对促进学生全面发展的重要导向作用。

因此，学生的学习途径和学习场景也不可避免地发生了变化。除了在学校的课堂里接受教师所传授的知识之外，家庭和社区所能提供的教育环境和教育资源也逐渐起到了十分重要的作用。家庭教育是学生学习的起点和基础，学校提供了主要的学习途径，而社区对于学习的深度和广度进行进一步的完善。《中华人民共和国家庭教育促进法》(2017)指出"家庭教育、学校教育、社会教育应紧密结合、协调一致，应建立健全家庭学校社会协同育人机制"。2023年1月，国家教育部等十三部门发布了《关于健全学校家庭社会协同育人机制的意见》(教基〔2022〕7号)，提出了"四个坚持"：坚持育人为本，坚持政府统筹，坚持协同共育，坚持问题导向。《意见》明确指出"明确学校家庭社会协同育人责任，完善工作机制，促进各展优势、密切配合、相互支持，切实增强育人合力，共同担负起学生成长成才的重要责任"。因此，我们可以发现育人方式的改变，育人不仅仅在学校里完成，而需要借助家庭、社会的力量完成。所以，我校希望可以再造一个学校、家庭、社会三方育人目标一致、课程体系完整、功能融合互补的一体化的学习空间，健全家庭学校社会协同育人机制，让学生置身于真实社会生活情境中，培养学生处理复杂情境、解决真实问题的实践能力。

（二）学习方式的转变

随着"双新"的实施，教育理论和信息技术的发展，以及人们的知识观、学习观等的逐渐转变，学习方式也在发生变化，学生在合作、探究、体验、反思、创新等丰富的学习实践活动中，学习方式由单一被动的学习转化为自主学习、合作学习、探究学习的多元化学习方式，真正形成深度学习。学生获得知识的途径也变得更加多元化，不再仅仅局限于书本知识、老师教授，也可以通过网络、生活实践、与他人交往等获得知识。学生的学习也不再被局限于正式的课堂当中，而更多是发生在无处不在的非正式学习空间中。时代的发展对人格独立性和创造性方面提出了更高的要求，学生在个性化成长和创新性培养上的需求越来越强烈，因此我们要建设"多元化"的学习空间，提升践行力。用好各类场馆、实验室、主题人文行走等实践资源，开展"四史"宣传教育、专业课实践教学、社会实践活动、创新创业教育、志愿服务等实践教育，在社会考察、公益劳动、职业体验、安全实训中培育学生社会责任。充分满足学生的学习选择需求，全力助推学生学习的积极性，激发学生学习内动力，促进学生和谐发展，实现追求幸福人生的目标。

二、学生心声

前期学校组织学生进行访谈和完成了"'校家社一体化'非正式学习空间的现状调研"

问卷调查。通过对学生的访谈，了解到学生希望更深入地体验同伴的家庭文化；能够走进大学图书馆、实验室，或旁听大学课程，更全面地了解大学的历史和学校生活；希望能体验或参观更多的职业岗位，在多个岗位上学习与实践，亲历劳动的精彩，发现职业的有趣，有利于提前做好职业规划。

从调研结果中可以看出，学生们对非正式学习空间有一定的渴望与需求。学生对非正式学习空间的满意度处于一个较高的水平，这一定程度上反映了学生对非正式学习空间比较认可，但仍然有很大的上升空间。非正式学习空间涉及学生发展核心素养的方方面面，学生们希望通过非正式学习空间能够使自己成为"全面发展的人"，通过调研也可发现学生对于正式学习空间和非正式学习空间的概念不是很清晰，或者不是真正地理解什么叫非正式学习空间。

第二节　先智导航中的蓝图展望

一、先智导航

非正式学习（Informal Learning）是由美国教育学家马尔科姆·诺尔斯（Malcolm Knowles）提出的，它指的是在非固定时间和非特定场所发生的自发性和自我组织的学习行为。与强调规范化的正式学习相比，非正式学习更加注重儿童的个性化发展，更能激发他们的创造性。联合国教科文组织（UNESCO）于 1979 年对"非正式学习"一词的概念又进行了进一步的限定，指出非正式学习空间"是个体从日常生活经验或环境影响中获得知识、技能、态度和价值观的活动"。国内外学者对非正式学习都有着一定的研究。邵兴江、张佳在《中小学非正式学习空间建设：前策划、中设计与持续改进》一文中认为非正式学习空间已经成为了中小学教学改革的重要方面，学生的学习除了在教室的课堂里，也发生在教室之外。韩燕清在《基于非正式学习空间建构的学校生活变革》一文中认为非正式空间打破了学校教育的边界。通过充分利用碎片化时间，可以协调拉长完成学习任务的时间。

2021 年 10 月 23 日，十三届全国人大常委会第三十一次会议 23 日表决通过了《家庭教育促进法》。此法案总则第六条明确提出：各级人民政府指导家庭教育工作，建立健全家庭学校社会协同育人机制。这为进一步推动学校、家庭、社区三位一体教育活动提供了法理依据，从法律层面保障了校家社三位一体育人格局的构建。在《家庭教育促进法》其他细则中，更是详细明确了学校、家庭、社区在教育中的各项责任和义务，为全社会投入教育整合提供了行动方向。校家社协同育人一直是学者们共同关注的焦点，我国众多学者在校家社协同育人上给予我们可以借鉴的研究成果。傅华强在《家校社协同育人是一种教育自觉》一文中提出，校家社协同育人体现了教育的整体性原理，不同的层面在学生的成长过程中起到不同的作用，而同时又共同作用于学生的发展。白权玉在《家校协同育人的责任边界与职责定位研究》一文中，提出了"5H"背景的基础，即"互信、互学、互助、互补、互赢"。借助优秀案例、组织讨论、协商会议创新校家社协同育人的思路。以提升学生的综合素养为目标，扭转学校、家庭、社会的唯分数论的片面性。朱媞飞在《家校社协同育人的实践探索》一文中提出了不少关于校家社合作育人的优秀案例。如根据不同学生年龄段的特点，举行相应主题的家长学校；科学地制定家长委员会的选举流程，制定家委会管理办法；通过校园网站、抖音、快手、微信等平台，将家长学校的建设延伸到家庭和社区；发挥家长社会联系面广、社会行业涉及点多的资源优势，多维度开辟建立校外实践活动基地。邀请家长参与学校课程、活动的评价，开设最美家长的评选等。贾传泳、林家慧在《基于 ESG 理念的家校社可持续发展新生态》一文中提出了校家社协作育人的评估工具。ESG 指的是环境（Environmental）、社会（Social）和治理（Governance），通过重新构建家庭、学校、社会的关系，形成了有利于学生成长的人才成长新机制，构建了校家社可持续发展的教育新样态。崔海艳、吴洪《"家校一体化"德育模式"三原则"》中提出的三个原则为"计划性"原则：要有计划、任务、针对性和可实施性；"合作性"原则：目标一致、合作规范、气氛要和谐；"实效性"原则：弄清实情、工作落到实处、从严要求。

教育活动的开展应将学校教育、家庭教育、社区教育三方资源整合起来并协调发展，确定以人为中心的教育观，构建并完善现代教育体系，促进孩子身心全面健康发展。《家庭教育促进法》的出台，也显示了国家对学校、家庭、社区三方协作教育的迫切期待。所以，我校以此为契机，加速开展教育协同，整合教育资源，进行"校家社"一体化非正式学习空间再造，打造三位一体全面育人，形成教育合力，提供多维育人途径，为家庭、为学校、为社区、更为国家培养合格的新时代建设人才。

对于非正式空间的研究和对于校家社一体化育人的研究，体现了新形势下的教育背景和方式，对新时代学生的培养都有十分重要的意义。

二、蓝图展望

在教育中，学校、家庭、社区不是互相孤立的教育孤岛，只有校家社合作建立起教育的联盟，构建校家社资源互通、共享的通道，才能更好地发挥教育合力。当然，教育的明天也必须走向主动学习、个性化学习、内在驱动的学习。要走向真正的"以学为中心"，就必须重新设计我们的学习空间。学习不仅发生在教室中，还会发生在图书馆、走廊、餐厅等教室之外的场所；学习不仅发生在校内，还可以发生在校外场所；学习不仅发生在物理空间，还可以发生在虚拟场景之中，必须打通时空的壁垒。

本文的主要研究目的是了解目前我校非正式学习空间建设与应用的现状，分析教师与学生对于非正式学习空间的认识,归纳现有校园非正式学习空间存在的问题,再造一个学校、家庭、社会三方育人目标一致、课程体系完整、功能融合互补的一体化的学习空间,健全家庭学校社会协同育人机制,让学生置身于真实社会生活情境中,培养学生处理复杂情境、解决真实问题的实践能力。

本研究基于理论与实践的双向建构,首先通过大量文献研究,在了解"非正式"学习空间的国内外研究现状,提出我校的"校家社"一体化三类非正式学习空间,专题教育空间、志愿服务空间、综评实践空间。确定非正式学习空间再造的目标;通过学习改进学习方式和非正式学习空间建设的相关理论实践文献,明确与核心素养下的学习方式相匹配的非正式学习空间的特征,确定非正式学习空间建设的路径与方法,并将非正式学习空间再造落实到学校发展计划中去,在学校进行实践检验并及时反馈调整,以促进高中生全面发展,核心素养落地生根。

通过查阅文献,充分参考国内外非正式学习空间建设相关经验;针对我校现有的三类非正式学习空间梳理,确定非正式学习空间——"校家社"一体化空间再造的课程建设方案;通过案例研究与调研,对"校家社"一体化非正式学习空间再造的实施进行成效研究,进一步改进、优化建成的非正式学习空间,形成闭环式的行动研究。

学生对我校已有的"专题教育空间、志愿服务空间、综评实践空间"三类非正式学习空间比较认可,但仍然有很大的上升空间。现对我校已有的三类非正式学习空间进行梳理与整合,发现问题与不足,以便于后续的学习空间再造。

表3-1　原有非正式学习空间

非正式学习空间	课程	活动	问题
专题教育空间	校家共育课程	"亲情之爱"系列活动:高一"我为父母削苹果"活动;高二"采访家中一位长辈"活动;高三"我家的特色菜谱"的活动。	家庭空间之间存在壁垒。活动开展于单个家庭,学生难以产生共鸣,未深入参与到其他家庭的活动中去。展示环节辐射面较小,家庭与家庭之间也没有互相借鉴和成长的机会。
志愿服务空间	劳动课程、社会实践课程	校内志愿者:校内捡垃圾、自行车排放、搬书、执勤等。校外志愿者:社区或公园打扫卫生、图书馆整理书籍、医院自主挂号指引等。	志愿者服务空间没有与学生的兴趣和职业发展挂钩。学生仅为了完成规定的40个学时的志愿者活动,学校提供的岗位选择较少,志愿者服务的内容较为简单枯燥与单一,没有机会接触更多职业岗位。
综评实践空间	社会实践课程	学军、学农、社会调研。	综评实践空间未形成合力。社会调研由学校统一布置,形式和内容相对单一,没有利用好学校实验室、社会资源和家长的相关资源。校家社没有真正形成合力来充实学生的综合学习空间。

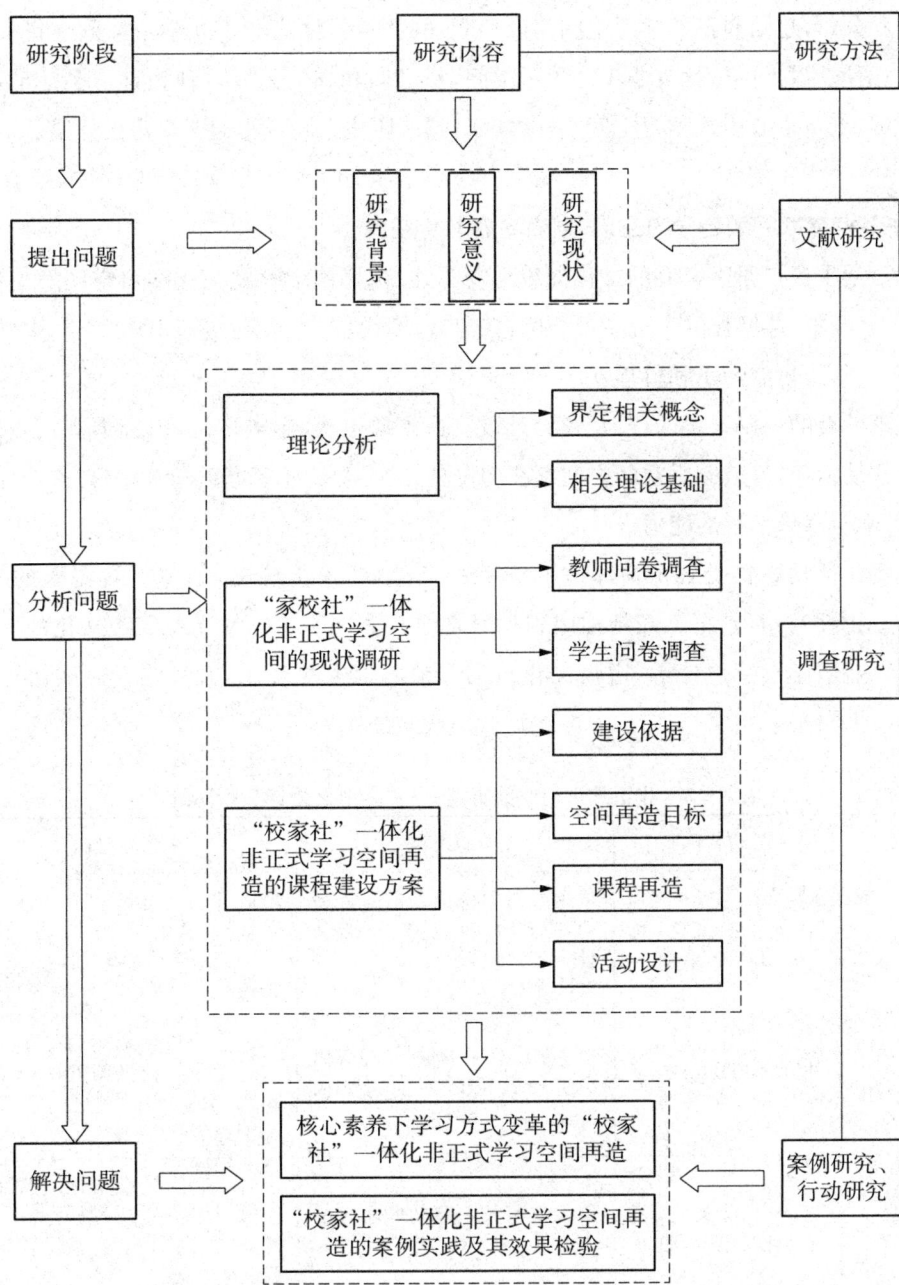

图3-1　非正式学习空间研究路径

　　家庭、学校、社区三位一体形成教育合力。学校是为了教育的目的而专门设计的环境。家庭是教育产生的第一环境，是孩子成长的天然学校，家长就是孩子的第一任老师。社区是一种特殊的教育场所，对孩子的成长也产生着重要影响。

　　学校根据已有"专题教育、志愿服务、综评实践"三类"非正式"学习空间作为基础，梳理多年来我校开展的课程与活动的积累，通过前期调研，对我校非正式学习空间使用现状进行调查和分析,总结非正式学习空间建设和管理的不足,探讨非正式学习空间建设和管理的有效途径。深挖再造我校非正式学习空间,从横向和纵向更深入地设计各类活动,形成系列课程,制定了非正式学习空间——"校家社"一体化空间再造的课程建设方案。

（一）打造家庭融合学习空间,创新专题教育空间

通过学生各自原生家庭的文化交流与资源共享,将单个家庭文化学习空间发生连接,提供共融、开放、情境化的家庭学习空间,在丰富、多元、立体的共融家庭学习空间中立德树人,实现优秀文化的传承和传播。

梳理已有的家校共育课程与活动,升级打造更深层次、影响广泛、内容丰富、形式多样的家校联动活动,打破家庭空间之间存在的壁垒,发掘和传递家庭正能量,提高家校合作实效,提升学生感受幸福的能力。

学生在活动中感受到了对家庭和劳动的热爱,弘扬传统美德,体会被需要的幸福。学生学会责任与担当,把工匠精神用到学习之中。学生了解中华优秀传统文化的历史渊源、精神内涵,学会感恩传承,增强文化自信。培养学生的合作意识,感受团队协作的重要性。

表3-2　非正式学习空间再造——"亲情之爱伴我行"课程

年级	活动名称	活动内容	学习目标
高一	"传播孝心文化,感受劳动之美"活动	学生开展力所能及的家务劳动,例如给父母削苹果、与父母一起做顿饭、打扫卫生、倒垃圾等。	增进父母与子女间的默契和了解,培养学生对家庭和劳动的热爱,感受劳动的幸福,弘扬传统美德。
高二	"传承优良家风,培育工匠精神"活动	学生采访家中一位长辈,或以小组形式采访某位同学的家长。	增进孩子与长辈间的交流,探寻家庭文化的积极因素,传承优良家风,学会责任与担当,把工匠精神用到学习之中。
高三	"弘扬传统文化,坚定文化自信"活动	学生与家长一起共做家庭的传统菜。	了解家庭的餐桌文化,引导学生了解中华优秀传统文化的历史渊源、精神内涵,学会感恩传承,增强文化自信。
全校	"我与父母人文行走"活动	学生与家长一起进行人文行走。	了解祖国大好河山、增强亲子沟通、培养爱国情怀。
全校	"我与父母共读经典"	推荐优秀经典读物,学生与家长共读一本经典书籍。	互相交流分享,增进亲子沟通,探寻共同价值观。

（二）建立社会复合学习空间,丰富志愿服务空间

学校和赢帆平台合作,通过生涯测评系统和五力测评系统,充分了解我校学生当前职业心理发展水平后,帮助学生进一步了解自己,了解教育环境、休闲环境和工作环境,为学生提供适合他们自己的生涯指导,使他们最终做出符合社会需求及实际的生涯决策。学生根据生涯规划,选择适合自己的志愿者服务。

通过生涯规划让学生了解自己的兴趣和发展方向,挖掘和寻找具有不同功能定位和多种生涯体验方式的综合体验馆和社会实践基地,提供学生横向可组合、纵向也延伸的学习实践空间,提供真实情境化、体验式、开放共融的学习空间,从而实现"自主、合作、探究"的学习。在参与职业倾向测试和体验职业挑战性中,树立生涯发展目标。利用党建联盟提供个性化学习空间,通过党课学习、陪伴留守儿童、拥军优属、慰问孤老等社区志愿者服务活动,培养学生的社会责任感;利用社企场馆为学生提供情境化学习空间,结合生涯规划,在参与职业倾向测试和体验职业挑战性中,树立生涯发展目标;利用高校资源为学生提供拓展性学习空间,依托上海大学数学实践工作站、同济大学物理实践工作站,培养学生团队交往、自主发展和沟通合作等能力。

与此同时,学校还进一步梳理志愿者服务岗位,深挖资源,建立社会复合学习空间,满足学生多元化、多层次的需求。结合生涯规划,引导学生关注不同岗位经历对自身能力的锻炼,在实践中学习团队合作,学习面对困难与挫折,学习和同学之间的和谐相处;引导家长真正放手让孩子在社会大课堂中体验成长,更关注学生学业成绩以外的成长过程,注重学生的自主性,加强对学生服务意识、公益精神及社会责任感的培养,从而促进学生个性化发展与健康成长,培养学生良好的人际交往能力;引导社会各方面为孩子们了解社会提供更多的资源。这需要学校家长以及社会各界的共同努力。

表3-3 与我校签约社会实践基地

杨浦区长海路街道学生社区实践指导站	杨浦区殷行街道学生社区实践指导站
上海体育学院中国武术博物馆	上海共青森林公园
中国(上海)创业者公共实训基地	上海市杨浦区妇女儿童活动中心
上海大学数学实践工作站	同济大学物理实践工作站
长海医院	新华医院
复旦大学附属妇产科医院	未来科学家实验场
杨浦区图书馆	

学校开展志愿服务的流程

准备阶段:

在假期前,利用班会课时间,邀请有相关资源的家长来学校对相关的职业需要做简单的介绍,分发关于岗位要求的宣传手册。学校负责相关志愿者活动的宣传、报名和组织工作。

实施阶段：

学生通过报名去相关岗位进行志愿者服务，学校负责老师到各个实践点进行巡视，家长负责对志愿者们的工作进行一定的指导和要求。

总结阶段：

学生完成志愿者活动后，对这个志愿者服务进行反思和总结，主要包括志愿者服务期间的心得和体会、在体验了自己相对比较向往的职业之后所建立的信心和目标等。

（三）建设"校家社"综合学习空间，充实综评实践空间

深化资源，致力于提供真实的学习空间，开发配套课程与活动，设计学校、家庭、社会三方深度参与的项目。除了之前的学军、学农等常规综评实践空间，每年的学生社团招聘活动都少不了我们的家长，学校社团每年都有我们家长指导的社团；学校家长学校聘请优秀家长组成家长讲师团，线下线上组织学生、家长开展讲座、社会实践等活动；"好家长""好子女"评选活动深受学生喜爱，组织不同类型的成功家庭的父母与同类家庭的其他家长进行经验分享、互动交流，教师也可以普通家长的身份参与其中。通过活动指导家长在家庭教育中如何发现孩子的亮点、欣赏自己的孩子、帮助孩子建立自信，经常有家长和我们说，换个角度看孩子，觉得顺眼多了；杨浦关工委及殷行街道老干部的加入更是极大丰富了我校学生的非正式学习空间，"北斗心星""模拟法庭"是我们与老干部打造的两个经典项目。校家社综合学习空间形成学生、教师、家长、社会人士共同参与的一体化综合学习场，为学生"自主、合作、探究"的学习保驾护航。

第三节　多彩空间中的幸福成长

我校的非正式学习空间再造，打造了一个学校、家庭、社会共同参与多彩空间，让学生在多种体验中帮助学生充分了解和认识自己，也充分认识他人和社会，正确对待自己和别人的评价，挖掘自己的优点，增强自信，同时又要敢于正视自己的弱点，悦纳自己的缺点和不足，用发展的眼光看待自己，实现自我完善，学会和自己和谐相处；引导学生在活动中学会团队合作，和家人、同学和谐相处，培养学生良好的人际交往能力，从而学会和他人和谐相处；引导家长真正放手让孩子在社会大课堂中体验成长，加强对学生服务意识、公益精神及社会责任感的培养的同时，使学生学会如何面对困难与挫折，学会与社会和谐相处。

我们的多彩空间共分为三个空间建设：第一个空间是家庭融合学习的专题教育空间，在这个空间里通过学生各自原生家庭的文化交流与资源共享，将单个家庭文化学习空间发生连接，提供共融、开放、情境化的家庭学习空间，在丰富、多元、立体的共融家庭学习空间

中通过优秀文化传承和传播，了解中华优秀传统文化的历史渊源、精神内涵，弘扬传统美德，传承优良家风，建立良好的亲子关系，学会责任与担当，学会感恩传承，增强文化自信（见案例一、案例二）。

第二个空间是社会复合学习的志愿服务空间，通过生涯规划让学生了解自己的兴趣和发展方向，根据学生意向联系对应的社会实践基地，提供学生横向可组合、纵向也可延伸的学习实践空间，提供真实情境化、体验式、开放共融的学习空间，从而实现"自主、合作、探究"的学习，在活动中找到适合自己发展的职业方向，加强与社会的联系，学会与社会和谐相处（见案例三）。

第三个空间是"校家社"综合学习空间，深化资源，与家庭、社会深度合作，开发配套课程与活动，设计学校、家庭、社会三方深度参与的项目，形成学生、教师、家长、社会人士共同参与的一体化综合学习场，为学生"自主、合作、探究"的学习保驾护航（见案例四）。

非学习空间的再造，促进学生个性化发展与健康成长，在奉献和成功中提高主观幸福感，开发学生潜能，实现自我价值，促使其健康成长，从而达到立德树人，关注学生终身发展，提升学生生命质量，培养合格的社会主义接班人和建设者的目的。

三个非正式空间的再造，老师、学生、家长等参与其中，获得了更多的积极情感体验，让学生学会正确处理好与自己、与他人、与社会的关系，学会感恩，学会承担责任，树立正确的人生观和价值观，提高了高中生的主观幸福感，为学生向社会迈出坚实步伐做好准备。下面是我校的四个案例的详细情况。

案例一
上海市中原中学亲情之爱系列活动①

一、设计思想

生命是教育的根源。教育是唤起人的生命意识，挖掘人的生命潜能和提升人的生命质量的一种活动。家庭生活质量的高低直接关系到人的生命质量。进入高中之后家长和学生的沟通越来越难，家长和孩子之间相互理解的难度越来越大。我校学生家长经常反映孩子上了高中之后亲子关系越来越不融洽，很多时候难以与孩子沟通；而学生也时有反映家长不理解和尊重自己，和父母的关系比较紧张，他们向往接触却找不到桥梁，渴望表达却没有语言。特别是到了高三学生的学习压力大、作业多，家长又工作忙，一天之中学生与家长之间的交流机会非常少，能有空坐下来谈谈的时候大概也只有吃饭的时候了，所以家庭交流就变得更难能可贵。

家风是一种家庭文化的积淀，需要保护传承和建设，形成良好的家风，关键在于家

① 本案例由张小莉撰写。

115

庭成员的学识、修养、气度和作风。家长和学生之间互相尊重、谦让、理解、宽容,孩子在家中能感受到的是温馨、和睦的亲情。我们要做的就是搭建各种平台和渠道来加强亲子沟通,促成良好家风的形成。根据我校实际情况我们设计了寒假的"亲情之爱"系列活动:高一"我为父母削苹果"活动、高二"感恩父母,传承家风"采访家中长辈活动、高三"我家的特色菜谱"活动。通过我为父母削苹果等家务劳动、采访家中长辈、和父母一起准备年夜饭等活动,增进孩子和家长间的沟通和交流,让孩子体会到家长对孩子的付出,体会父母培育子女的艰辛过程,学会感恩;培养学生与父母良好的沟通能力,帮助学生学会如何与父母、长辈交流的方式方法,从而使亲子关系更为融洽;了解传统中蕴含的勤劳、善良、责任等美德;也让家长意识到良好的家风和家庭文化对孩子成长的重要性。

二、活动过程

高一"我为父母削苹果"活动

(一)活动时间

寒假及第二学期第三周,寒假学生在家为父母服务,其中有一项活动就是为父母削苹果,并拍摄照片、视频,与父母交流体会。开学第三周年级组展示。

(二)活动地点

三楼阶梯教室。

(三)参加人员

高一年级全体学生、高一年级各班家长委员会成员、班主任、德育处老师。

(四)过程

1. 削苹果比赛

主持人宣布规则:每班1名普通学生及其家长,以家庭为代表;分2组进行,每组学生与家长共10人。

第一组:高一(1)—(5)班。

第二组:高一(1)—(5)班。

评分要求:(1)速度;(2)皮的厚薄程度;(3)美观。

由学生会成员及学校相关领导进行打分评比。

穿插主持人采访。

请家长代表谈一谈第一次吃到子女为自己削好的苹果的感受。

请学生谈一谈自己第一次为父母削苹果的瞬间感悟,并说一说为什么家长比自己削得好、削得快。

2. 家长与子女的亲子互动活动

每组家长代表及学生进行该项活动。

活动内容：默契度配合。

活动形式：背靠背、举题板。

规则：学生和家长分别写下问题的答案（问题见主持人稿），看看彼此是否一致。

第一组题目：

请写出父亲（母亲）及自己确切的生日。请写出自己及子女确切的生日。

请写出父亲（母亲）及自己最喜欢吃的东西。请写出自己及子女最喜欢吃的东西。

请写出父亲（母亲）及自己最喜爱收看的电视节目。请写出自己及子女最喜欢收看的电视节目。

第二组题目：

请写出父亲（母亲）及自己目前最担忧的事情。请写出自己及子女目前最担忧的事情。

请写出父亲（母亲）及自己最要好的朋友名字。请写出自己及子女最要好的朋友名字。

请写出父亲（母亲）及自己最大的心愿。请写出自己及子女最大的心愿。

穿插主持人采访。

你的爸爸（妈妈）写出你的生日了吗？那你为什么没有写出你父（母）的生日呢？你是不是平常总和爸爸妈妈交流学校里发生的事和你的好朋友？

请家长代表发表一下对子女的希望和要求。

（五）宣布结果并颁奖

（六）心理教师点评

高二"感恩父母，传承家风"采访家中长辈活动

（一）活动时间

寒假及第二学期第三周，寒假采访家中长辈，探寻家庭文化的积极因素，并拍摄照片、视频。开学第三周年级组展示。

（二）活动地点

三楼阶梯教室。

（三）参加人员

高二年级全体学生、高一年级各班家长委员会成员、班主任、德育处老师。

（四）过程

1. 各班"采访家中的一位长辈"作品展示，并请其中一名学生代表谈谈感受。

2. 家长家庭教育交流：请家长代表述说自身人生历程，感悟生命或者家庭父母对自己的影响。

3. 家庭叠衣服竞赛。

活动内容:在叠衣服的过程中感受父母渗透在生活细节中的关爱。

活动形式:以家庭为单位叠衣服竞赛

规则:(1)以家庭为单位,两轮竞赛。(第一轮是学生竞赛,第二轮是家长竞赛);

　　　(2)每轮比赛时间以30秒钟为计;

　　　(3)优胜标准:衣服折叠整齐、对称;无褶皱;有四方的造型。

穿插主持人采访:

采访参与活动的学生:谈谈生活中的父母的形象。

采访参与活动的家长:谈谈生活中对子女的教育。

(五)宣布结果并颁奖

(六)心理教师点评

高三"我家的特色菜谱"活动

(一)活动时间

寒假及第二学期第三周,寒假和家长一起准备年夜饭,了解家庭的餐桌文化,引导学生了解中华优秀传统文化精神内涵,增强文化自信。并拍摄照片、视频。开学第三周年级组展示。

(二)活动地点

三楼阶梯教室。

(三)参加人员

高二年级全体学生、高一年级各班家长委员会成员、班主任、德育处老师。

(四)过程

1. 年级组长介绍本次活动的背景,大致流程(下面环节由主持人完成)。

2. 电脑屏幕展出高三年级被筛选出来的优秀作品。

3. 获奖作品讲解,由优秀作品中的演讲者进行演讲。

4. 全体学生和家长作为大众评审,进行投票。

投票统计——评选出"我家的特色菜谱"作品一等奖,其余演讲者为二等奖,其余优秀作品设计者为三等奖。

5. 游戏环节:每班请出参加活动的家长及其子女,让每位同学蒙住双眼品尝各班家长带来的蛋炒饭(进行编号)后,选择自己家长的作品,并说出理由,猜对则算获奖。同时选择一至两名家长进行随机采访(询问对活动的感受和平时与孩子沟通的例子等)。

(五)宣布结果并颁奖

(六)心理教师点评

三、成效与反思

生命教育的意义不在于说教和讲理，十六七岁的孩子，对道理都十分地清楚明白。他们爱自己的父母，可是一旦需要他们表达他们的爱，就会常常犹豫不决，觉得困难重重。这就需要老师和家长一起努力，给学生搭建一个平台，提供机会，让学生在深刻的体验活动中，在体会和感悟中真正理解和认同那些道理。生命教育的核心之一就是在于积极引导家庭或者是社会培养学生健康的人格、与人和睦相处的技能和积极的生活态度，形成生命教育的合力。

我们的三个活动都取得一定的成效。请看我们活动结束后高一年级部分学生和家长的感言：

学生感言一（高一罗××）

第一次削苹果给爸爸吃，内心挺紧张。我在厨房里，左手握着苹果，右手拿着水果刀，小心翼翼地削着，真难削啊，好几次差点削破了手，不过我没有就此退缩，耗时12分钟，终于削好了，准备出厨房，转念一想，这么大的苹果，不如削成块，于是返回厨房。过一会儿，我向爸爸走去，神秘地伸出手，对她说："看！给您削的爱心苹果。"他那么高兴，手心捧着那碗苹果。"谢谢你，宝贝女儿。"他眼神里藏不住的感动和满足。这一刻，和风轻吹窗棂的风铃声，明明匀速转动的时钟却凝固了这一片时间，我对爸爸说："以后，我天天削苹果给你吃。"这是诺言，也是愿望。

为了这次给父亲削一个完整的苹果，事先做过几次练习，可还是有些许担心和紧张。在过年时家长闲暇之余，作为孩子给家长削个苹果能促进与家长的亲密感，贴近彼此的关系，明白了削苹果这件小事当中包含着的浓浓爱意。与父亲一起分享自己削完的果实，聊着平时不常聊的话题，心中和脸上都充满着幸福的喜悦。

高一上学期，我们学了一篇课文叫《合欢树》，那时特别感动于作者和他母亲间的深厚感情，更感伤于文章最后"子欲养而亲不待"的结尾。父母和孩子之间的亲情就如开水，粗看平淡无味，却又隽永悠长。亲情，是人世间最美的情感。它不掺杂质，没有勾心斗角，没有利益交织，它真实、长久、不求回报。

学生感言二（高一马××）

有一种爱伟大而平凡，有一种爱只知道付出……这种爱就是父母的爱，是我们永远贴心的爱。这种爱是妈妈一个甜蜜的亲吻，这种爱是爸爸一双有力的大手，这种爱是妈妈温暖的臂弯，这种爱是爸爸宽厚的双肩。这种爱就是包裹着我们的亲情的爱。

由小见大，削苹果虽然简单，却也花费了我的心血。由此看来，父母每天的关怀远远不止这么一点点。这无微不至的关怀是存在我身边的感动，需要去珍惜，需要去回报。也许他们不求什么,但那是父爱母爱的伟大,是那吃苹果时,妈妈发自内心的笑容。常有人说亲情来自于血脉中那抹不去的联系,血浓于水说的便是这感情的深沉。而一个小小的为父母削的苹果便是这种体贴和包容的表现。父母每日的饭菜,约束想必也都是这体贴与包容的表现,所以父母对孩子才如此无私吧!

作为一种感情动物,人是应该为之感到骄傲和庆幸的。正因为有情有爱,我们的世界才会如此的美丽、精彩和灵动。我感谢我的父母,是他们给予了我这么多的宝贵人生经验。

因为爱,因为亲情——人世间最美的情感。

苹果虽小,却蕴含了我对母亲全部的爱,致给最爱我的母亲。妈妈,我爱你!

父母感言一(高一乔××妈妈)

晚饭后,我接过儿子削好的苹果,一股清流顿时涌上来在全身蔓延开来也温润了双眼。我不好意思让儿子看见我此时的模样,仔细地端详着手中的苹果。

时光荏苒,儿子儿时淘气的模样就在眼前,手里拿着苹果蹦来蹦去,一刻也停不下来,不同的是那时是我削的苹果给他。我吃着儿子削好的苹果,它承载着多少亲情和友情,从这一刻起孩子真的一下子长大了懂事了。

在时间的长河中,记录了许多美好难忘的时刻,我们虽然会随时间的流逝而老去,但记忆的回味会永伴而存,我们会心存感激,学会付出,感恩我们的社会、学校和老师。

父母感言二(高一华××妈妈)

一直以来,没让孩子做过很多家务,一方面是学业繁忙,希望有多点时间给孩子学习或休息;另一方面,总觉得孩子还小,有很多事情不放心让她自己去做。这次听说学校布置了作业,要孩子独立完成削苹果,不禁开始担忧:这刀眼无情的,孩子能行吗?

拿着洗净的苹果,耐心地做着示范,并细细叮嘱着要点,才把小刀交到了孩子手里,提心吊胆地看着孩子在苹果上划拉,或许是受家长情绪的影响,孩子也很紧张,刚开始不太顺利,动作不协调,可小家伙没泄气,反复试了很多次,终于磕磕绊绊地把皮削下来了,虽然苹果皮削得很厚,还经常断,可终究是自己独立完成了!

看着孩子开心的笑脸,感到欣慰的同时也不禁反思:孩子其实是有能力的,但被家长的不放心和大包大揽给压制了,现在或许看不出后果,可孩子终究会长大,会有自己的天空,到时不会飞的小鸟会有怎样的命运?人说"世上无小事",想要提高孩子的生活能力、工作能力以及品德修养以期更好地融入社会,或许就该从培养良好的生活习惯和自理能力开始!

高二的采访家中的一位长辈的活动不仅增强了学生和家长的沟通,更是一次重要的家风展示和学习的过程，家风是一种家庭文化的积淀，需要保护传承和建设。我们要做的就是搭建各种平台和渠道来促成学生家长对自己家风的形成、改良和传承。通过采访家长，让学生了解自己家或家族的家风，从生活的细节中感受家风，在沟通中促进自己家风的改良。我们的年级交流会不仅是增进孩子和家长间的沟通和交流，让孩子体会到家长对孩子的付出，学会感恩，更重要的是许多良好家风的学习交流。家长之间互相尊重、谦让、理解、宽容的，孩子感受到的是温馨、和睦的真诚亲情；家长习惯读书学习、善于思考，孩子品味到的是勤奋和不懈的精神追求；家长爱岗敬业、勤俭持家，孩子体验到的是认真踏实的作风；勤劳型家庭的孩子热爱劳动，和谐型家庭的孩子注重礼貌，民主型家庭的孩子懂得尊重。在采访和交流活动中，我们的学生和家长都有一定的收获，例如高二(4)班叶××同学在谈到活动收获时说：长辈对待工作一丝不苟的敬业精神深深影响着他对事对人的看法和做法，他希望自己也能像家中长辈那样做一个有责任感的人。高二(5)班的一位家长在交流时谈道：我们家对孩子的教育就是要自尊自强，给予孩子充分的信任和空间，要让孩子做自己喜欢做的事。这是这样的家庭氛围和家风才培养出孩子在学习上的独立思考能力和自学能力，成绩优秀也就不言而喻了。不同的家风都会在孩子的意识中打下深刻的烙印，对于他们的性格、品质和为人处世都很深的影响。

请看我们一个学生的采访感言：

在这次采访过程中，我无不认同、敬佩他的职业精神和想法。爸爸看上去只是罗列了一下工作上的小事，但从他的言辞中不难听出他对这份工作的热爱，以及对工作的责任，当然还有对我的教导。虽然平淡，但却富有哲理，他不仅仅是个敬业的好工人，也是一位好父亲。

责任与担当，说着简单做着困难。学校内努力学习，这是责任。家中协助父母完成家庭琐事，这是责任。在社会上诚实守信，这也是责任。常说"最大的敌人就是你自己"，可我有时能明辨是非但却不付诸行动，徘徊在"该"与"不该"之间。我想：倘若我尽责了，我才能不悔，也不会在将来受到自己的谴责了吧。

高三的"特色菜谱"活动通过了解家庭的特色菜，使学生能了解各自家庭的餐桌传统和礼仪，积极引导家长参与家庭生活指导，通过亲子关系沟通、青少年身心保健等方面的服务，帮助家长掌握家庭管理和人际沟通的知识与技能，提升家庭情趣，营造健康和谐的家庭氛围。

其次，根据学校、家庭与社会相结合的原则。在活动中，学生通过自己的劳动，获得了同伴的认同，也理解了家长的辛苦。所以，通过活动也告诉学生应当尊重、理解和关爱他人，能够妥善处理人际交往中的冲突和矛盾，建立良好的人际关系。

案例二

上海市中原中学书信系列活动[①]

一、设计思想

随着经济的迅速发展和社会的快速变迁，青少年的生存状态发生了巨大的变化，随之也面临多元文化价值观念冲突等一系列的挑战。网络时代的到来，人与人之间的交流虽然更加快速和直接，但却比较缺乏情感的交流。我校学生一方面存在人际关系疏离、自我认同不够的问题，例如亲子关系反而越来越疏离，很多家长反映与同在一个屋檐下的孩子不知道怎么沟通，也不知道如何表达自己的感情；例如对同伴缺乏了解、与同伴沟通渠道不畅通等；例如不知道怎样表达自己的情感。另一方面对写信的格式、信封的书写等基本知识也较为缺乏。

书信系列活动主要是为了帮助学生解决人际关系疏离、自我认同不够的问题，在解决主要问题的同时学生也学会了书信、信封正确的书写方式。通过与父母、同伴的书信互动，让学生与自己的长辈、同伴、自己进行人生价值观的碰撞与交流，通过学生的亲身体验、实践和感悟，引导学生了解生命成长的社会环境，分享、交流人际交往，辨析不同生命观的合理性，正确看待他人对自己的看法，开展和谐的人际互动，发展良好的道德情操和社会观念，承担应有的社会责任。高三通过第一学期给自己写一封书信，高考前拆看查验自己的目标达成的活动，积极思考自己存在的意义，了解生命的唯一性，从而理清自己的人生方向，为达成自我实现打下基础。特别是高一的与父母书信的活动，让亲子间的沟通逐渐顺畅，家庭更为和谐。

二、活动过程

（一）活动形式：

写信、寄信、分享。

（二）高一新生在军训时给父母写一封信，并交流、分享；父母收到孩子的信，在军训结束后给孩子写一封回信，开学后在班级分享、交流。

（三）高二学生学农时给班级的好朋友写一封信，好朋友收到信后写一封回信。在学农期间组织学生进行书信交流。

（四）高三学生在刚进入高三时给自己写一封信封好存放在班主任处，高考前自己拆看。

三、成效与反思

高一学生基本进入青春期，大部分的独生子女都较有个性。一方面很多孩子不太想与父母交流，甚至有些家庭亲子关系十分紧张，无论是家长还是孩子都不知道如何

---

① 本案例由张小莉撰写。

表达自己的感情;另一方面孩子在相处的过程中不太懂得照顾别人的感受。我们就利用军训契机让学生体会没有父母照顾时自己生活有多少不便，从而体会父母的辛苦，另外体验与同学朝夕相处的生活。在军训快结束时写信给父母，既表达自己的感激之情，也把自己与同学相处的感受写给父母。父母的回信一方面可以融洽亲子关系(因为中国家长都比较含蓄，有些话当面不太说)，有些家长在平时也采用这样的一种方式表达自己的感受，逐步拉近了和孩子心理的距离，家庭关系更为和谐，另一方面可以引领孩子人际交往的方向。例如高一的一位学生在写给妈妈的信中写道:妈妈，每天自己洗衣服、洗碗时真正体会到您的辛苦了。我在这里每日的训练又苦又累也很单调，但却十分充实。训练场上的操练，让我懂得了团队精诚合作、相互扶持的重要性，学到了面对困难毫不退缩、勇往直前的拼劲儿，明白了严于律己、服从命令的必要性。寝室里，原本比较陌生的同学们，在最短的时间内快速适应，纷纷磨平了自己的棱角，大家互相包容、默契十足。妈妈在回信中写道:军训回来后，你说了班主任老师对你们的无微不至的关怀，同学间的互帮互助互爱，这些都是你在今后的人生路上要学习的，不断完善自己，充实自己。这样才能做一个真诚、善良、能包容别人的人，做一个有益于社会的人……高二的学生给同伴的一封信，通过分享、交流，让学生在交流的过程中辨析不同生命观的合理性，正确看待他人对自己的看法，为和谐的人际互动奠定基础。下面是高二两位学生的书信:以前在学校里，我们俩座位离得很近但很少一起聊天，这次学农我们聊音乐、聊书、谈人生理想，我竟然发现我们志趣相投。记得第一次整理内务我的被套太大你主动过来帮我叠，你的乐于助人让我心里默默感动;记得喊口号时，你高亢嘹亮的声音让我连自己的声音都听不见时的那种震撼;还记得我们一起剥毛豆，你一声不吭地埋头苦干……还有许多许多让我感动、敬佩的事，时间关系不能一一写下……回信是这样的:看了你的信，我很感动，没想到我做的这些小事你都记在心里，很感谢这次学农，让我能结识你这个好朋友。和你聊天真的很开心，我们的共同爱好还真的很多，喜欢的偶像也一样;你知道吗? 看到你的第一眼觉得你好漂亮，又苗条，不像我一身的肉肉，哈哈，没想到你会想和我做朋友，不嫌我胖，你真善良，这让我自信心大增……这些话平时同学们好像说不出口，但通过书信的形式可以把自己的真实情感表达出来，这样同学之间就多了相互了解，以后的生活中更能相互欣赏，相互扶持，学会关怀，懂得如何去帮助别人，从而能承担应有的社会责任。这是任何说教代替不了的。高三的时候，学生给自己写一封信活动，可以帮助学生积极思考自己存在的意义，理清自己的人生方向，探索、制定适合自己的科学的职业生涯规划。

　　书信活动系列通过全体师生、家长共同参与、分享和成长，体现了生命教育的全人性和实践性特征。高一的书信活动采用的是学校、家庭相结合的原则，既发挥学校教育的积极引导作用，又积极利用家庭的教育资源;高二的书信活动采用的是自助和互助相结合的原则,既注重学生的自我教育,又形成了师生、生生之间的互助效应。高一、高二的书信活动,增强了学生自己与他人的沟通能力,学会正确看待他人对自己的评价。高三的书信活动,采用的是认知、体验和实践相结合的原则,增进学生积极的自我认同。在三年的书信活动中,学生已经具备写信的基本技能,同时通过不断思考和互动交流,在个人体会中修正自己对生命的认识,提升自己的生命质量。

案例三

上海市中原中学志愿者服务方案①

一、设计思想

高中生应该走出校园去社会上参加更多志愿者服务活动,引导学生关注不同岗位经历对自身能力的锻炼,在实践中学习团队合作,学习面对困难与挫折,学习和同学之间的和谐相处。同时也要引导家长真正放手让孩子在社会大课堂去体验成长。更关注学生学业成绩以外的成长过程,注重学生的自主性,加强服务意识和公益精神以及社会责任感的培养,从而促进学生个性化发展与健康成长。同时学生们在课外活动时间有了更多的接触,有利于培养学生之间的良好人际交往能力。

志愿者服务活动可以使同学们的假期生活变得更为丰富多彩,让同学们从"圣贤书"中抬起头来,看看窗外的世界,耳闻喧闹的生活之音,看看圣贤书外的人生百态。它既能锻炼人与人之间交往沟通的能力,同学们也可以从社会这个大平台中获取书本知识之外的更多财富,收获成功的体验。

我校利用寒暑假,开展组织了一系列社会实践活动。例如爱心暑托班、红房子医院志愿者、图书管理员、慈善募捐、社区迎新会志愿者、社区科技创新屋服务、阳光之家综合服务志愿者、红十字应急救护的志愿者活动等。

社会实践的意义绝不是做满 60 学时就万事大吉。如何引导学生关注不同岗位经历对自身能力的锻炼,在实践中学习团队合作,学习面对困难与挫折,如何引导家长真正放手让孩子在社会大课堂去体验成长,如何引导社会各方面为孩子们了解社会提供更多的资源,需要学校以及社会各界的共同努力。

常言道"赠人玫瑰,手留余香",正处于花样年华的高中生,不仅是一名埋首于书海中刻苦求学的学子,更是一名生活在社会中的公民,青少年也须将自己的精力、爱心奉献于他人,将心中对未来的憧憬渴望付诸实践,以一种蓬勃姿态面对生命中每一个时刻。他们将自己一份赤忱的关切之心、热炽之情投入于社会,温暖身边的人。

---

① 本案例由许静撰写。

二、活动过程

（一）前期工作

由学校团委老师联系服务地点，通过不断地打电话、跑街道、协商、写方案等争取学生们的志愿者服务岗位。通过努力现在与我校签约的单位有：五角场社区文化中心、五角场镇社会指导站、殷行社区社会指导站、森林公园、中国武术博物馆、复旦大学附属妇产医院等。提前与服务基地沟通，争取岗位，然后在博雅网上确认服务时间、地点、人数及其所给课时。而学生们首先要注册博雅网，之后由学生负责人自主管理，老师监督管理。

（二）活动流程

确认所有信息后，根据所给的实践和要求人数，对各班进行人数、地点、时间上的分配。例如：在暑期爱心暑托班的活动中，学校联系了3—4个地点，服务时间基本上贯穿假期始终，各个服务点每日活动人数5人左右，服务周期为5天。为确保分配合理，每位学生都能参与到社会实践活动中，我们以一个周期分为一批，一批一个班级，活动总人数为15—20人不等。按照日期，每个班依次轮流。

1. 召开学生会议，通知各项事宜及安排

组织各班团支部书记召开会议，让各班团支书负责各项志愿者活动的具体内容，将分配的人数、活动的时间地点以及课时，准确无误地传达。我们还要求各班团支部书记从当日服务点的志愿者中，选取一人为组长负责当日的志愿者服务活动的报道、人员管理。

2. 充分利用社交平台，方便师生、生生之间的交流与管理

我校还利用现今发达的互联网创设了一个社交群，群内成员为团支书以及各个服务活动的组长，方便解决一些突发状况以及回报当日志愿者服务活动情况。

3. 团支部书记组织好报名工作

各班团支部书记利用班会课等课余时间，向班级同学介绍志愿者活动服务内容，以及明确时间、地点等要求。然后让同学们自主报名，有个别时间冲突的同学，学校会后续联系地点，继续实践。确保每位同学都能得到活动的机会。团支书将参与各个志愿者服务活动的同学的联系方式填入表格。以表格的形式上交给学校，自己也备留一份，方便自己联系组长、同学。

4. 导入活动名单

由校团委学生会社会实践部的同学干部负责将所有的名单导入博雅网的后台中，并进行核对。确认无误后，在每次活动的前一天在群内进行提醒，以防出现同学忘带学籍卡、忘记时间地点等情况发生。

5. 确认公示

在同学志愿者活动服务完毕后,便需要基地场馆确认学生出勤及表彰情况,再由同学自己点击确认公示,核对自己的参与项目、服务课时,最后学校确认学生服务信息,平台公示七天即可。

(三)各类志愿者活动

1. 爱心暑托班

每年的爱心暑托班团区委都会招募一批高中生、大学生和青年志愿者参与,他们耐心、细心地照顾、服务孩子们在暑托班的学习生活,以知识能力为孩子们解疑答惑,以爱心付出赢得孩子们的真心喜爱,共同帮助小学生度过一个安全、充实而又有意义的暑期生活。

由团区委牵头"爱心暑托班"招募广大的高中生志愿者,为广大高中学生提供一个增强社会责任感,与孩子们共同成长的社会实践平台,让高中生志愿者们也能够度过一个意义非凡的假期,可以说是一举两得。通过学校统一报名参加,确保就近服务,降低安全风险。我校学生每年都积极报名参加,学生们连续一个星期每日准时到岗,配合班主任、任课教师开展相关课程活动的辅助管理工作;而且每人针对小学生特点,设计并执教至少一节课。我相信经过一个礼拜的志愿者服务,大大地培养了他们的奉献精神和团队合作精神,使他们有较强的亲和力和责任心、善于与少年儿童沟通。

2. 复旦大学附属妇产科医院志愿活动

我们要学会引导学生寻找最适合以及想要锻炼的岗位。例如以后有意愿想当医生护士的学生可以去医院的门诊导诊志愿者岗位上,学生们需要向形形色色的患者解释就诊检查流程,提供就诊陪护等。

在暑假期间团委联系了复旦大学附属妇产科医院,安排学生去参加这所医院的志愿者岗位,其中有门诊导诊、自助机指导、文案管理、术前安抚等。学生们需要整个星期分小组过去志愿服务,就有同学在感想中写道:"有些内向的同学经历志愿服务后,开始主动和大家交流并主动上前帮助别人;也有的同学本来喜欢独自做事,现在也开始融入集体,与大家一起面对难题……这5天让我们磨砺了意志,也更加了解医护人员和病患的不易。"

学生们在社会实践的过程中遇到各种问题、摩擦,然后争吵、解决问题,这整个过程才是真正拉近学生与学生之间的关系。

3. 小手拉大手,社区老年服务志愿者

随着中国社会老龄化程度的加剧,"空巢老人"越来越多。截至2017年年底,我国60岁以上的老年人口已经突破2.4亿,空巢老人比例很大,到2050年,我国临终无子女的老年人将达到7900万左右,独居和空巢老年人将占54%以上。"空巢老人"问题

已不仅是个人问题,而是全社会亟待解决的社会命题。为了进一步发扬"奉献、友爱、互助、进步"的志愿者精神,弘扬无私奉献、敬老助老的中华民族传统美德。

通过五角场镇社区提供渠道,我校学生定期的探访和多对一的服务,让老人们多一个陪伴的对象,多一个谈心的对象,多一个倾诉的对象。走访社区空巢老人,陪同老人谈心、下棋,提供精神慰藉、心理抚慰以及帮忙打扫清洁,了解老人所需。在文化活动中心开设老年课堂,根据老人们最需要学习的课程进行教授。例如手机、计算机、旅游英语等课程。参与社区举办各类迎春系列活动,如:联欢会、清洁家园、送温暖帮困等。体验社区迎春氛围,以及居委干部的默默付出。高中生志愿者不怕辛苦和居委干部把温暖送到独居老人家庭,让他们分享新春佳节的氛围。为了让小区里的独居老人也能张灯结彩喜迎春节,营造喜庆、欢乐、祥和的节日氛围。居委会组织寒假中的学生们上门为社区老干部、独居老人张贴春联、窗花和送"福"字,并和老人一起联欢。

作为年逾古稀的老人最需要社会对他们的关心。我们的学生们可以通过志愿服务活动,带给老人乐观积极的生活态度,让他们感受老有所养、老有所乐、老有所为的生活乐趣,让他们感受到国家与社会对他们的重视与温暖。同时让我们的学生们通过与老人的沟通深切体会"老吾老以及人之老"的哲理,培养青年志愿者的敬老美德。

4. 特别的爱给特别的你——阳光之家志愿者服务

他们是一个特殊的群体,他们的成长道路坎坷艰辛,他们和其他人一样需要他人关爱与追求自由的权利,比起任何人,他们更具有向生命挑战的精神。残障人士是社会上一个特殊的群体,他们虽然智力有限,但还是很需要人们的关心和爱护。通过对残障人士开展教育培训、娱乐活动、康复训练和简单劳动等,充分发掘残障人士的潜能,培养技能,逐步提高残障人士的生活自理能力和社会适应能力,可以帮助他们融入社会。

他们需要得到社会的关怀,他们需要在集体中逐渐学会自制、沟通、互助,甚至是让自己做好准备去接受一份简单的工作。毕竟,他们不可能永远留在"阳光之家"。我们应当尽自己的义务去关注他们,让他们感受到社会的关怀,让他们感受到自己被尊重、被培养、被寄予希望。

以五角场镇阳光之家的残障人士为服务对象,帮助他们逐步具备一些基本的生活能力、交际能力、动手能力等基本生活技能。每次去"阳光之家",他们都会热情地欢迎。同学们精心准备活动内容:教英语、做游戏、教画画等,为他们提供简单手工劳动、心理疏导、健康娱乐等志愿服务。他们每次能够吸收的知识很有限,但他们总是很配合地学习、积极地互动。

特别的爱给特别的你,在阳光之家这个充满爱的大家庭中,每一个孩子都在爱的滋润下健康成长。在关爱残障人士的过程中,可以奉献我们的爱心,也可以培养我们的耐心。让孩子们懂得感恩、自强不息、回报社区。

5. 科技改变生活

根据"十二五"科普规划，全市计划建成 100 家社区创新屋。社区科技创新屋是上海在"十二五"期间启动实施的一项科普惠民、利民工程，面向 6 周岁以上各年龄段居民，根据各类人群的不同特点和需求，有针对性地组织开展不同层次的动手实践与创意活动。

社区创新屋一般建在所在街（镇）的社区文化活动中心，其活动场地面积不少于 100 平方米，配置有供居民开展创新实践活动的"动手做"工具设备，包括金工、木工加工设备等。

防盗窨井盖、助浴喷头、自动连续捕鼠器、课桌清扫机……来自创新屋的这些发明虽然草根，但创意十足，贴近生活等。而这些创意之所以能成为实物，很大一部分原因是社区创新屋配置有供居民开展创新实践活动的"动手做"工具设备和指导教师。每个社区创新屋都需配备指导教师及科普志愿者服务团队，并制定有严格的安全管理制度和活动计划。

科普创新屋积极打造社区科普与高中生实践相结合，以活动促发展，不断发挥"创新屋"的示范、带动作用和趣味性，为高中生参与动手实践和创意发明提供原动力，逐渐形成了科普的多样性和趣味性相结合的特点。

科技社以自身的技术和创新能力在学校社团之中脱颖而出，为学校各个部门和活动做好科技保障。社团进社区，加入科普志愿者服务团队，发挥学校社团的优势和能力，与社区科普创新屋有机结合，碰撞出智慧的火花。

6. 从身边做起，关爱"精神家园"——图书馆志愿者

有人说，图书馆就像一座知识的宝库，那里有无穷无尽的精神食粮。它似乎将整个宇宙都囊括在内，以一种平面的方式、立体的视角，向我们娓娓道来那来自整个宇宙的奥秘。我们每个人都会受到来自图书馆的养分的滋润，图书馆那种博大的襟怀也深深地感染着我们每一个人。图书馆无私地赐予了我们知识，我们为图书馆做了什么？我们的学生怀着一颗热情奉献的心，积极地投身到在墨香四溢的书架之间往来穿行的志愿者服务之中。

志愿者们与图书管理员进行沟通交流，明确志愿者们的工作。接着，负责人把志愿者们分成几队，分配到不同的工作岗位之中。明确了自己的任务后，志愿者们便开始积极地投入到工作中。按照图书管理员的安排，有的志愿者负责图书馆环境的保洁，扫地拖地，用抹布清理书架上的灰尘；有的志愿者在儿童阅览室里帮忙搬桌子、凳子，为即将到来看书的小朋友们做准备工作；有的志愿帮助图书馆书籍借阅等登记管理工作；有的志愿者在帮助图书管理员进行书籍的上架，以及核对确认书籍；还有的志

愿者制作保持图书馆清洁卫生和安静氛围的宣传板，做好有关图书馆学习和阅读的良好习惯的宣传。活动过程中尽量保持图书馆的安静，使得图书馆有一个安静的环境，不影响正在学习的人们。

图书馆的工作说着容易，做着难。平日里我们去图书馆借书，看着流程那么简单，想当然地认为这样的工作难度不值一提，但只有亲身经历，才知道一切事情都不如想象那么简单。图书馆整理图书的工作是一个系统，也是一门科学。图书馆的一切工作构成了一个系统，这个系统非常复杂，却又非常简便实用。它涉及到图书的防盗，图书的检索，图书的在馆情况，馆际互借，归还情况，图书的序列等。因此这是一个非常繁重的工作，需要大量的人力、物力和财力。为了让同学们有一个良好的学习环境，为同学们的学习提供更便捷的帮助，多少图书馆的工作人员为此而忙碌着。

图书馆志愿者活动让同学们不仅学到了图书管理的知识，而且向在图书馆学习和借书的人宣传在图书馆要爱护书籍、保护图书馆清洁卫生和保持图书馆安静氛围。对于他们自己的收获还有吃苦耐劳的精神、严谨的态度、认真细心的品质。在活动中学会分工合作，提高了同学们相互协作沟通的能力，进一步促进学生之间的友谊。

三、成效与反思

纵古人有言："两耳不闻窗外事，一心只读圣贤书。"但放置于今日，只可将其看作是学习要专心致志的励志名言，而非正确的处世之态。鲁迅先生曾说过："无穷的远方，无数的人们，都与我有关"。我们既存身于这个社会就需要关心身边事、国家事，若是一心闷头死读书，而不走出书本，看看书本之外的世界，那我们的眼界将会变得狭隘，到头来不过是纸上谈兵的无用书生罢了。

高中社会实践志愿者活动给同学们提供了一个平台，一个可以展现自我，体验生活的地方。同学们从付出到收获，在爱心暑托班当一名小老师，深切地体会到了作为教师的艰辛，从小朋友们的行为看到了作为学生的自己，也是一样的调皮捣蛋不听话。身份的改变，让学生们懂得了换位思考，在潜移默化中得到更好的成长。走在复旦大学附属妇产科医院的楼道内，看着形形色色的人来回奔波，有大着肚子的孕妇，也有抱着孩子的阿公阿婆，有的甚至已经生了二胎。看着这些初为父母的紧张兴奋之容，那跌跌撞撞的笨拙之举莫名地心中一暖，猜想父母当时是否也是如此。在这里，可以看着新生命孕育过程中的种种不易，我们更能体会父母的良苦用心与其养育之艰辛，对于父母、生命有了更深一层的理解和感知。高中生志愿者通过参与社区举办各类迎春系列活动，如：联欢会、清洁家园、送温暖帮困等。体验社区迎春氛围，以及居委干部的默默付出。在节日中为社区老干部、独居老人张贴春联、窗花和送"福"字，为老人们表演着精心准备的节目，欢声笑语其乐融融。不知这些空巢、孤寡老人心中的孤寂是否消去了一些。生命的恩赐往往是异常奇妙的，面对特殊的群体，才懂得健康对于我们每一个人都是上天最大的恩赐。要有一颗"感恩"之心，对世间所有人和事物给予自己的帮助表示感激，铭记在心；"感恩"之心是我们每个人生活中不可或缺的阳光雨露，一刻也不能少。在感恩的同时以微薄之力报答父母、师长、朋友以及社会。当我们坐在电视机前收看丰富多彩的节目时；我们手按鼠标在计算机的世界里畅游时；当我们沉浸在与同学在电话里快乐地聊天时……是科技给我们的生活带来那么多的变化，科技改变生活。科技不是高高在上，我们每个人都要学习科学，传播文明，在享受新生活的同时，更要创造新生活。同学们在墨香四溢的书架之间往来穿行，懂得了要爱惜书籍，同时能够更加感同身受地体会到图书管理工作的艰辛。从身边做起，关爱我们的"精神家园"。

我们的学生在社会实践活动中，充当一名志愿者，把关怀带给社会的同时，也传递了爱心，传播了文明，这种"爱心"和"文明"从一个人身上传到另一个人身上，最终会汇聚成一股强大的社会暖流。加强了人与人之间的交往和关怀，减低彼此之间的疏远感，促进社会和谐。学生们利用闲余时间，参与一些有意义的工作和活动，既可扩大自己的生活圈子，更可亲身体验社会的人和事，加深对社会的认识，这对自身的成就和提高是十分有益的。在参与志愿工作的过程中，除了可以帮助人以外，更可培养自己的组织及领导能力，还能学习新知识、增强自信心及学会与人相处等。

案例四

模拟法庭①

一、设计思想

家校社一体化建设是指家庭、学校和社会三者之间形成紧密联系、相互支持、共同发展的一种教育模式，这种模式希望打造一种非正式学习空间，为学生深度学习奠基。家校社一体化的目标是全面培养学生的综合素质，同时模拟法庭又是法律实践性教学的重要方式，通过建立高中生模拟法庭的活动，旨在贯彻落实习近平法治思想，提升学生的法律意识、语言表达能力和团队合作精神，培养学生的批判性思维和解决问题的能力。

二、活动过程

（一）活动目标

1. 通过校家社一体化建设，增强学生的法律意识和法治观。通过模拟法庭活动，学生们可以了解到法律的重要性和作用，学习法律的基本原则和规则，以及法律对于维护社会秩序和公正的重要性。通过学校、家庭和社会共同引导学生树立正确的价值

---

① 本案例由罗天星撰写。

观,培养学生的社会责任感和公民意识。呵护学生的成长,使每个学生都能够充分发展自己的优势,实现自身的价值。

2. 提升学生的语言表达能力和演讲技巧,培养他们的自信心和公众表达能力。模拟法庭活动是一个很好的辩论平台,学生们可以扮演不同的角色,包括法官、辩护律师、当事人等,通过辩论和论证展示自己的观点和论据。与此同时,学生们将锻炼自己的辩论技巧、逻辑思维能力和口头表达能力。模拟法庭活动可以帮助学生们克服公众演讲的紧张和不安,通过在法庭上的表演和辩论,学生们可以提高自己的自信心和自我表达能力。

3. 培养学生的团队合作意识和组织能力。模拟法庭活动需要学生们在一个团队中进行合作和协调,每个人都扮演不同的角色,共同努力完成一个案件的模拟审判。在这个过程中,学生们将学会与他人合作、沟通和协作,培养团队合作精神和解决问题的能力。

4. 培养学生的批判性思维和解决问题的能力。在模拟法庭活动中,学生们需要分析和评估各种证据、法律条文和法庭判决,从而培养他们的批判性思维能力。他们需要学会思考问题的多个角度,并提出有力的论据和观点,做出合理的判断和决策。

(二) 参与人数

活动将由学校教师、家长、杨浦区司法局殷行司法所和上海百合花法律服务中心的志愿者老师共同组成的工作团队来组织和实施。高二每个班级自愿报名学生参与模拟法庭的角色扮演,共计 24 人,通过多次选拔、角色分配选出 7 位同学上台演出。全校其他学生将作为观众参与活动。

(三) 活动准备

1. 确定活动主题和案例:选择一个具有教育意义的案例,涉及学生的日常生活和学习问题。为引发学生的思考和讨论,2023 年模拟法庭确定了两个主题,分别为未成年人合同效力纠纷和赡养费纠纷。

2. 编写剧本和角色扮演指南:根据活动主题和案例,编写剧本和分配法官、律师、原告和被告等不同角色,明确每个角色的身份、任务和对话内容。为学生提供案件资料,包括事实、证据和法律条文。确保案件资料具有充分的信息量,能够让学生理解案件的背景和细节,并能够进行辩论和辩驳。

3. 组织排练和培训:安排学生进行模拟法庭的排练,包括案情简介、开庭辩论、陈述辩护、总结等环节。鼓励学生充分准备和熟悉自己的角色,提供指导和建议,帮助他们改进表现。同时,组织学生学习相关的法律知识和程序,例如了解法庭的组成、审判程序和证据规则等。可以组织专家或老师进行讲解,或者提供相关的学习资源供学生自主学习。

4. 准备道具和场景布置：根据活动需要，准备相应的道具和场景布置，例如法官的法槌、法袍；诉讼代理人的服装、胸牌；法警服饰等以增强活动的真实感和参与度。

（四）过程设计

1. 开幕式：由学校领导和相关嘉宾主持，介绍活动背景和目的，激发学生的参与热情。

2. 辩论和审判：学生按照剧本和角色扮演指南的要求，分别扮演原告、被告、辩护律师、法官、人民陪审员等角色，进行辩论和争论。诉讼代理人通过陈述事实和法律依据，为自己的当事人辩护；法官负责主持庭审、提问和引导辩论。

3. 观众提问和评论：观众可以根据案件情节和辩论过程，提出问题和评论。这有助于学生更全面地理解和思考问题，同时也增加了活动的互动性和参与度。

4. 结案陈词和总结：每个小组在辩论结束后，进行结案陈词和总结。辩护律师和法官将分别总结辩论过程和判决理由，对案件进行评价和总结。

5. 提供反馈和评估：安排学生之间互相提供反馈和评估，讨论他们的表现和改进空间。可以组织小组讨论或个别会议，以便深入了解学生的发展和需求，并提供个性化的指导。

三、成效与反思

法治教育不仅是单纯的知识传授，更多的是培养青少年通过法律途径参与国家和社会生活的意识和能力，践行法治理念、参与法治实践。本次活动取得了学校、家长、学生的一致好评，杨浦区司法局殷行司法所张德元所长表示，将继续举办类似的中学生模拟法庭活动，通过法治教育，引导中学生树立正确的法律观念，弘扬社会正能量。上海百合花法律服务中心的退休老干部葛海英老师也表示，将继续致力于为中学生提供法律教育和服务，为他们的成长和发展提供支持。演员董婕说道："模拟法庭使我们对法庭的工作流程有所了解，能使我们通过情景互动更深入地认识法律学习法律，是一次很难得的体验。这次模拟法庭活动也将成为我记忆中无法抹去的一部分。感谢各位老师的指导和同学们的配合，也预祝下届参加模拟法庭的同学们可以展现出更精彩的舞台。"

在这两次模拟法庭开展过程中，还存在一些不足之处，比如学生缺乏一定的表演经验，一些突发情况的处理不够到位；法官应该考虑到当事人的文化素养，对双方的权利和义务加以强调等。我们后续开展类似活动可以围绕着更多发生在青少年群体中的真实案例展开，例如网络安全问题、未成年人权利享有和义务履行等问题，可以强化整体设计，增强非正式学习空间的育人功能。

家长和学校的支持是中学生法治教育的重要保障，而社会组织的协助和支持则提供了专业的法律服务和资源。中学生模拟法庭活动为我们展示了一个全新的育人模式，相信在家庭、学校和社会的共同努力下，我们能够培养更多具有法治意识和社会责任感的青年人，为社会的进步和发展做出更大的贡献。学生在活动中收获很多，请看两位学生参加活动后的感想。

董×：

在模拟法庭的历程中，我首次担任了被告代理律师的角色。由于先前仅通过法律相关的电视剧略知一二，我对于庭审的实质流程和规定知之甚少。当我首次接触到正式的庭审稿件时，我惊讶地发现其复杂性远超我的预期。然而，正是这次模拟法庭的经历，使我得以对法庭的工作流程有了初步的了解，并通过情景模拟的方式，深化了我对法律知识的认知和理解。通过模拟法庭的演练，我得以更加深入地体验法律学习的实际运用，这无疑是一次极为宝贵的经历。我将永远珍藏这次模拟法庭的记忆，因为它不仅是对我法律学习旅程的一次重要记录，更是对我团队协作和实践能力的一次锻炼。

纪×：

我深感荣幸能够连续两次参与学校举办的模拟法庭活动，无论是首次扮演的审判长还是随后饰演的原告方诉讼代理人，都让我对法律职业的艰辛与崇高有了更深刻的理解。法律，作为我们人类社会的基本行为规范，其重要性不言而喻。作为青少年的我们，更应该深刻理解并恪守法律准则，做到知法、懂法、守法。通过这两次模拟法庭活动，我不仅是扮演了法律角色的演员，更是一名在不断汲取法律知识、提升自我认知的高中生。

在第一次活动中，我深刻领悟到沉迷于网络游戏、挥霍无度的生活态度是违背社会责任和人生价值的。这使我明白了无论身处何种境遇，我们都不能玩物丧志，而应积极面对现实，追求有意义的人生。而在第二次活动中，我更加深刻地认识到家庭中每个成员所承担的义务和责任。这次经历使我反思了与父母的相处之道，以及如何在家庭生活中更好地履行自己的职责。

每一个案例都为我们提供了深刻的反思空间，促使我们成为更加成熟、有担当的人。我对这类活动充满热爱，并期待未来能够再次参与其中，为自我成长和法治意识的普及贡献一份力量。

第四节　深省故往中的新程前瞻[①]

非正式学习空间再造有效突破了学校教育资源的局限性，极大地拓展了学生的学习空

---

① 本节由厉善撰写。

间,提升了他们参与社会实践的能力。我校一直以来深入挖掘非正式学习空间,加强学校教育、家庭教育、社会教育的有机结合,发挥学校、家庭、社会各自的教育优势,充分利用社会资源形成教育合力,促进学校教育、家庭教育、社会教育的一体化。

一、深省故往

通过研究,学校明确了"非正式"学习空间的概念,再造一个学校、家庭、社会三方育人目标一致、课程体系完整、功能融合互补的一体化的学习空间,健全家庭学校社会协同育人机制,形成了非正式学习空间——"校家社"一体化空间再造的课程建设方案。

在研究过程中,通过调研了解学校"非正式"学习空间开展现状,结合国家政策文件、学生育人方式的改革、学生学习方式的转变以及学生自身的需要,我校深入开发再造了"校家社"一体化的非正式学习空间,形成系列课程,开展丰富多彩的活动,形成典型案例后,进行总结与反思,再改进。

通过不断的实践与总结,师生都认为在非正式学习空间中的学习可以提高学生综合素质,学生积极参与校园非正式学习活动,它作为辅助学科教学,是拓展视野的一种学习手段;是一种培养与人沟通、锻炼协作统筹能力的途径;是一种精神放松的方法。从学生角度来说,非正式学习空间更为自由、开放;非正式学习注重合作性、交互性;非正式学习的内容具有情境性。

在实施亲情之爱系列活动中,学生与自己的父母、长辈加强了互动和交流,通过此类活动提升亲子之间的关系,也确实起到了预期的效果,但是在展示环节中,仍有学生觉得产生的共鸣较弱,一方面是因为家庭文化的不同,另一方面是因为其他的同学深入参与。从家长的角度来看,在这些活动中确实让自己的孩子了解到自己的职业、生活的态度以及家庭的文化,但家庭与家庭之间需要思考如何互相借鉴和成长。

在高中阶段,每个学生都必须完成 40 个学时的志愿者活动。为了满足这个需求,学校也和街道各实践基地进行沟通,尽可能在高一、高二完成学时的需求,而且大部分的学生通过志愿者服务的岗位让自己找到学习的目标和未来职业发展的方向,但是由于完成学时的需要,有一些学生不得不去选择一些与自己职业发展无关的岗位,目前学校所联系的社会实践基地必须要有能够赋予学分的相关资质,因此对于学生来说可供选择的项目仍然不够全面。

学校利用学农的时间对附近的农场地区进行社会调研。主要由德育处牵头设计考察的内容和要求,利用学校实验室和家长的相关资源,在考察的过程中对学生进行充分培训,提高了学生的采访和调研能力,让他们在社会调研的过程中能有更多的收获。但是在完成调研报告的过程中,仍然有个别同学在小组中发挥的作用不明显。

在社会经济急速变化、科学技术快速迭代、教育自身快速发展背景下，必须对旧有的学校空间进行变革才能适应未来经济、社会对人才的需求，才能满足学生个性化发展的需要。真正再造学校非正式学习空间，充分发挥学校空间的育人价值，任务艰巨、挑战严峻，需要为之付出，为之倾注心血。本书对学校空间研究只是一个粗浅的开始，还有诸多的环节尚未深入。

学校非正式学习空间的再造不应仅局限于硬件上，还应注重与之相适应的课程体系创新、教学方式创新等软实力的增强。非正式学习空间的再造绝不仅仅是依靠高科技的硬件设施，真正依靠的是能满足学生个性化需求的教育。学习空间上更加开放和灵变，需要打破原有比较封闭的办学体系，提倡课程资源共享，教师资源共享；打破固有的空间的概念，实现灵活的构建和组合，满足多样化学习的需求。如何通过学校非正式空间再造，更好地促进学校办学品质的提升，以适应未来时代对学校的要求，还需要进一步挖掘。学校应通过课程、空间、学习方式等各方面要素的协同创新来转变教育模式，最大程度地满足对学生个性化培养的需求，这才是学校非正式学习空间再造成败的关键。

在校家社一体化非正式学习空间的建设过程中，学校还将做以下尝试：

(一)"圆桌派"式家庭采访

邀请个别家长和学生，以多对多的形式进行采访，采访的过程中在学生里挑选主持人，同时每个学生都预设好要采访的问题，对家长进行现场采访。

(二)我家的教育理念

通过家长讲座的方式，来谈一谈自己的教育方式和理念。从家长自己成长的过程来谈学习习惯的重要性；立足自己的职业来谈学生未来发展的方向；从自身的人际关系来谈文明礼仪的重要性等。

(三)志愿者服务与生涯规划

1. 识生涯，明确发展方向：在全员导师制的加持下，每位学生都可以有自己的"生涯导师"。在和导师交流的过程中，学生可以根据自己的特长、兴趣逐渐明确自己的目标和职业发展方向。

2. 创生涯，志愿者服务感受职业发展：学校在假期志愿者服务活动开展前，积极走访各社会实践点，落实实践点可以安排给本校学生的岗位，并明确人数、岗位的名称、岗位的职责和志愿者服务的内容，并让学生进行自由选择。尽可能安排适合学生的岗位。

3. 择生涯,家校合作共促学生生涯发展:与家长建立联系,将职业体验作为选修课程,让有需要的学生成为志愿者参加相关活动。一方面,学校通过学生前期的调研,了解学生需要的生涯发展方向;另一方面积极排摸家长中的相关资源,让学生能够走进高校、工厂、公司,去实际体验自己向往的职业生活。

三、学长归来

学校的校友也是学校的一分子,虽然他们有的已经步入社会,但是三年的高中生活让他们积累了对学校深厚的感情。在这个过程中,他们的家长在成长道路上也有很多的经验值得现在的学生去学习。借助学校的平台,邀请已经毕业的学生以及他们的家长来给在校的学生做讲座能让学生们更有亲切感,更容易共情。因此整个活动也是校家社合作的体现。

学长归来的讲座内容包括:学长近况的概述,学长的学习和职业历程,高中阶段对生涯发展的准备,目前所在行业的职业需要和发展前景,家长的教育等。现场的学生可以根据自己的需要向学长进行提问。

四、社会考察

利用课余时间,学校组织学生进行社会实践考察。学校学科实验室负责老师进行引导,和学生共同探讨设立研究对象,建立研究清单以及要解决的问题。前期进行调查和研究,利用学过的计算机知识,数学上的统计学原理,对调查的对象进行充分调查等。在过程中通过采访和实地考察的方式收集信息,学校新闻与摄影等学科实验室开设相关课程对学生的谈话、采访等技巧进行培训。最终学生根据调研的结果结合学校学科实验室的调研目的,最终形成调研报告。针对调研报告的内容,邀请家长组织答辩团,对内容进行打分。

社会考察不仅能丰富学生的课余生活、拓宽眼界、增加社会知识,而且有利于锻炼同学们与社会各界人士的沟通能力、增强团队协作能力,同时和家长紧密合作,校家社三方助力。整个活动有利于提高同学们对事物的观察、思考、归纳和表述的能力。

五、学校、街道共建学习课堂

学校和长海路街道共同举办了"创学计划"之家长学校创业实践课堂,充分结合区高中课堂办学宗旨,专注青少年创业意识培育及实践,同时进一步夯实社区创新创业工作,积极打造长海路街道"家长学校"服务品牌及虹江创湾服务能级,落实长海路街道和中原中学家长学校社区创业学堂建设。

最后，本研究的过程和相关结论主要是基于我校空间实践探索展开的，如何将我校非正式学习空间建设与再造在更大范围应用于其他中小学校，并在相关实践中进一步验证相关结论，以完善和优化学校空间再造理论，值得进一步探讨。

第四章

构筑虚拟学习海洋，畅游个性体验乐园①

第一节 时代与学习者的呼唤

　　教育，因技术的加速发展正在经历一场前所未有的变革。我们不再仅仅依赖自己的经验和知识，而更多倾听学习者的需求和呼声。教育也不仅仅是知识的传递，更是心灵的沟通，是激发学习者潜能的艺术。当网络教育、远程教学、人工智能辅助教学等新兴模式层出不穷，我们是拿来主义？还是取其精华？抑或是融合创新？教育与技术的碰撞将使学习充满活力与无限可能。

一、时代变迁

　　伴随着科技的飞速进步，我们的社会已经迈入了崭新的时代。人工智能、大数据、云计算等先进技术不断改变着各行各业，人才的需求变得越来越多元化、专业化，快速而定向的学习能力和数字化素养，以及依据自身差异的个性化发展在这个时代乃至未来尤为重要。信息4.0时代不仅使未来社会焕发出创新和活力，也赋予了教育全新的使命。现今社会，知识的获取由于技术的发展变得相对轻而易举，而知识的整体建构方法和过程、人与人之间的合作能力、个体对生命的热爱及对自身发展的关注则变得越来越重要。因此，我们将更多的关注投向了如何促进学生的合作交流、探究与实践，思考如何更好地培养学生的兴趣或者助力学生将兴趣、生涯发展、积极向上的精神世界融为一体。至此，幸福成长成为了我们的新课题。2022年上海市教育委员会关于印发了《上海市教育数字化转型"十四五"规划》的通知，提出"到2025年，教育数字化赋能教育综合改革和高质量发展体系的机制构建形成，师生数字素养全面提升，技术与教育深度融合，教育模式更加灵活智能，人才培养

---

① 本章由徐亮撰写。

方式更加个性多元,教育评价更加全面科学"的目标,并指出打造"资源丰富、形式多样、公平普惠、时时可学"的智能泛在学习空间,要以数字化转型赋能课堂,助推教学模式创新,推进校园数字化建设与应用;加强对教与学辅助工具研发、教育数字资源开发;鼓励自主创新,不断丰富教育数字化转型产品和应用场景;引导开发适合中小学生在线教育、家校融通的多场景泛在学习,形成"时时可学、处处能学"的学习环境。面对课程改革的要求,我们开始思考:打造"资源丰富、形式多样、公平普惠、时处可学"的智能泛在学习空间,我们已有哪些基础? 正在做哪些努力? 还有哪些差距和需求? 我们还能做些什么?

二、先行探索

我校是杨浦区第一批信息技术示范校。建校以来,学校始终关注如何将信息技术结合教育教学,促进学生的发展。早期,在学校的大力支持下,很多老师自发探索出了在线教学模式和方法,为学生提供了丰富多彩的学习体验。例如:在一期课改后,各学科组的老师们就已形成了组内传承教学资源的优良传统,二期课改前后,年轻教师为纸质资料的电子化和媒体化呈现做出了很大的贡献。早在 2015 年,老师们就开始独立或组团研究制作一些教学视频。这些视频是教学中来不及完成的内容或者是非全部学生需要掌握的拓展性知识的补充,它们长短不一。有很多时长不超过 6 分钟的微视频,作为针对性讲解或者重要概念的讲解。有的老师利用小程序,开发出概念的识记和知识的简单应用的练习,起初用得比较多的是 QQ、微信群内的调研功能性小程序,之后是问卷星,也有"拿来主义",直接使用一些圈内口碑比较好,质量得到教育界专家认可的学习平台。有些老师参加了市、区,甚至是国家级的数字化教育资源制作类比赛取得佳绩,还有的老师组织学生自己动手制作微视频来呈现自己的研究过程、展示学习成果,一度激起了一大部分学生的学习兴趣,改变了学习方式,也为更多学生提供了多元才能的展示机会。近年,师生们积极利用网络平台,开展线上教学,在互相学习中,老师们对各种教学资源和平台的学习和运用能力在提升,个别已经开始探索教学数据的实时采集和分析,为个性化学习提供了依据。

虽然我们已进行了一定的探索和努力,取得了阶段性的成绩,但面对时代的飞速发展,学校提供的课程仍有时空局限性。我们希望学生能在无边的知识海洋中畅游,在多样化的课程中追求个性,这样才能感受到学习的快乐。

三、聆听心声

我们的学生总体活泼、乐观,有好奇心,渴望通过努力学习获得核心素养的发展,且相信教师并愿意通过努力改进学习方法。大多数同学对提升学业水平充满期待,一部分学生有艺体特长或较强的语言表达能力、动手能力,有强烈的个人才能展示欲。然而,学生整体的学业水平并不突出,学生和家长对各类升学途径和成才方式的理解比较狭隘,在选科、选课、选考过程中往往没有将自己的兴趣和能力结合起来。让我们来听听我校学生和家长的心声。

学生心声

我即将步入高中,但对开学选择等级科目考试感到非常困惑,不确定应该选择哪些科目。我担心选错科目会影响到未来的学习和职业发展。

我每次上课都会出现笔记来不及记,听老师讲的时候听懂的,但是觉得作业还是很难的,尤其是数理化,公式都会但是不会用,下课想问老师总是觉得时间很紧张,没讲几句话就上课了。

我对未来感到迷茫,没有明确的兴趣爱好和职业规划,我希望能够找到自己的兴趣所在,并了解如何进行生涯规划。

我对学校的实创课程感到好奇,但面对学校各种各样的实创课程介绍时不知道如何选择。希望学校能有一些培训和讲座,帮助我们了解实创课程的内容和优势。

我对填报志愿毫无头绪,更不了解不同大学和专业的特点。我希望能够得到一些指导,帮助我做出合适的选择。

我家长希望我能够选理科,总是希望我能够上本科,但我自己对文科更感兴趣,而且我对自己的成绩不是很有信心,我该怎么办?

我觉得我对未来毫无头绪,不知道怎么去规划。

……

父母心音

我家孩子学习还算努力,但是理科不太擅长。问他,总是说上课听懂的,但是回家作业有变化所以又不会做了。他只能在网上找答案,有些找不到答案就只能空着了,感觉学得很辛苦。

我一直不知道如何帮助孩子规划学习生涯,我只能从亲朋好友的经验中去了解,但是不太确定是否适合我们家孩子,网上推送的信息也感觉不太靠谱。我明白生涯规划对孩子未来的重要性,希望能够了解一些实用的方法和工具,以帮助孩子做出明智的决策。

我们担心孩子未来的就业问题,不知道如何帮助他们做好准备,希望能够了解如何帮助孩子制定一个合理的高中学习和未来生涯规划,但不知道从何入手。学校有没有相关课程,比如如何选择科目、学校和专业?

我希望了解如何培养孩子的自主学习能力和解决问题的能力，还希望了解如何与孩子进行有效的沟通，帮助他们规划学习生涯。

我对学校的实创课程和孩子的兴趣爱好不太了解，不知道如何帮助孩子选择适合自己的课程。我希望了解这些课程的内容和对孩子的未来发展有何帮助。

我的孩子对未来职业的选择感到迷茫，没有明确的兴趣和目标。我希望了解如何帮助孩子探索自己的兴趣和潜能，尤其是选科和填报志愿方面。我希望获得一些指导和建议，以确保孩子能够做出合适的选择。

……

其实近年来，学校已经在高一新生入学时设计了高考政策、选科、选课等讲座。然而，面对这些困惑和心声，我们深知需要做的工作还远远不够，高一入学前的集中培训内容重要，信息量太大，家长和学生一时难以消化，事后又无法复习回看。因此，我们开始考虑在原有的基础上，对已有资源做梳理和结构化统整，为学生打造一个线上线下优势互补、融合发展的学习空间。我们希望能依据本校学生的学习行为特征和认知规律，整合优秀市区级学习资源，开发适切的校本学习资源库，支持学生"自主、合作、探究"的个性化学习，对教学数据的实时采集和分析，为个性化学习提供了依据；教师可以根据学生的学习情况，制定有针对性的辅导方案，提高教学效果；在注重学生学业成绩的同时，能通过信息技术手段，借助数据对学生在校内的表现进行科学而精准的评价；搭建起生涯指导和咨询的平台，树立生涯目标，增强成才信心，发展核心素养，最终成为全面发展的人，更好地迎接这个充满希望与挑战的未来世界。

第二节　学校与教育者的构想

现在我们面临着一个紧迫的任务：构建一个能够满足学生个性化自主学习需求的平台。然而，这个平台的资源如何建设、平台如何搭建，是我们亟须思考的问题。教育的变革之航已经启程，前人已经为我们开辟了道路，新的蓝图逐步绘就，前进道路即便有风浪，我们也会不断调整方向，打下坚实的基础，在学习革命的浪潮中，向着更加开放、个性化和创新的方向前进。

一、追寻先智

为搭建一个"资源丰富、形式多样、公平普惠、时处可学"的智能泛在学习空间，我们寻访同行和前人的足迹，做了一些相关理论的学习。

首先,我们学习了建构主义学习理论和虚拟学习空间理论的相关概念和应用场景。建构主义学习理论认为:学习是学生自己建构知识的过程。学生不是简单被动地接受信息,而是主动地建构知识的意义,所学的知识会随认识程度的深入而不断地变革、深化,出现新的解释和假设。在问题的解决中,需要针对具体问题的情境对原有知识进行再加工和再创造。对知识的理解,需要个体基于自己的知识经验而建构,还需要取决于特定情境下的学习历程。因此可以借助网络资源,建立一个在线的学习平台作为校内学习空间的补充。经过学习我们知道,目前的虚拟学习空间包括网络社区、学习资源库等通过多媒体方式呈现的学习空间,所需的技术支持主要有:多媒体交互设备,包括无线网络、计算机或平板电脑、联网的 Pad 或手机、视频会议系统、投影、交互白板、投票等系统。虚拟学习空间的使用有利于建立远程学习,支持个性化学习。然而关于虚拟学习空间的研究多集中于课堂,而对课前的学习支持及课后学习困惑的解答的研究较少。国内教学资源库的学习也多以课后检测,在线课堂为主。

其次,在专家的引领下,我们接触到了近年来教育心理学领域兴起的一种新型学习理论——具身学习理论。该理论主张,学习不仅仅是一种符号加工过程,更是一种身体和实践的过程。在学习过程中,个体不仅仅是被动地接收和处理信息,而是通过身体动作和实践参与来构建知识和理解。具身学习理论在学校学习空间中的应用越来越广泛。随着科技的发展,虚拟现实、增强现实等新技术为具身学习提供了更多可能性,主要有以下应用情景:

1. 增强现实(AR)教学:增强现实技术将虚拟物体与现实世界相结合,让学生在现实环境中与虚拟物体互动。例如,在物理课上,学生可以通过增强现实技术观察分子结构、原子轨道等抽象概念;在生物课上,学生可以近距离观察动植物的微观结构。

2. 数字博物馆:学生可以通过数字博物馆在线参观各种实物藏品,了解历史文化、艺术、科学等领域的知识。数字博物馆还提供互动体验,如虚拟拼图、文物修复等,让学生在动手操作中学习。

3. 模拟实验:利用计算机软件或在线平台,学生可以在虚拟环境中进行实验操作,如化学实验、物理实验等。这种模拟实验既能降低实验成本和风险,又能让学生在重复尝试中加深对知识的理解。例如:希沃白板所提供的部分实验场景及理科教学工具。

4. 在线协作平台:学生可以通过在线协作平台,与同伴共同完成项目任务,实现跨地域的团队合作。这种平台有助于提高学生的沟通能力、协作精神和项目管理能力。

综上所述,技术支持下的具身学习为学生提供了更加丰富、多样的学习方式,让学生在身体和实践的过程中构建知识、发展能力。这些技术手段有助于激发学生的学习兴趣,培养创新精神和团队合作能力。这与国家课程标准的要求实现学生"自主、合作、探究"的学习目标是一致的。

技术支持下的具身学习给了我们很大的启示,我们开始思考在学校现有条件下建立一个具有校本特色的学习资源库。学校在建校初期被确立为区信息技术应用示范校,有一定的数字化教学的传统和基础。2021 年我校申报了"基于教学改革融合信息技术的新型教与学模式实验校"。在杨浦区"双新"示范经验指引下,学校通过前期市级课题《指向普通高中学生"成功体验"的三类学习环境建设的实践研究》,提供了支持成功体验的学习空间。追寻前人的脚步,学校需加大投入、加快数字化平台建设、整合和更新学习资源,以满足现代教育和学生需求。

二、绘制蓝图

2021 年,学校着手整体再造学习空间,开始绘制虚拟学习空间的建设蓝图。

我们先梳理了学校原有的课程体系:除了国家课程外,学校有以 7 个传统核心实验室为基础的实创特色课程和指向学生生涯发展的生涯课程,还有系列德育课程及包含了艺术节、运动会等校园特色活动的综合实践类课程。我们发现每个课程都各有特色,又相对独立,既有一批深深扎根学校实际的校本课程开发教师团队,也有外请专家教师和引进来的优质课程,当然我们也有不少走出去的精品课程。为了适应学生和家长的需求,我们打算将原有的课程重构、升级和迭代:将原有课程分为学科类、生涯发展类、综合实践类,在各大类中,利用数字化平台做线上资源的同步升级,并考虑对资源做动态规划,不断完善迭代。

我们依据虚拟学习空间的概念范畴,确定了我校虚拟学习空间的概念:它指教师依据国家课程标准及学生特点,通过对市区优秀学习资源的校本化选用、国家课程及学校实创课程的校本学习资源的整合与开发,借助学校网络平台,搭建包含"生涯"和"学科"两大模块的"原创"学生个性化学习平台,作为原有课程的补充、完善、衍生。"原创"不仅指平台的搭建和资源的建设在内容形式上具有开拓性,同时体现了学校特色,即它隶属于"中原中学之创",更包含了学校的"实创"理念。

我们依据《教育部关于做好普通高中新课程新教材实施工作的指导意见》,落实《关于新时代推进普通高中育人方式改革的指导意见》,在建设"实创"学校的过程中,通过打造开放、共融、情境化的虚拟学习空间,支持学生的"自主、合作、探究"的学习,提供高质量、个性化的学习资源,激发学习动力,提升学业质量,培育学生核心素养,提升教师专业素养,推动学校教学课程与配套设备向高品质发展,这就是我们建设"原创"学生个性化学习平台的最终目的。为搭建"原创"学生个性化学习平台,落实"双新"背景下学习方式的变革,我们进一步试图阐述"自主、合作、探究"的学习在平台建设实施中的内涵。

自主,强调激发学生对学习的兴趣、个性化需求与责任,是把学习与生活、生命、成长、发展有机联系起来的自我学习。体现在主动地获取相关学习资源,并有效习得;正确地选

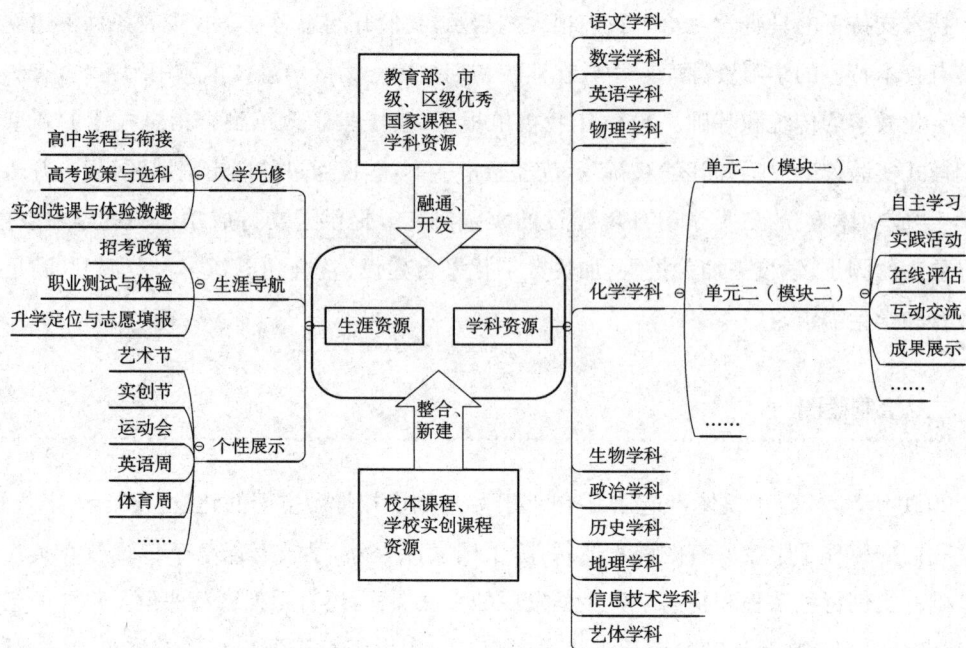

图 4-1 "原创"学生个性化学习平台构想

择适切的学习内容,并及时调整学习行为高效习得;

合作,强调学习的在线交互与平台资源共享,其对象可以是曾经、现在、将来的同学、教师等。学生间的"合作"是通过平台展示自己的学习成果,给他人留下思考的素材,也从别人那里获取经验;师生间的"合作"可以是共同研究感兴趣的话题,由此激发学习内在动力,通过线上的交流和互动,拉长了合作的时间,拓宽了合作空间,扩展了合作的对象范围,以获得更多更丰富的情感满足。

探究,强调在合适的情境创设下,体验问题研究的过程。学习平台上的探究自主性将更强,在全自主的探究中及时得到反馈和评价。

三、筑基立柱

蓝图铺就后,我们从学科资源入手,率先进行尝试。我们到底要做哪些资源?每个学科如何将自己的资源系统化、结构化?各学科的资源如何被搜索到?资源的学习指南、平台的建设怎样达成?会有哪些难点?我们试想,通过网络平台,将所有资源做结构化处理,先形成以学科为分类系统的融合平台。各学科依据本学科新课程要求,学生学习现状及发展需求,将课堂的重点、难点、拓展、课堂上无法深入研究的探究性内容等做个性化处理,如:制作复习微视频、讲解微视频、提供市区级优秀的视频链接、编制自评小练习、留下互动交流探讨的空间……

我们以市、区级公开发布的优秀教学资源为平台建设参考，结合多年来优质校本教学资源积累，梳理各教研组及教师个人的教学素材，结合学校"实创"特色，以学科组为大模块，分别做学习资源的建设。然而在各学科资源框架的搭建过程中，我们意识到，不同学科必然导致学习资源的内容和结构存在巨大差异。考虑到校本学习资源的普适性和一致性，我们仍需将各学科资源框架融合成一个相对统一的模板，使之既能满足各学科的特殊需求，又能保证整体教学资源的一致性。

通过学科大组、学科小组、特色课程群组多次依据各学科核心素养进行研讨，逐步聚焦各学科组学习资源的具体来源、呈现方式、使用方法。2022 年和 2023 年，我们在学校的教学研讨会上分别做了两次各科学习资源建设方案的研讨，前者由各组自行编制学习资源框架，后者在前者的基础上求同存异，糅合成三类具有典型性的基本框架结构，它们分别从"课程与教材""单元与专题""目标与功能"三种不同的逻辑视角来建构资源框架，从而确定了我们的"原创"个性化学习平台的基本框架。

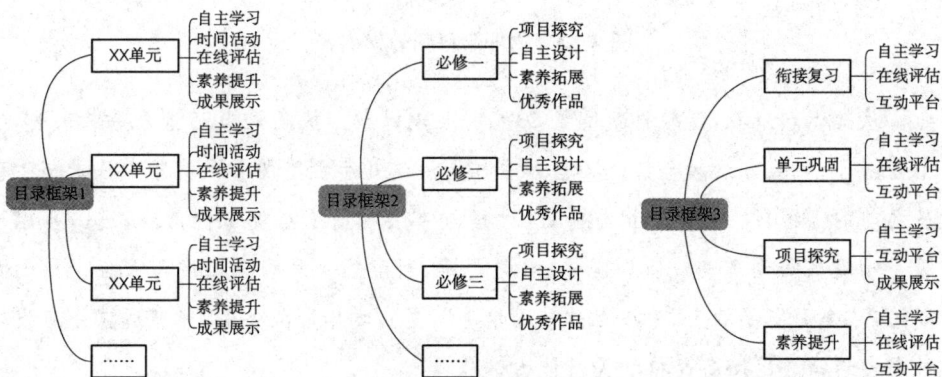

图 4 - 2　××学科"原创"个性化学习资源建设框架样例

四、典型案例

"课程与教材分类"典型案例一

物理学科"原创"个性化学习资源建设方案①

一、建设背景

（一）课程要求

2021 年秋季开学起，上海高一年级全面使用非统编沪版物理新教材。这套新教材是在 2020 年，上海根据《普通高中物理课程标准（2017 年版）》编写的《普通高中教科书　物理》一书，全套教材共 6 册，分为必修 3 册和选择性必修 3 册。必修 3 册一共

---

① 本案例由周娟撰写。

12个单元,选择性必修一共15个单元。新教材的体系发生明显变化:所有学生学完3册必修教材内容,即可参加学业水平的合格性考试;如果选择参加等级性考试(即高考选择了物理),则要再学完选择性必修3册教材。

必修第一册	必修第二册	必修第三册	选择性必修第一册	选择性必修第二册	选择性必修第三册
●第一章 运动的描述 质点 物理模型 位置的变化 位移 位置变化的快慢 速度 速度变化的快慢 加速度 ●第二章 匀变速直线运动 伽利略对自由落体运动的研究 自由落体运动的规律 匀变速直线运动的规律 ●第三章 相互作用与力的平衡 生活中常见的力 力的合成 力的分解 共点力的平衡 ●第四章 牛顿运动定律 牛顿第一定律 牛顿第二定律 力学单位制 牛顿第三定律 牛顿运动定律的应用	●第五章 曲线运动 曲线运动 抛体运动 圆周运动 向心力 向心加速度 圆周运动的应用 ●第六章 万有引力定律 行星的运动 万有引力定律 万有引力定律的应用 ●第七章 机械能守恒定律 功 功率 动能 动能定理 重力势能 机械能守恒定律 ●第八章 牛顿力学的局限性与相对论初步 牛顿力学的局限性 相对论初步 宇宙的起源与演化	●第九章 静电场 静电现象 电荷 电荷及作用力 库仑定律 电场力 电场强度 电势能 电势 带电粒子在电场中的运动 电容 电容器 静电的利用与防范 ●第十章 电路及其应用 简单电路,并联组合电路 电阻定律 测量金属丝的电阻率 多用电表 闭合电路欧姆定律、电源电动势及内阻 电源电动势和内阻的测量 电功、电功率及焦耳定律 家庭电路 ●第十一章 电磁场和电磁波初步 磁场现象 磁感线 电流的磁场 磁感应强度 磁通量 电磁感应现象 电磁场和电磁波 ●第十二章 能源与可持续发展 能源及其应用 能量的转化 能源与环境	●第一章 动量 相互作用中的守恒量 动量 物体动量变化的原因 动量定理 动量守恒定律 ●第二章 机械振动 机械振动 简谐运动 简谐运动的回复力和能量 单摆 受迫振动 共振 ●第三章 机械波 机械波的形成和传播 机械波的描述 机械波的反射和折射 机械波的干涉和衍射 多普勒效应 ●第四章 光 光的折射 全反射 光的干涉 光的衍射和偏振 激光	●第五章 磁场 安培力 洛伦兹力 带电粒子在匀强磁场中的圆周运动 ●第六章 电磁感应定律 楞次定律 法拉第电磁感应定律 ●第七章 电磁感应定律的应用 自感现象和涡流现象 交变电流 变压器 发电机和电动机 ●第八章 电磁振荡与电磁波 麦克斯韦电磁场理论 电磁波的产生与发射 电磁波的接收 电磁波的应用 ●第九章 传感器 传感器及其敏感元件 常见传感器的工作原理 传感器的应用	●第十章 分子动理论 分子的大小 分子的运动 分子间的相互作用 分子在运动速率分布的统计规律 ●第十一章 气体、液体和固体 气体的状态 气体的等温变化 气体的等容变化和等压变化 液体的基本性质 固体的基本性质 材料科学及其简介 ●第十二章 热力学定律 物体的内能 能量的转化与守恒 能量转化的方向性 ●第十三章 原子结构 电子的发现 原子的核式结构模型 玻尔的原子模型 ●第十四章 微观粒子的波粒二象性 光电效应 光子说 波粒二象性 原子结构的量子力学模型 ●第十五章 原子核 天然放射现象 原子核的衰变 原子核的组成 核反应及其应用 粒子物理简介

图4-3 物理学科新教材内容

从知识点来看,新教材新增了20＋重难知识点。从实验探究能力要求来看,实验个数增多、实验方法融合传统实验方法和上海这几年侧重的DIS实验方法。核心能力从之前的三维目标——知识与能力、过程与方法和情感态度与价值观,进一步融合升级为物理核心素养——物理观念、科学思维、科学探究和科学态度与责任。核心素养以培养"全面发展的人"为核心;"核心素养",是指学生应具备的,能够适应终身发展和社会发展需要的必备品格和关键能力。

根据新课标编写的新教材更加注重物理概念的形成,让学生认识科学的本质,具有探究的精神,能够从物理学角度解释自然现象和解决实际问题,注重培养学生分析问题,解决问题的能力,培养学生的科学思维,理解物理来源于生活,从物理走向社会。

新课标的核心任务是促进每个学生得到最大限度的发展,其根本途径是通过转变教学模式来转变学生的学习方式,为学生搭建一个自主、合作、探究、交往的学习平台。我校物理学科"市区校三级融通"资源建设正是基于此要求开展的实践探究。

(二)学情需求

结合当前高中物理新教材的构成,由必修课程、选择性必修课程组成,涉及内容更加宽泛,难度系数上升,我校学生在课堂上完成所有学习有非常大的难度。

另外在教学中,我们发现学生(针对我校学生)的基础知识掌握情况也存在较大的差异。一部分学生在初中阶段已经打下了扎实的基础,而另一部分学生则可能因为各种原因,如学习不得法、理解能力有限等,对基础知识的掌握不够牢固。这导致了高中物理学习中的分层现象，一部分同学对于课堂所教的内容存在"吃不饱"的现象，一部分同学恰恰相反，对于课堂新知识很难做到当堂掌握，但是课堂教学无法回放，教师在校答疑时间均有限。针对种种问题，无论学生还是教师都非常希望有一个更加宽松、自由的学习平台，所以通过整合教材和市区级各类教学资源，打造适合我校学生自主学习的虚拟空间，弥补课堂学习时间的不足，同时通过丰富多彩的学习模式，吸引学生目光，激发学生学习兴趣，也为学有余力的同学提供更丰富的资料进行学习，为学生提供学习时间和空间的便利，支持学生"自主、合作、探究"的个性化学习，改变学习方式，落实物理学科核心素养。

二、资源来源

国家平台：国家智慧教育公共服务平台、学科网

市级平台：上海微校、空中课堂

区级平台：区级创智课堂资源

校本资源：物理组单元教学设计、作业设计、物理创新实验室系列课程资源等

网络资源：各大网站网络视频

其他资源：教师或学生自制视频

三、目录编制

（一）学习资源整体框架

学习资源整体框架按照教材必修 3 册和选择性必修 3 册的单元目录分为"自主学习、在线评估、素养拓展、互动平台"四个板块，力图构建多类型、多层次的分类资源包，支持学生"自主、合作、探究"的个性化学习，落实物理学科核心素养。

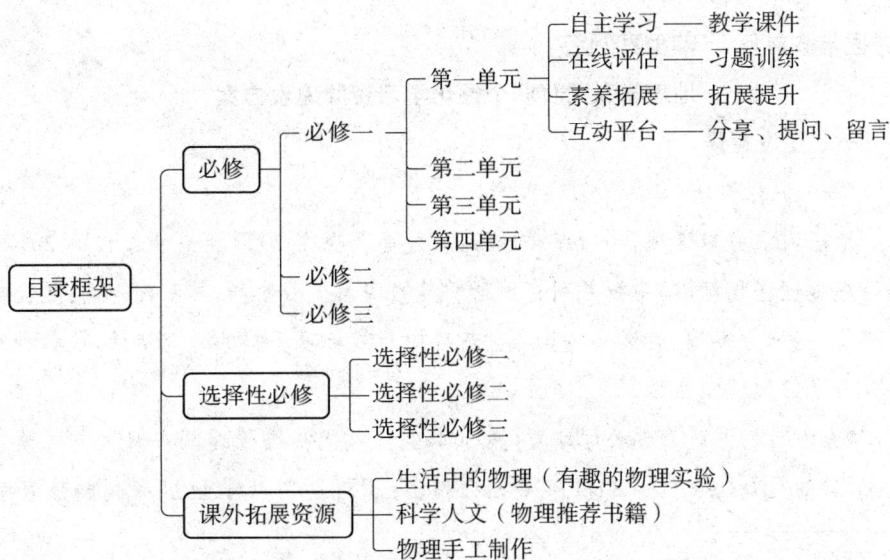

图 4-4 物理学科"原创"个性化学习资源建设框架

（二）各板块内容与功能定位

"自主学习"板块以知识为模块，"在线评估"板块以针对性练习为模块，注重学生通过观看视频、完成练习、反思解惑的自主学习过程；"素养拓展"板块侧重对本单元知识拓展提升和单元知识的综合，"互动平台"板块可以交流展示学生优秀成果，便于学生提问留言和老师在线答疑解惑。

表 4-1　物理学科"原创"个性化学习资源各板块概况

板块名称	主要内容	功能定位	使用建议
自主学习	空中课堂视频、课堂教学的PPT，作业讲评视频等。	学生根据空中课堂视频和课堂学习资源，对课堂上或作业中困惑进行自学，掌握单元中最基本的、最核心的内容和方法。	本内容既适合自学能力较强的学生提前预习，也适合学生查漏补缺、课后对知识的巩固加深。
在线评估	包括校本习题和区级物理教研资源中的习题，或者高三模考题。	学生根据学习资源，就课堂上或作业中的发展性问题进行自学，通过自测，培养更高水平的物理学科核心素养。	适合全部学生课余的拓展学习，尤其对于基础薄弱、对课堂新知识很难做到当堂掌握的学生。
素养拓展	必修与选择性必修在内的综合型、能力型问题的解决思路和框架。	学生通过相关资源，学习典型范例，尝试解决同类型问题，深化对物理学科学习的认识，在潜移默化之中进行立德树人的培养。	适合参加物理等级性考试的学生以及能较好掌握基本概念与方法的学生的拓展学习。
互动平台	成果展示，互动答疑等。	通过互动平台，教师或学生可以分享优秀的作业、学习反思、成果展示等，还有进行留言互动，在线提问和答疑等，增强学习趣味性、主动性和参与性。	适合全部学生或教师分享在学习过程中遇到的所有问题，展示优秀作业或者当下的学习心得等。

"课程与教材分类"典型案例二

地理学科"原创"个性化学习资源建设方案①

一、建设背景

（一）课程要求

地理实践力与区域认知、综合思维、人地协调观在2020年最新修订的2017版《普通高中地理课程标准》中被并列为地理学科的四大核心素养，其明确强调：要让学生在自然状态、社会实践、生活实践等各种情境中开展丰富多样的地理活动，从各种活动中提升自己的地理实践力。

《上海市人民政府办公厅印发〈关于本市新时代推进普通高中育人方式改革的实施意见〉的通知（沪府办〔2021〕4号）》[1]指出：不断创新教学组织形式和教育教学方

---

① 本案例由李芳撰写。

式,促进学生系统掌握各学科基础知识、基本技能、基本方法,促进学科核心素养的落实,提升学生自主学习能力、合作学习技能和探究学习意识,培养适应终身发展和社会发展需要的正确价值观念、必备品格和关键能力。依托上海大规模智慧学习平台,探索线上线下混合教学有效机制,建立线上线下优势互补、融合发展的课程教学新常态。

本资源建设依据学校"建设实创学校,培育实创素养"办学思路,依据《普通高中地理课程标准(2017年版2020年修订)》、沪教版高中地理教材,逐步建设并完善成个性化的学习资源库,与课堂教学互补交融,沪教版高中地理全套教材共5册,分为必修2册和选择性必修3册。必修2册共9个单元,选择性必修共14个单元。新教材体系发生了明显变化:所有学生学完2册必修教材内容,即可参加学业水平的合格性考试;如果选择参加等级性考试(即高考选择了地理),则要再学完选择性必修的3册教材。

表4-2 地理学科新教材主要内容

必修一 地理	必修二 地理	选择性必修一 自然地理基础	选择性必修二 区域发展	选择性必修三 资源、环境与国家安全
第1单元 行星地球 第2单元 大气环境 第3单元 水环境 第4单元 陆地环境	第1单元 人口 第2单元 城镇和乡村 第3单元 产业区位选择 第4单元 区域发展战略 第5单元 环境问题与可持续发展	第1单元 地球运动 第2单元 岩石圈与地表形态 第3单元 大气圈与天气、气候 第4单元 水圈与海—气相互作用 第5单元 自然环境特征	第1单元 区域发展差异 第2单元 区域发展过程 第3单元 区域协调合作	第1单元 自然资源与人类活动 第2单元 石油资源与能源安全 第3单元 耕地资源与粮食安全 第4单元 海洋空间资源与海洋安全 第5单元 自然保护区与生态安全 第6单元 环境治理与国际合作

从知识点来看,新增了土壤、地质构造、赤潮等新知识,而且也增加了地理实验、地理实践活动等,高中新一轮课程改革要求深化教学改革,以核心素养为导向,强化学科实践,推进综合学习。新课标的核心任务是促进每个学生得到最大限度的发展,其根本途径是通过转变教学模式来转变学生的学习方式,为学生搭建一个自主、合作、探究、交往的学习平台。因此要积极创造条件开展地理教学,让学生与"地"充分接触,根据新课标编写的新教材更加注重地理概念的形成,让学生认识科学的本质,具有探究的精神,能够从地理学角度解释自然现象和解决实际问题,注重培养学生分析问题,解决问题的能力,培养学生的科学思维,建立与问题相关的知识结构,由表及里、层次清晰地分析问题。

（二）学情需求

我校学生学习能力有一定的分层现象,一部分同学自学能力较强,学习比较自觉,课堂上地理知识的接受能力较强,对于所教的课堂内容可能存在"吃不饱"的情况,也有一部分同学恰恰相反,对于课堂新知识很难做到当堂掌握,核心知识学不好、学不明白就会影响后续内容的学习,但是课堂教学不是网课,不能无限回访,同时限于在校学习时间的紧张,有时候学生也很难找到多余时间去请教老师解疑答惑。

但我校学生仍具有一定好奇心,渴望与"地"充分接触,提高用地理学的方法解决实际问题的能力,且相信教师并愿意通过一定的方法改进学习,对提升地理学业水平充满期待。

另外基于当前学生心理,学生喜欢各种简短的知识梳理或答题框架来增加对知识的有效记忆,所以针对学生实际情况,亟须一个这样的平台,可以把教材核心知识用一些简图、思维图、习题检测等方式呈现给学生,让学生充分利用回家时间,自由灵活地选择学习,在较短时间内掌握每个章节的核心知识。这样同样可以激发学生学习兴趣,提升学生自学能力,也是一种核心素养能力的提升和培养。

二、资源来源及参考

国家平台:国家智慧教育公共服务平台、学科网

市级平台:上海微校、空中课堂

区级平台:区级地理教研资源

校本资源:地理组单元教学设计、作业设计、地理创新实验室系列课程资源等

三、目录编制

（一）学习资源整体框架

本学习资源整体框架按照教材必修2册和选择性必修3册的单元目录分为"自主学习、时间活动、在线评估、素养提升、成果展示"五个板块。其内容可以由学生自选,也可由教师选择性推荐布置给学生完成。

（二）各板块内容与功能定位

"自主学习、时间活动"板块以知识为模块,"在线评估"板块以针对性练习题为模块,注重学生通过观看视频、完成练习、反思解惑的自主过程;"素养提升"板块侧重根据相关问题进行综合整理,"成果展示"板块则侧重学生根据相关问题进行研究性学习、交流和展示的探究与合作的学习过程。

```
                              ┌─ 自主学习 ── 知识梳理
                              ├─ 时间活动 ── 教学课件
                   ┌─ 第1单元 ─┼─ 在线评估 ── 习题
                   │          ├─ 素养提升 ── 问题分析框架
         ┌─ 必修一 ─┤          └─ 成果展示 ── 优秀作业、实验室教具
         │         ├─ 第2单元
         │         ├─ 第3单元
目录框架 ─┤         └─ 第4单元
         ├─ 必修二
         ├─ 选择性必修一
         ├─ 选择性必修二
         └─ 选择性必修三
```

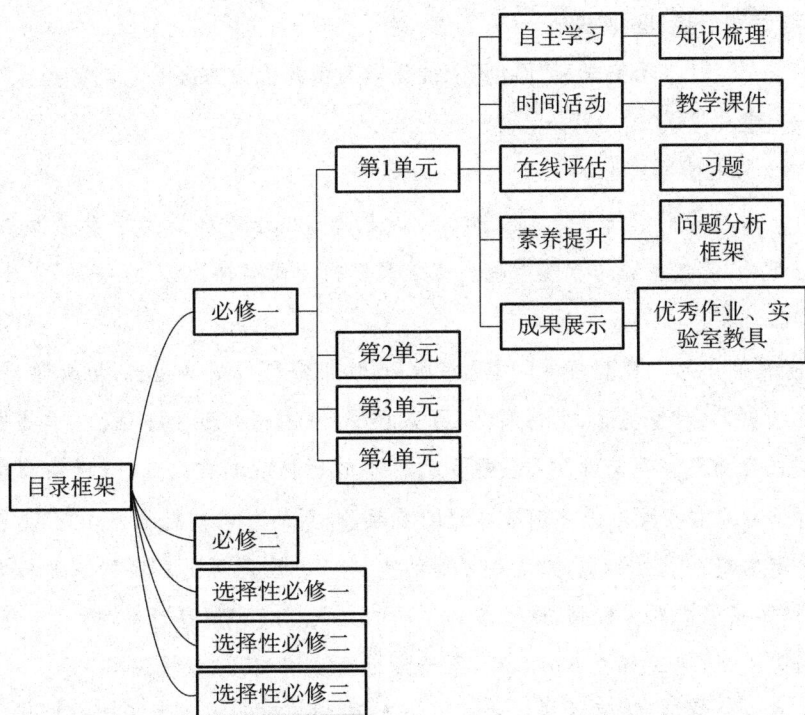

图 4-5　地理学科"原创"个性化学习资源整体框架

表 4-3　地理学科"原创"个性化学习资源各板块概况

板块名称	主要内容	功能定位	使用建议
自主学习	单元的知识的填空、填图。	对所学单元的知识进行归纳总结，使所学知识达到系统化、网络化的学习过程。	本内容既适合自学能力较强的学生提前预习，也适合课后对知识的巩固加深。
时间活动	主要为课堂教学的PPT。	学生根据课堂学习资源，对课堂上或作业中困惑进行自学，掌握单元中最基本的、最核心的内容和方法。	可作为同步进度的复习和巩固。
在线评估	包括校本习题和区级地理教研资源中的习题，题型为双新题型。	学生根据学习资源，就课堂上或作业中的发展性问题进行自学，通过自测，培养更高水平的地理学科核心素养。	适合全部学生课余的拓展学习，尤其对于基础薄弱，对课堂新知识很难做到当堂掌握的学生。
素养提升	必修与选择性必修在内的综合型、能力型问题的解决思路和框架。	学生通过相关资源，学习典型范例，尝试解决同类型问题，深化对地理学科学习的认识，在潜移默化之中进行立德树人的培养。	适合能较好掌握基本概念与方法的学生拓展学习用，更适合参加地理等级性考试的学生使用。
成果展示	包括教材中的探究与实践问题和地理创新实验室课程的研究型问题的解决方法。	通过对各种地理实践活动的参与、总结与反思，改善学生学习方法，增强学习的积极性和主动性，增强地理学习自信，提升地理核心素养，突出创新型人才的培养。	有志于展示地理才能，未来有志于学习地理相关专业的学生可有针对性指导。

"单元与专题分类"典型案例一

历史学科"原创"个性化学习资源建设方案①

一、建设背景

（一）课程要求

历史课程的根本任务是立德树人。历史课程以培养和提高学生的历史学科核心素养为目标,使学生成为既传承优良传统又弘扬时代精神的"五育并举"的社会主义建设者和接班人。

《普通高中历史课程标准(2017年版2020年修订)》明确指出:历史学科核心素养包括唯物史观、时空观念、史料实证、历史解释、家国情怀五个方面。"唯物史观"是揭示人类社会历史客观基础及发展规律的科学的历史观和方法论。"时空观念"是在特定的时间联系和空间联系中对事物进行观察、分析的意识和思维方式。"史料实证"是指对获取的史料进行辨析,并运用可信的史料努力重现历史真实的态度与方法。"历史解释"是指以史料为依据,通过多种不同的方式描述和解释过去,揭示其表象背后的深层因果关系,通过对历史的解释,不断接近历史真实。"家国情怀"是指学习和探究历史应具有价值关怀,要充满人文情怀并关注现实问题,以服务于国家强盛、民族自强和人类社会的进步为使命。②

当代的历史教学要着眼于如何利用现代信息技术改变学生的学习方式,如何促进学生历史学习的拓展和深入,如何为学生提供自主学习、合作学习和探究学习的开放空间,如何通过现代信息技术的整合更好地提升学生的历史学科核心素养。③我校历史学科"市区校三级融通"资源建设正是基于此要求开展的实践探究。

（二）学情需求

统编高中历史教科书由必修课程(《中外历史纲要》上下两册)、选择性必修课程(三册)组成,以通史为叙事框架,以专题形式呈现,涉及时间跨度大、空间范围广、众多师生均感觉要在课堂上完成所有学习有较大难度,更何况我校学生本就基础相对薄弱。

我校学生不是不喜欢历史,而是对课堂上的历史学习关注与重视程度还不够,学习积极性不高。这就非常需要教师进一步整合教材和各级各类教学资源,打造学习时间更自由、学习内容更开放更有吸引力的虚拟空间平台,调动学生在课前和课后开展基于网络空间的自主学习的积极性,以此带动学生参与课堂学习的热情,将虚拟空间

---

① 本案例由王春蕾撰写。

② 中华人民共和国教育部:《普通高中历史课程标准(2017年版2020年修订)》,北京:人民教育出版社,第4—6页。

③ 中华人民共和国教育部:《普通高中历史课程标准(2017年版2020年修订)》,北京:人民教育出版社,第54页。

与实际课堂有机联系起来，开展学习交流与实时互动评价，切实提升学生的历史学科核心素养。

二、资源来源

（一）国家平台

国家中小学智慧教育平台、央视网（如科教频道《探索与发现》《考古》栏目）、国家博物馆公众号。

（二）市级平台

上海微校、空中课堂、上海广播电视台人文综合频道（如《档案》栏目）、上海博物馆公众号、上海图书馆网络平台。

（三）区级平台

创智课堂资源、区级资源库。

（四）校级资源

校历史学科组自制资源、历届学生自制资源等。

三、目录编制

资源分类服务于学生的课下自主学习，在体现基础性的同时，力图构建多视角、多类型、多层次的分类资源包，调动学生历史学习的积极性、主动性和创造性，真正实现以学生学习活动为中心的"学生中心课堂"。

网络资源建设希望为学生实现学习时间的灵活性、学习内容的丰富性、学习评价的即时性提供支持，适应主动性、交互性、体验性、问题性、独立性的学习体验，从而实现学习的"自主、合作、探究"。

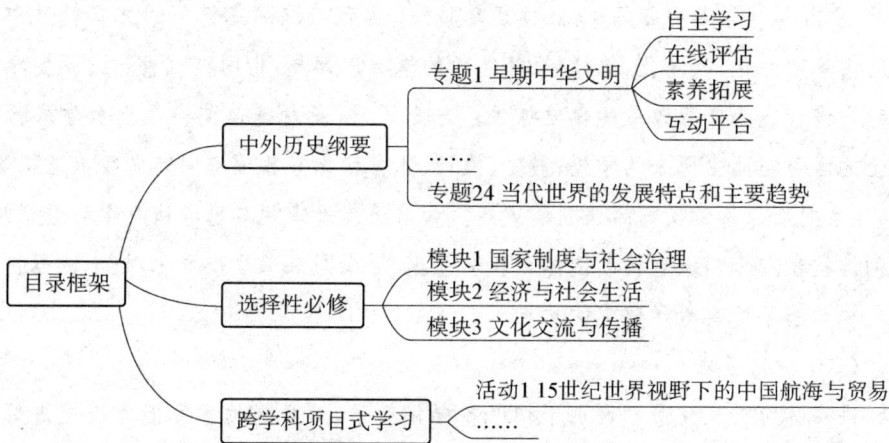

图 4-6　历史学科"原创"个性化学习资源建设框架

历史学科虚拟空间资源建设从学生兴趣与综合发展入手，以四个板块为支点形成自主学习与交流的有机整体。具体见下表：

表 4 - 4　历史学科"原创"个性化学习资源各板块概况

板块名称	主要内容	功能定位
自主学习	见"二、资源来源",如短视频、纪录片、空中课堂。	结合教材课后的《问题探究》栏目设置学习主题,多是由教材中某一个问题引领。
在线评估	综合分析题、开放式探究题以及学习所思所得。	基于历史学科核心素养考察内容设置。
素养拓展	见"二、资源来源",如短视频、纪录片、空中课堂。	基于教材中某一个探究主题的更为全面的多视角的深入学习。
互动平台	学生自制成果展示。 学生互动交流。 生生、师生答疑讨论。	以自主自愿为原则,学生可以在此自由表达学习的所思所想、寻求帮助、交流探究。

总之,历史学科网络学习资源的选取、整合始终围绕我校学生的成长发展需要进行调整,服务于学生课下自主学习与历史学科核心素养提升。

"单元与专题分类"典型案例二

体育与健康学科"原创"个性化学习资源建设方案[①]

一、建设背景

（一）课程要求

上教版《体育与健康》新教材于 2021 年 9 月在上海市高中学校全面实施。该教材有着高度结构化的设计理念,育人目标从双基到学科核心素养,学生的学从知识向素养转变,教师的教从教教材向用教材教转变。就高中阶段而言,旨在通过三年专项化教学,引导学生学习并掌握 1—3 项运动技能,然而"双新"背景下的体育教学中,仍然存在内容碎片化,随意化,重技能、轻能力的情况。因此,指向核心素养的深度学习,单元教学设计成为课程改革的重要抓手。与此同时,新冠疫情使得线上教学成为常态,学生的学习空间由原来的学校、教室、操场、体育场馆等物理空间转向线上虚拟学习空间,无疑对新课标的实施带来新的挑战。如何正确地审视与思考体育学科虚拟学习空间的建构,合理利用、重构改造体育教学资源,形成国家课程校本化,校本课程特色化,已经成为当下体育教学研究的热点。

（二）学情需求

高中体育专项化教学区别于初中多样化教学,对学生的学习能力提出更好要求。受三年疫情影响学生的体能和运动技能基础整体不理想,其中不乏有基础差,肢体不协调,学习能力慢,自信心不强,缺乏学习主动性的学生,加之高中生学业压力大,学生

---

① 本案例由陈妤撰写。

很少在课前或课后观看空中课堂或者其他网站的视频教学课，当然也有部分学生喜欢体育运动，想要通过三年高中学会学好一项运动技能，了解体育健康知识，新冠疫情后很多学生对身体健康意识加强，想要学习如何利用课余时间进行科学锻炼。因此，从本校学情出发，创建符合本校学生学习状况以及学习需求的资源库还是有一定帮助的。

二、资源来源

（一）市级空中课堂

上海市空中课堂视频课，内容涵盖体能、健康教育、大球足篮排、小球乒羽网、田径类、体操类、武术和民间传统体育类、游泳、冰雪类、新兴体育类和体育文化等十一个大单元，每学段每学期各有 15—17 个小单元，每个小单元 3 课时，个别 1—2 课时。

（二）国家教育平台

目前只有高一年级体能和篮球两个单元。

（三）其他教育平台

区级杨浦区教育学院高中体育教研公众号、各类视频网站，运动 APP 等成为学生虚拟学习空间的拓展，实现资源适用线上整合，但内容不以单元呈现。

三、目录编制

图 4-7 是体育与健康学科资源库的框架总体样貌，包括三大板块。

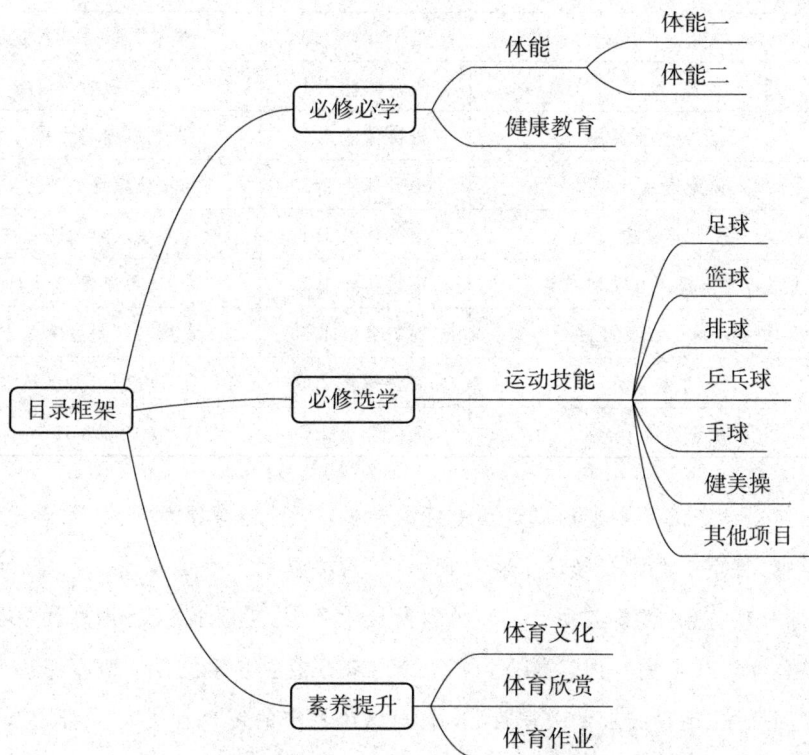

图 4-7 体育学科"原创"个性化学习资源建设框架

必修必学是对全体学生学习体育与健康课程的共同要求,包括体能和健康教育。体能板块引导学生结合运动负荷自检测方法了解自身体能状况,进行科学合理的个性化锻炼。其中塔巴塔训练、核心力量等主题颇受学生喜欢。健康教育板块弥补了体育教师理论知识储备的不足,借助空中视频课资源,把健康教育融入体育教育教学的各个环节中,引导学生正确建立健康观,形成健康行为和文明方式。健康饮食、运动安全、自我保护、个人体能发展计划等主题颇受学生喜欢。

表4-5 体能和健康教育单元内容

健康教育	体能一	体能二
健康生活方式	基础体能1	发展柔韧性练习方法一
关注心理健康	基础体能2	发展柔韧性练习方法二
控制热量平衡,避免不良饮食	基础体能3	发展协调性练习方法
防范校园欺凌 守护青春之花	塔巴塔训练1	发展平衡能力练习方法
关注食品卫生,重视食品安全	塔巴塔训练2	发展上肢力量练习方法
个人体能发展计划1	塔巴塔训练3	发展下肢力量练习方法
遵规守纪 避险自救	进阶体能1.1	发展腰腹力量练习方法一
加强体育锻炼 关注心理健康	进阶体能1.2	发展腰腹力量练习方法二
保持健康饮食 杜绝暴饮暴食	进阶体能1.3	发展灵敏性练习方法一
预防损伤 自我保护	进阶体能2.1	发展灵敏性练习方法二
一日三餐吃出健康	进阶体能2.2	发展肌肉耐力练习方法
个人体能发展计划2	进阶体能2.3	发展爆发力练习方法
视力与健康	高效体能1.1	发展反应时练习方法
关注网络安全提高社交防范意识	高效体能1.2	发展速度练习方法
树立屏障 抵御疾病	高效体能1.3	发展心肺耐力练习方法一
运动系统简介	高效体能2.1	发展心肺耐力练习方法二
心血管系统简介	高效体能2.2	身体成分

必修选学是满足学生形成运动爱好和专长以及个性发展的需求,结合学校实际和学生学情,将空中课堂视频课下载后,按学校现开展的六个专项足、篮、排、乒乓、健美操、手球分项打包,目前各项目视频内容衔接性不够,需要教师重组教学内容,根据大单元整体学习任务进行内容整合。把一个专项分散在各学段各学期的视频课,根据学生的学习需求、运动技能的关联性、技能知识体系中的逻辑性进行重组。以健美操为例,学生可根据以下导图进行视频自学。

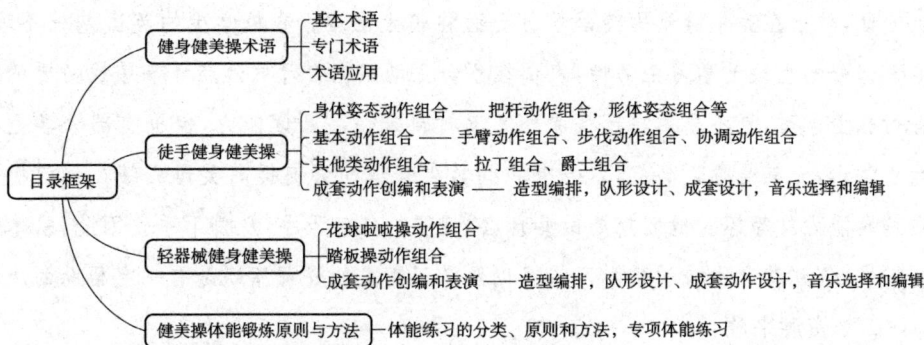

图4-8 健美操板块框架

素养提升板块满足学生个性化的需求，观看体育文化相关视频获取相关知识，提升体育文化素养。体育作业是课后延伸，体育老师提供练习菜单，推荐网站资源，结合运动类应用（KEEP、天天跳绳）布置体育作业，学生通过锻炼记录表和锻炼小视频提交作业，也可通过运动软件打卡，分享运动成果，提供经典赛事链接和视频，同时将学校田径和手球两个传统项目的日常训练和市区级比赛的视频上传，让更多的学生了解体育项目，并愿意积极参与体育运动。

"目标与功能分类"典型案例一
英语学科"原创"个性化学习资源建设方案[①]

一、建设背景

（一）课程要求

《普通高中英语课程》指出英语学科旨在发展学生的语言能力、文化意识、思维品质和学习能力等英语学科核心素养，落实立德树人根本任务。实施普通高中英语课程应以德育为魂、能力为重、基础为先、创新为上，注重在发展学生英语语言运用能力的过程中，帮助他们学习、理解和鉴赏中外优秀文化，培育中国情怀，坚定文化自信，拓展国际视野，增进国际理解，逐步提升跨文化沟通能力、思辨能力、学习能力和创新能力，形成正确的世界观、人生观和价值观。同时，普通高中英语课程还倡导自主学习、合作学习、探究学习等学习方式，使学生通过不同的学习方式获取、阐释和评判语篇意义，表达个人观点、意图和情感态度，分析中外文化异同，发展多元思维和批判性思维，提高英语学习能力和运用能力，也为学生的终身学习构建发展平台。

（二）学情需求

高中英语学习与初中英语学习有着天壤之别，如果没有良好的学习习惯和学习动

---

① 本案例由高琳撰写。

机的话,学生在高中阶段的英语学习会面临较大困难。我校学生的英语基础不理想,绝大部分学生缺乏学习主动性,表现在不会主动根据自己的薄弱环节寻找必要的资源进行自主学习,更不要说自己找课外阅读材料来拓展阅读能力,但也有部分学生会有忧患意识,尤其是临近高三,就会有一些学生来询问如何提高英语成绩?如何提升语法解题能力?等等。他们想要做些什么,但不知从何下手,从哪下手。因此,从本校学情出发,创建符合本校学生学习状况以及学习需求的资源库还是有一定帮助的。

二、资源来源

所创建的英语学科资源库的资源主要来自于两个方面:1.官方资源:"空中课堂"和"外教社"平台。尤其是"空中课堂",是与教材的每个单元板块相配套的教学视频,每个视频约20分钟。可以选取其中的部分视频,配以学案,供学生课后巩固使用。2.校本资源:利用已有的校本练习资料以及教师制作的微课视频,给学生提供自主学习资料和平台。

三、目录编制

图4-9是英语学科资源库的框架总体样貌,其中包括四大版块:基础夯实版块、

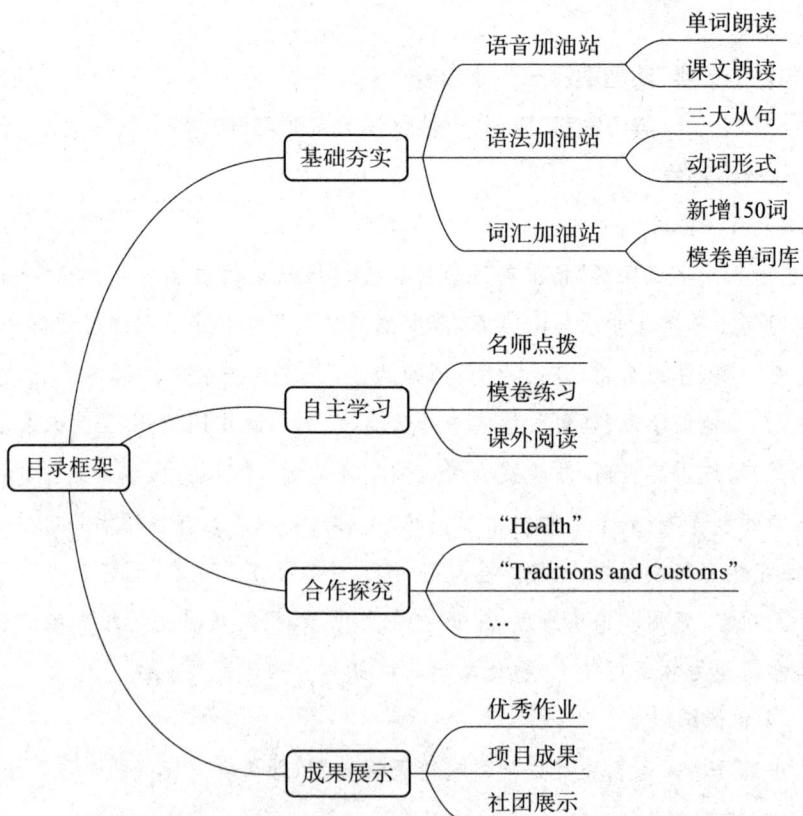

图4-9 英语学科"原创"个性化学习资源建设框架

自主学习版块、合作探究版块和成果展示版块。各版块又各分出三版块：在基础夯实版块，通过语音、语法和词汇三方面为学生提供学习资源。例如语法方面，就高中两大语法现象，也是学生较为薄弱的环节，查找空中课堂中适合学生学情的教学视频，配以学案和习题，列入资源库中，可以充当教师课后拓展，也可以成为学生日后的再次学习巩固的资源。在自主学习版块，通过对市区级资源的校本化处理，针对学生在英语学习中遇到的重难点，为学生提供可以根据自己的需求进行自主观看和学习的教学视频；同时在这一版块中，利用校本资源，为学生提供老师精心挑选的外刊阅读文章以及历年的高考模卷。值得一提的是，教师提供的高考模卷不仅是试题，还配有分析视频。总之，自主学习版块可以满足学生多方面的需求，学生可以通过自取所需来提高英语能力。在合作探究版块，根据不同的单元主题，学生通过小组合作等方式完成相应的项目，而学生的优秀成果会在成果展示版块进行展示。成果展示版块也是展示学生优秀作业和英语戏剧课成果展示的地方，希望通过这些优秀作品的展示增强学生的自信心，提高学生的主动性，从而提高英语学习能力和运用能力。

"目标与功能分类"典型案例二
政治学科"原创"个性化学习资源建设方案[①]

一、建设背景

（一）课程要求

高中思想政治课程是落实立德树人根本任务的关键课程，通过本课程的学习，学生能够具有政治认同、科学精神、法治意识、公共参与的学科核心素养。

本课程针对高中学生思想活动和行为方式的多样性、可塑性，着力改进教学方式和学习方式。在课程实施中要充分利用现代化信息技术，拓展教育资源和教育空间；要通过问题情境的创设和社会实践活动的参与，促进学生转变学习方式，在合作学习和探究学习过程中，培养创新精神，提高实践能力，聚焦政治学科核心素养的提升。

（二）学情需求

高中生的思想活动特点需要更多个性化、自主探究的学习活动和方式。因此在课堂之外给予其更多有效的、符合其年龄和心理特点的资源，为其个性化、自主探究的学习活动提供有效支撑。当下互联网时代为学生提供了海量的信息和资源，但良莠不齐，杂乱无序，因此在资源建设的过程中要进行筛选，整合、设计，为学生自主探究学习

[①] 本案例由陶琪华撰写。

提供更多有效、健康、经典的资源。

就本校学生而言,学习能力有差异,对知识的需求不尽相同。有一部分学生是"吃不饱"。这些学生往往是学习能力较强,他们需要的是进一步地提升和拓展。还有一部分学生是"吃不下"。他们的学习能力较差,知识基础很薄弱,同样的学习内容和难度对他们而言很难消化。对于这两类学生需要在课堂之外提供与之相匹配的学习资源,让他们能在课堂学习的基础上,有针对性地选择适合自己的学习资源,补充养分,消化吸收,更好地提升能力和掌握知识,提高学习效率。

二、资源来源

国家平台:国家智慧教育公共服务平台、学科网、央视新闻频道、学习强国

市级平台:上海微校、空中课堂

区级平台:区级创智课堂资源、区政府官网、微博、公众号等

校本资源:创新实验室《新闻与摄影》、模拟政协社团

三、目录编制

（一）学习资源整体框架

学习资源整体框架按照教材必修 4 册和选择性必修 3 册教学内容,在单元教学视域下以"××单元、××单元……"为单位,每一单元按不同功能分为基础巩固、能力提升、综合探究、社会实践四个板块,为学生个性化、自主合作探究学习活动提供有效支撑,培养创新精神,提高实践能力,落实政治学科核心素养。

（二）各板块内容与功能定位

"基础巩固"和"能力提升"侧重学科知识的学习;"综合探究"侧重围绕议题进行合作探究学习,前面三个部分侧重的是学科理论的学习与运用,最后的"社会实践"则是让理论回到实践中,在实践中感悟学科知识,培养创新精神和实践能力。

表 4-6　政治学科"原创"个性化学习资源各板块概况

板块名称	主要内容	功能定位	使用建议
基础巩固	空中课堂视频、课堂教学的演示文稿、作业讲评视频、基础知识梳理、问卷星等。	学生根据空中课堂视频、课堂学习资源掌握单元中最基本、最核心的知识,夯实基础。	适合全体学生对基础知识的查漏补缺,特别是基础薄弱的学生可以通过这一板块补齐知识漏洞。
能力提升	空中课堂名师点评、名校优课、校本练习、问卷星等。	学生根据学习资源提高单元基础知识的理解、分析和运用能力,拓展知识点与难度,提高政治学科学业质量水平。	适合参加政治等级性考试的学生以及能较好掌握基本概念与方法的学生的拓展学习。

160

```
目录框架 ──┬── XX单元 ──┬── 基础巩固 ──┬── 自主学习：主要资源空中课堂
          │            │            └── 在线评估：主要资源问卷星
          │            ├── 能力提升 ──┬── 自主学习：主要资源名师点评等
          │            │            └── 在线评估：主要资源问卷星
          │            ├── 综合探究 ──┬── 探究主题及方案：主要资源教材、学习强国等
          │            │            ├── 优秀成果展示：主要资源学生优秀案例
          │            │            └── 互动平台：点评、交流活动体验
          │            └── 社会实践 ──┬── 活动方案：模拟政协、模拟法庭、学农、学军、新闻与摄影等校本资源
          │                         ├── 优秀成果展示：学生活动视频、照片、论文、题案等
          │                         └── 互动平台：点评、交流活动体验
          ├── XX单元 ──┬── 基础巩固
          │            ├── 能力提升
          │            ├── 综合探究
          │            └── 社会实践
          ├── XX单元 ──┬── 基础巩固
          │            ├── 能力提升
          │            ├── 综合探究
          │            └── 社会实践
          └── XX单元 ──┬── 基础巩固
                       ├── 能力提升
                       ├── 综合探究
                       └── 社会实践
```

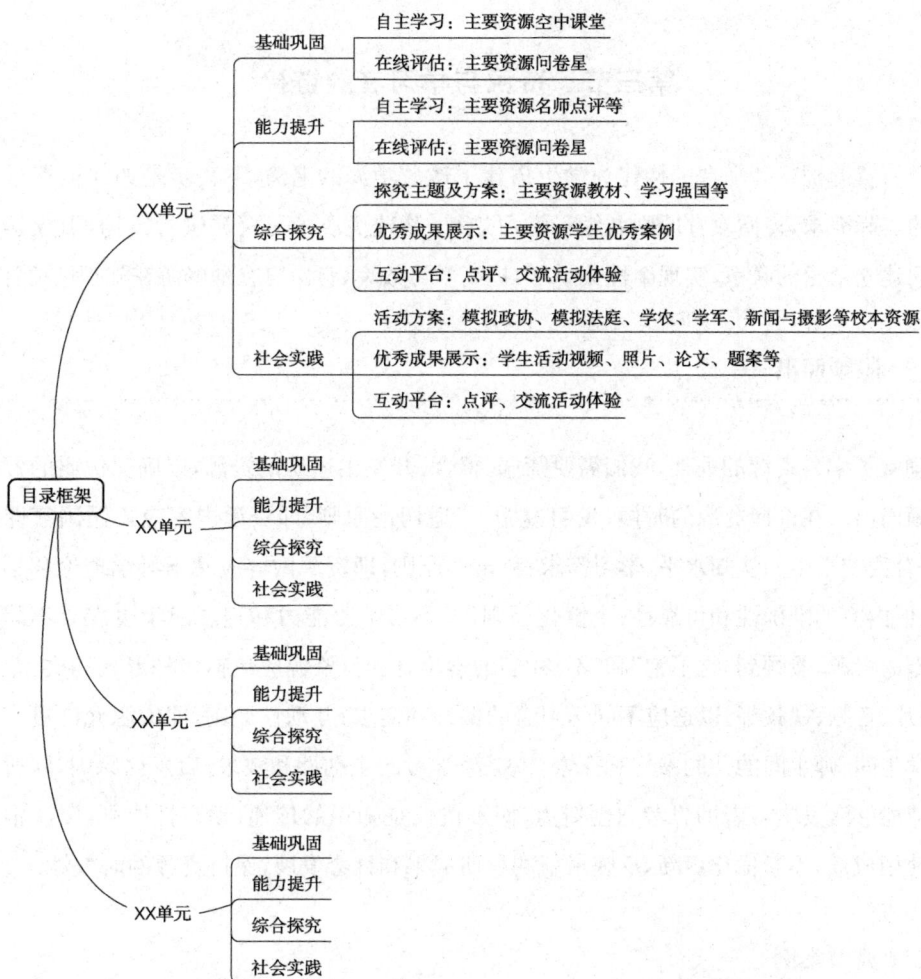

图 4－10 政治学科"原创"个性化学习资源建设框架

续 表

板块名称	主要内容	功能定位	使用建议
综合探究	空中课堂、学习强国、央视新闻频道、学生优秀成果等。	学生运用学科知识，基于不同经验、运用不同视角、利用不同资源，表达不同见解，提出不同解决问题的方法，提升政治学科核心素养。	适合政治学科知识掌握较好、具备一定自主探究能力，对社会政治经济现象感兴趣的学生。
社会实践	模拟政协、新闻与摄影、模拟法庭、学生优秀成果等。	学生通过社会实践活动加深对学科知识的理解和感悟，将所学知识融入社会大课堂，培养创新精神和实践能力，提升政治学科核心素养。	适合政治学科知识掌握较好、具备一定自主探究能力，对社会政治经济现象感兴趣的学生。

第三节　资源与学习者的链接

学习资源框架和平台的构建为学生搭建了遨游学海的港湾,下一步是如何根据学生和家长的实际需求,遵循教育原则和学科学习规律,筛选优质学习资源进行重构,引导学生与资源间建立紧密的联系,实现个性化学习,提高学习效率,自由自在地畅游在知识的海洋中。

一、脱颖而出

确定了学科资源的框架,我们需要筛选、整合、开发出适切的资源,以确保优质的资源能够脱颖而出。在选择资源的时候,我们遵循了:适切性原则,即资源内容应遵循国家课程标准,符合我校学生的认知水平、学习需求;科学性原则,即资源内容应基于科学理论和学科知识,确保内容的准确性和可靠性;个性化原则,即不同学习能力和程度的学生需要不同层次和类型的资源,兼顾到"吃不饱"和"不够吃"的学生,同时,资源应包括多种形式和类型,如文本、图片、音频、视频等,以适应不同学习者的偏好和需求;互动性原则,即资源允许更广范围内的学生间、师生间的共同参与和探索,以提高学习的主动性和效果;启发性原则,即所选的资源应能够激发学习者的思考和创造力,而不仅仅是知识的传递;动态性原则,资源根据学生的使用成效,不断优化更新,反映最新的科研成果和社会发展,保持资源的时效性。

二、典型案例

案例一

语文学科"原创"个性化学习资源建设与应用案例1[①]

一、建设背景

(一)课程要求

我们语文教学带领学生徜徉于文学的海洋,跨越山海,与古往今来的贤者智者对话,丰富学生的生命体验,滋养学生的精神,使学生得到审美体验,提升学生的思维能力,使学生的语言得以建构,从而传承文化。我们尝试给学生提供开放性的空间资源和小组交互共融的学习空间,创设学习情境,引导学生自主合作探究学习,促进课堂智慧生成。学校在现有学习空间与"双新"教学的推进中,重构学生的学习空间,我也在教学实践中为学生提供丰富的学习空间资源,使学生的语文核心素养得到真正的提升。

---

① 本案例由施蕾撰写。

（二）学情需求

选择性必修上册第三单元小说是"外国作家作品研习"任务群。我们学生对小说并不陌生，但是对 19 世纪英、俄现实主义小说和拉美现代小说未必了解。学生容易混淆《百年孤独》的人物姓名，也难以理解小说情节，为了帮助学生解决困惑我就在开放性的学习空间中放一段《百年孤独》内容概要的音频；小说反映的社会内容与学生当下生活距离较远，我就在再造的学习空间中放电影《复活》《大卫·科波菲尔》和《老人与海》，为了满足学生的学习需求我还设置了自主学习、单元贯通、单元导读、知识卡片、自我检测的评价表等。

二、资源来源

空中课堂、黄荣华老师公众号"诗自远方来"、网络资源、音频、视频。

三、目录编制

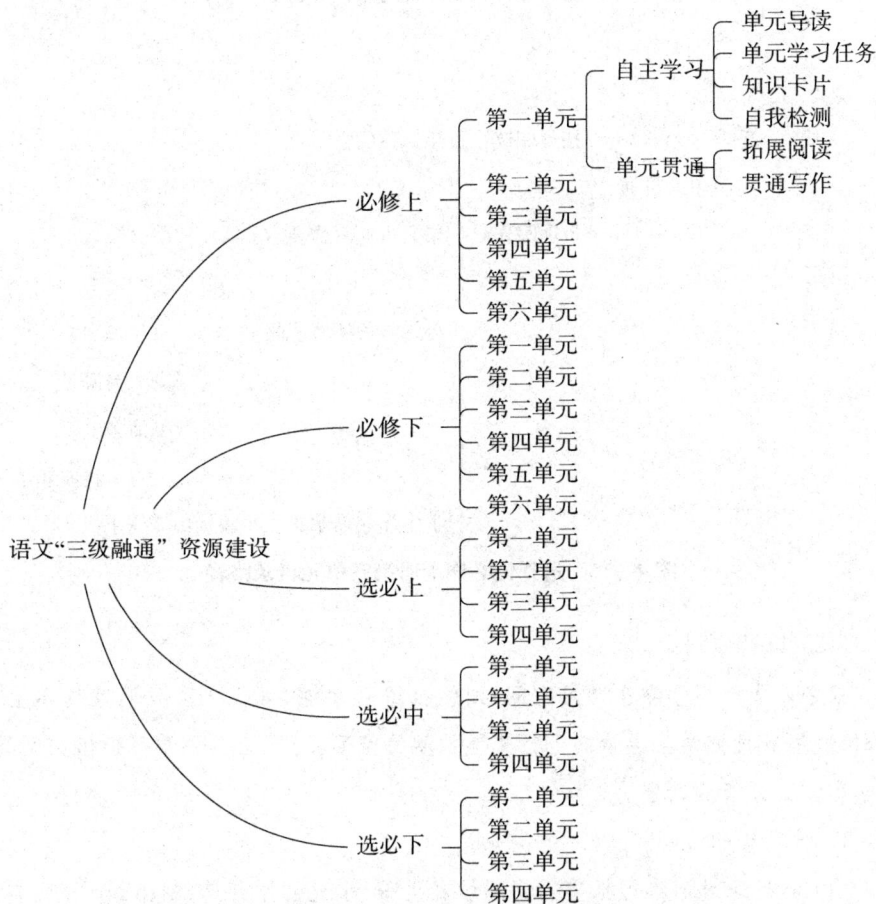

图 4-11 语文学科"原创"个性化学习资源建设目录编制框架①

---

① 张妍群《语文学科"市区校三级融通"资源建设方案》。

四、典型案例

（一）资源名称

选择性必修上册第三单元"小说"单元。

（二）目录路径

```
                         ┌ 自主学习 ┌ 单元导读 ┌ 音频解读《百年孤独》
                         │          │          └ 复旦附中学生单元贯通习作
                         │          │
                         │          ├ 单元学习任务
                         │          │
                         │          ├ 知识卡片 ┌ 学生自主学习活动：四位作者简介
                         │          │          └ 学写小小说
选必上第三单元 ┤          │          │
小说单元        │          └ 自我测评：单元贯通写作评价表
                         │
                         │
                         │          ┌ 拓展阅读：百年孤独的学习点
                         └ 单元贯通 ┤
                                    ├ 贯通写作 ┌ 单元贯通写作要求
                                    │          │
                                    │          │ 小组学习实践成果展示 ┌《百年孤独》
                                    │          │                      ├《老人与海》
                                    │          │                      ├《复活》
                                    │          │                      └《大卫·科波菲尔》
                                    │          └ 学生作品展示：小小说《山城轶事》
```

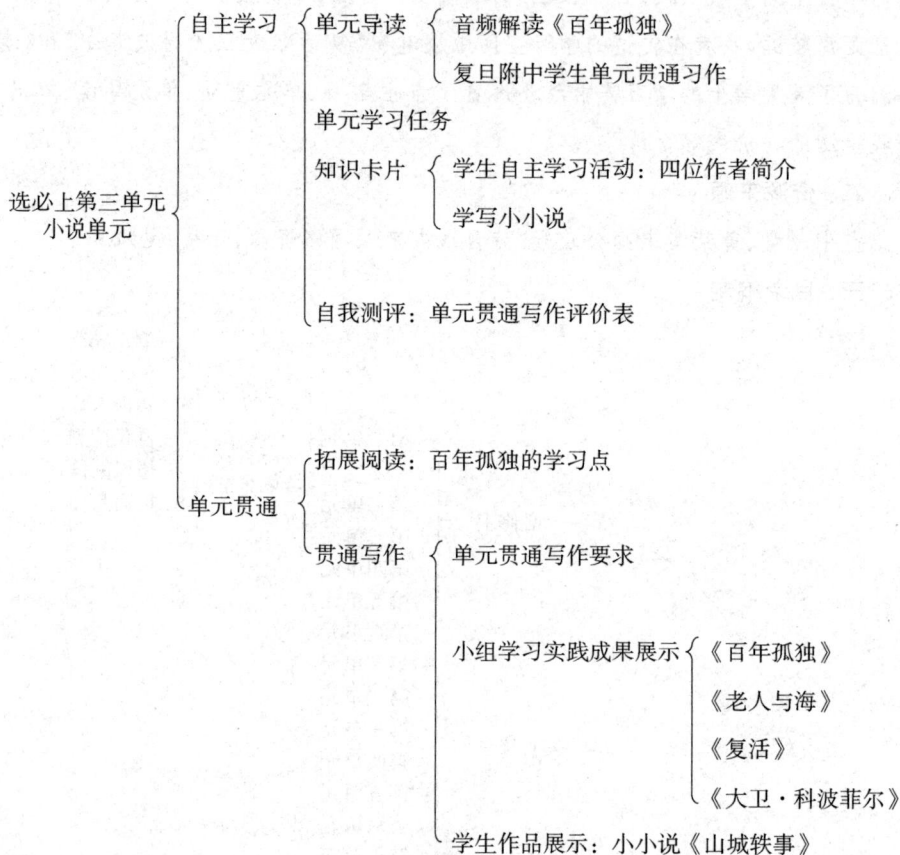

图 4-12　选择性必修上册第三单元目录路径

（三）设计依据

信息时代改变了学生学习空间，网络技术互动性、可视化让我们重构学生学习空间，打造适应我校学生学情的个性化虚拟学习空间，为学生自主学习提供空间资源，提高学生体验分析判断能力。

1. 学习目标

（1）学生通过网络虚拟空间了解作者生平、小说创作背景、制作 ppt 放到空间资源中供伙伴们学习。

（2）学生学习虚拟空间中黄荣华老师《百年孤独》学习点和空中课堂，分析人物性格特征及典型意义，探索民族心理和具有普遍意义的人生智慧。

2. 学情分析

节选的小说情节比较复杂，学生不容易读懂，引导学生借助网络资料了解作家作品，借助学习空间资源中的音视频、知识卡片、复旦附中学生习作，进一步理解典型人物性格。

3. 学习重点

借助虚拟空间资源从主题内容、叙事手法、语言风格入手感受小说多样创作风格。

4. 学习难点

学习空间资源中的单元学习任务及学写小小说，探究作者如何通过作品展现对社会和人生的认识与思考。

（四）任务设计

表4-7 语文学科"原创"选必上第三单元个性化学习资源应用任务表

学习任务	空间特征	具体陈述	学习方式与特征	具体陈述
任务一 学生自主学习空间资源《百年孤独》内容概要音频、观看电影《复活》	☑开放 ☑共融 ☑情境化	利用网络的开放性空间，为学生提供自主学习资源，再造学生学习空间，创设学习情境，激发学生学习热情。查阅相关资料，了解作者生平、小说创作背景，通过小组合作学习制作ppt，为同学们介绍作者，拓展学生学习的空间，也提高了学生学习的主动性。	☑自主 ☑合作 ☑探究 ☑主动性 ☑交互性 ☑体验性 ☑问题性 ☑独立性	学生在主动查阅资料的过程中，对作者的生平有比较清楚的认识，组内同学间的交流产生了共鸣，在与班级同学的交流中交互学习，同学之间产生思维碰撞，促进课堂智慧生成。
	评价	1. 评价原则：重点突出、表达流畅、声音响亮口齿清楚、逻辑清晰。 2. 评价者：学生小组自评、学生小组互评、教师评价。 3. 评价方式：10分制打分，并记录小组学习得分。		
任务二 学习空间资源复旦附中学生习作，小组合作探究学习，完成单元贯通写作制作 ppt 展示。	☑开放 ☑共融 ☑情境化	单元研习任务的写作学生需阅读教师提供的相关文章，拓展学生学习空间思维空间；查阅资料，这是一个共融开放的学习空间；调动已有知识，重构知识体系；在积极的语言实践、真实情境中运用语言，也提升了思维品质，真正提高了学生的语文学科素养。汇报时学生沉浸在学习情境中，有更直观的生命体验。	☑自主 ☑合作 ☑探究 ☑主动性 ☑交互性 ☑体验性 ☑问题性 ☑独立性	单元贯通写作体现了学生学习的主动性，小组探究学习体现了借助空间资源学习的交互性，学生把自己的体验融入文中，同时也把问题的发现、分析、解决贯穿学习过程，对原有知识进行再加工和创造。
	评价	见表4-8		

表4-8 单元贯通写作评价表

内容	具体要求	分值(10分)	互评	自评
主题明确	围绕所选主题展开,角度切入合理			
内容呈现	观点明确			
	分析详实			
	引述精当			
	逻辑清晰			
	反观当下			
交流时语言表达	表达流畅,口齿清楚			
	仪态大方自如,投入自身情感			
	引发同学情感共鸣,感染力强			
小组合作	小组活动参与度高			

单元贯通写作评价表(100分,每项10分)

（五）使用成效

学生借助虚拟空间学习,进行单元贯通小组学习实践成果展示活动,体现了学生学习的主动性,在与伙伴的交互学习中有了生命体验,进一步剖析人物精神世界,提升思维能力、领悟能力、语言表达能力。

赵欣芸小组汇报说:"观看了再造空间的影片《复活》后进一步体会到两个主人公在自我救赎和精神觉醒中完成人性复活的故事,这正应合了托尔斯泰主张以'道德的自我完成'来改变社会的不平等和罪恶,追逐崇高真谛与充满爱意的灵魂。"

宋诚铭小组听了空间资源的音频后交流:"对原本很难理解的《百年孤独》终于有了清晰的认识,马孔多文明的毁灭是忘记了自己的根,外来文明冲击切断了马孔多人同自己文明的联系,作者希望拉丁美洲的不幸与灾难将被终结,民众不再孤独,朝气蓬勃的拉美将会出现古老文明的延续。"

《百年孤独》作者简介ty小组	2022/3/14 9:21	PPTX 演示文稿	852 KB
海明威介绍dym小组	2023/8/8 13:38	PPTX 演示文稿	1,075 KB
托尔斯泰介绍	2022/3/7 9:45	PPTX 演示文稿	69 KB
学生介绍狄更斯	2023/8/7 16:42	PPTX 演示文稿	84 KB
山城轶事(小小说)	2023/8/8 12:39	DOCX 文档	19 KB
学生习作《老人与海》lzy	2022/3/31 14:24	DOCX 文档	14 KB
学生习作交流《百年孤独》scm小组	2022/3/22 10:06	PPTX 演示文稿	1,847 KB
学生习作交流《大卫科波菲尔》cj小组	2022/3/21 15:03	PPTX 演示文稿	4,231 KB
学生习作交流《复活》zxy小组	2022/3/21 16:01	PPTX 演示文稿	232 KB

图4-13 学生单元贯通小组学习实践成果展示

五、研究反思

1. 学生通过教师再造的学习空间资源自主学习收听收看音视频,既可以独立学习又可以合作学习。小说反映的社会生活与学生当下的生活距离较远,还需要教师引导学生才能体察小说展现的千姿百态的社会生活,才能感受人类文化的丰富多彩。

2. 学生自主学习虚拟空间的资源后以小组合作的形式完成作者介绍,积极性高,但有的小组的作者介绍太复杂,反映出学生筛选提炼信息的能力还欠缺,教师要培养学生从网络虚拟空间纷繁复杂的信息中找到重点信息的能力。

3. 虚拟空间提供了丰富的学习内容,符合学生的学习需求,经过小组合作探究学习,同学们能详细阐述分析人物性格。教师再造的学习空间资源设置了学习情境,支持学生学习时空的多样性,指导学生自主学习,提升了双新背景下学生学习的主动性,也达成了学生语文核心素养的提升。

4. 空间资源单元写作任务提供了真实的问题情境,学生完成单元贯通写作,小组活动参与度高,成文后交流互评情况都较好,体现了双新背景下学生学习的交互性、融合性,实现了学生自主合作探究学习,提升了学生的思维能力、鉴赏能力、表达能力。

案例二
语文学科"原创"个性化学习资源建设与应用案例2[①]

一、建设背景

（一）课程要求

"一千个读者心目中有一千个哈姆莱特。"说不完的经典文学作品,品不完的人生况味。经典戏剧使学生得到崭新的审美体验,提升学生对人性正义与善良的思辨深度,使学生的语言能力在精炼优美的戏剧台词中得以建构,传承优秀的传统文化。通过给学生提供开放个性的空间资源,创设小组合作共融的学习情境,我们引导学生开展跨学科探究学习,促进课堂的习得感和智慧生成。学校在现有学习空间与"双新"教学的推进中,重构学生线上线下的学习空间,使学生的学习更加自主,语文核心素养得到真正的提升。

（二）学情需求

选择性必修下册第二单元是"良知与悲悯"戏剧单元。我们学生初中接触过像《茶馆》这样的经典作品,但是对元杂剧、英国莎士比亚戏剧未必了解,对《雷雨》这样的作品可能也仅仅听说过名字。学生不易识别《窦娥冤》宾白与唱词交杂的语言特点,也难以理解《哈姆莱特》中的主人公的动机与文化背景,为了帮助学生解决困惑我们在开放性的学习空间中提供《窦娥冤》演出视频和《哈姆莱特》的补充阅读材料,帮助学生了解戏剧这一文学样式;戏剧反映的社会内容与学生当下生活距离较远,我们带领学生自主学习后以小组合作完成创意演出海报和配音片段,希望引导学生思考在当下时代情

---

① 本案例由黄翰韫撰写。

境中窦娥故事的价值,图、文、声并茂的形式需要多种媒介的使用和跨学科能力,锻炼了学生的口头表达能力和人际交流能力;单元贯通写作主题为"良知与悲悯——悲剧的力量",通过对窦娥、周朴园、哈姆莱特等人物形象的深入思考,引导学生思考作品的深层意蕴,深化对人性和悲剧的认识。

二、资源来源

空中课堂、腾讯共享文档、QQ群共享文件夹、网络文字资源、音频、视频。

三、目录编制

语文"三级融通"资源建设
- 必修上
  - 第一单元
    - 自主学习
      - 单元导读
      - 单元学习任务
      - 知识卡片
      - 自我检测
    - 单元贯通
      - 拓展阅读
      - 贯通写作
  - 第二单元
  - 第三单元
  - 第四单元
  - 第五单元
  - 第六单元
- 必修下
  - 第一单元
  - 第二单元
  - 第三单元
  - 第四单元
  - 第五单元
  - 第六单元
- 选必上
  - 第一单元
  - 第二单元
  - 第三单元
  - 第四单元
- 选必中
  - 第一单元
  - 第二单元
  - 第三单元
  - 第四单元
- 选必下
  - 第一单元
  - 第二单元
  - 第三单元
  - 第四单元

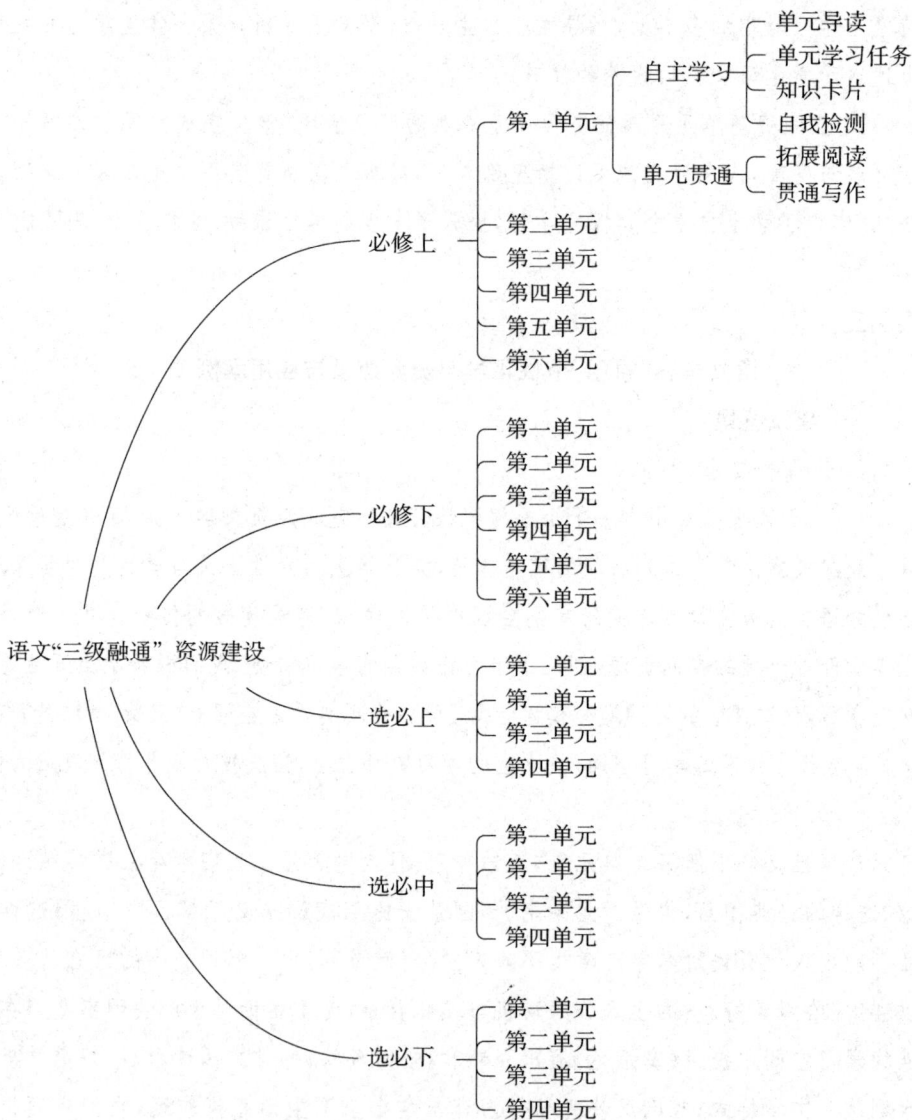

图4-14 语文学科"原创"个性化学习资源建设目录编制框架①

---

① 张妍群《语文学科"市区校三级融通"资源建设方案》。

四、典型案例

(一)资源名称

选择性必修下册第二单元"良知与悲悯"戏剧单元。

(二)目录路径

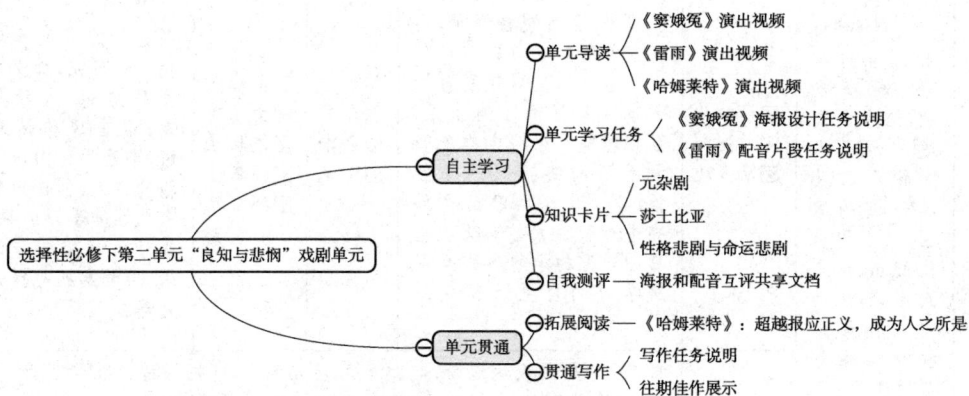

图 4 - 15 选择性必修下册第二单元目录路径

(三)设计依据

1. 学习目标

(1)通过观看虚拟空间中的演出视频,结合知识卡片中的提示总结戏剧这一文学形式的特点,和同学合作设计一张演出海报,提升文化传承与理解素养。

(2)通过揣摩虚拟空间中演出视频里演员对台词的表现,体会戏剧语言的叙事性和抒情性,并尝试和同学合作配音戏剧片段,提升语言建构与运用、思维发展与提升素养。

(3)通过阅读虚拟空间中的拓展材料和知识卡片,并自主上网搜集相关资料,探究在当下时代情境中作品的价值,完成单元贯通写作任务,提升审美鉴赏与创造素养。

2. 学习重点

借助学习空间资源从作品主题、人物形象、语言风格入手体会戏剧多样的创作风格。

3. 学习难点

完成空间资源中的单元学习任务及单元贯通写作,探究作者如何通过作品展现对悲剧与人性的思考。

（四）任务设计

表4-9　语文学科"原创"选必上第三单元个性化学习资源应用任务表

学习任务	空间特征	具体陈述	学习方式与特征	具体陈述
任务一 通过观看《雷雨》《哈姆莱特》表演视频，结合课文进一步思考人物形象及其悲剧的原因，以小组合作配音的形式展现自己对人物形象和对作品意蕴的理解。	☑开放 ☑共融 ☑情境化	学生阅读文本后对人物形象的初步理解往往比较单一扁平，通过观看视频，讨论演员的处理与表演细节可以激发学生对戏剧台词叙事性和抒情性的品味，深化理解。小组合作配音利用了网络空间的交互性，并上传至共享群文件夹进行互评打分，以学生喜闻乐见的学习方式来促进学习的自主性和成就感。	☑自主 ☑合作 ☑探究 ☑主动性 ☑交互性 ☑体验性 ☑问题性 ☑独立性	通过自主学习、合作探究，调动学生利用课堂外的时间和同伴一起研究，加深对作品主题、人物形象、语言风格的理解，丰富学习内容体验的方式，创造出具有个性的学习成果，提升语言建构与运用、思维发展与提升素养。
	评价	1. 评价原则：表达流畅、口齿清楚、生动贴切、长短合适。 2. 评价者：学生小组自评、学生小组互评、教师评价。 3. 评价方式：10分制打分，并记录小组学习得分。		
任务二 以小组合作完成创意演出海报，思考在当下时代情境中窦娥故事的价值，通过海报宣传语和版面设计体现自己对作品意蕴的理解。	☑开放 ☑共融 ☑情境化	信息科技的发展让平面设计和语文学习跨学科融合，有效促进学生的学习兴趣和动手能力。当代情境下窦娥故事的多样演绎这一学习情境可以激发学生的创意和合作探究的热情。	☑自主 ☑合作 ☑探究 ☑主动性 ☑交互性 ☑体验性 ☑问题性 ☑独立性	创意海报引导学生思考在当下时代情境中窦娥故事的价值，海报宣传语则体现了学生对作品意蕴的理解，图文并茂的形式需要多种媒介的使用和跨学科能力，有助于提升审美鉴赏与创造素养。
	评价	见表4-10		

表4-10　海报设计评价表

海报设计评价表（100分，每项10分）				
角度	具体要求	自评	互评	师评
主题内容	主题鲜明集中			
	具有时代价值			
作品呈现	介绍语简练清晰			
	画面重点突出			
	图文符合主题			

海报设计评价表(100分,每项10分)				
	排版和谐有美感			
	有创意和特色			
交流时的表达	表达流利口齿清晰			
	投入有感染力			
小组合作	分工明确各司其职			

(五)使用成效

学生借助虚拟学习空间,进行海报、配音成果交流展示,体现了学生学习的积极性和成就感,在自主学习与伙伴的交互合作中提高学习能力,在真实的语言运用情境中提升语文素养。

有同学听了配音的音频后交流:"周朴园是一个充满矛盾和复杂性的角色。他的封建思想和家族观念使他显得冷酷无情,而他内心的愧疚和思念又使得他充满矛盾和挣扎。ZHY同学把他的矛盾性演绎得非常生动。"可见互动交流能激发同学的学习热情,促使他对学习的内容进行更有深度的思考,获得更丰富的生命体验。

有平时语文学习比较困难的同学在小组合作中发现了自己信息技术方面的才能,主动承担起小组汇报PPT制作的工作,有平时擅长绘画的同学为海报设计了精美的插图,可见学习空间的资源促进了学生对自己能力的了解和开发,增加了学习的积极性和自信心。

五、研究反思

1. 学生通过教师再造的学习空间资源自主学习,可以充分利用起市区级各种优秀的教学资源,为学生的学习提供学习支架,满足不同层次学生的学习要求。

2. 学生利用虚拟空间提供的资源自主学习后进行互动交流和小组展示,能充分调动学习的积极性,但有个别同学参与度低,发言不积极,启示教师在合作探究的学习方式中要做好任务的组织者和学习的引领者。

3. 海报设计和配音任务提供了真实的问题情境,并利用信息科技为学习方式变革赋能,但提交的成果良莠不齐,反映出学生筛选提炼整合信息和转换为实践成果的能力还有所欠缺,启示教师要对能力较弱的同学多加关注和引导,并运用好虚拟空间优秀作业展示的功能以求达到以评促学。

图 4-16　学生创意海报设计成果展示

填写说明：在纵列打分，满分10分，打分对象为自己学号前后各5位					
学号	姓名	包晨	丁泽宇	高鑫晨	刘宇嘉	陆宇辰
101	包晨		9	8	8	
102	丁泽宇	9		8	9	
103	高鑫晨	7	8		8	9
104	华敏涛	8	8	8	9	10
105	蒋雪冰	8	7	7	7	8
107	刘宇嘉	8	9	8		9
108	陆宇辰			8	10	
109	瞿博文			8	8	8
110	沈佳俊				8	8
111	沈屹峰				8	8
112	王晨宇				9	9
113	王浩宇				9	8

图 4-17　学生单元贯通写作成果展示

案例三

数学学科"原创"个性化学习资源建设与应用案例[①]

一、建设背景

（一）课程要求

数学学科组依据学校"建设实创学校，培育实创素养"办学思路和数学课程标准，

---

① 本案例由孙颖烨撰写。

逐步建设并完善学生个性化的学习资源库，目标是与传统课堂教学互补交融，努力做好分层教学以及课堂延伸，促进数学学科核心素养的落实，提升学生自主学习能力、合作学习技能和探究学习意识，培养适应终身发展和社会发展需要的正确价值观念、必备品格和关键能力。

（二）学情需求

面对大部分学生因抽象思维、逻辑推理和数学运算能力薄弱导致的数学学习困难，该平台旨在提供有效的解决方案。尽管我校学生存在畏难情绪，但仍对数学学习充满期待。因此，数学资源平台应具备以下特点：帮助学生深入理解数学概念，能及时解答课后疑惑、巩固基础，提供有趣且实用的数学问题和解决方案，展示学生的学习成果，以及启发学生的思考和创造。

二、资源来源

国家平台：国家智慧教育公共服务平台、学科网。

市区级平台：上海微校、空中课堂、创智课堂资源。

校本和其他资源：单元教学设计、数学多功能互动创新实验室课程资源、各类课程资料或视频资源、微视频等。

三、目录编制

（一）学习资源整体框架

数学学科"原创"个性化资源平台分为"初高中衔接、单元巩固、项目探究"三个板块。每个板块都有学习视频、配套习题和互动平台。"初高中衔接、单元巩固"板块注重学生的自主过程，"项目探究"板块则侧重学生的探究与合作过程。

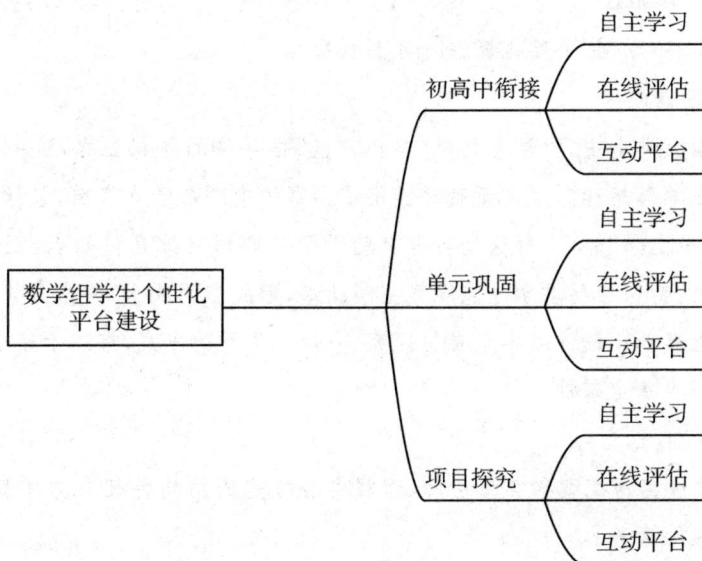

图 4 - 18　数学学科"原创"个性化学习资源建设目录编制框架

（二）各板块内容与功能定位

表4-11　数学学科"原创"个性化学习资源各板块概况

板块名称	主要内容	功能定位	使用建议
初高中衔接	包括双新背景下的重要初高中衔接内容的自学短视频、学生自测练习和自测练习的解答短视频。	学生通过自主观看视频，回顾与高中数学学习有紧密联系的初中数学概念和方法，并通过自测练习巩固，为顺利过渡到高中数学学习打下基础。	本内容可作为高一新生入校前的暑假作业，也可为缺失相关基础的学生提供必要的学习支撑。
单元巩固	包括必修与选择性必修在内的各单元基本概念与方法。	学生根据学习资源，对课堂上或作业中的困惑进行自学，通过自测，掌握高中数学最基本的、最核心的内容和方法。	可作为与教学内容同步进度的复习和巩固，或复习阶段的教学辅助。
项目探究	包括必修和选择性必修教材的综合能力型问题的解决方法，教材中的探究与实践问题和数学创新实验室课程的研究型问题的解决方法，数学建模的一般方法。	学生通过相关资源，学习典型范例，尝试完成一个数学作品或研究性报告，增强学习自信，发展数学核心素养，提升"实创"素养。	适合大多数学生课余的拓展学习内容，可展示学习成果；尤其对于基础扎实、有志于获得数学成果、或有志于参加大学自主招生的学生可有针对性指导。

四、典型案例

（一）资源名称

用"牟合方盖"推导球的体积

（二）目录路径

数学学科"原创"个性化资源→项目探究

（三）设计依据

在我国数学史中，数学家利用"牟合方盖"推导球的体积公式，这一过程有助于培养学生的数学思想和态度。新教材提供了丰富的中国数学史资料，包括古代体积计算方法和"不易之率"等，了解这些历史有助于学生理解立体几何知识，而且高考对祖暅原理有要求，新课标要求学生能观察空间图形，形成空间观念，并指向数学抽象和逻辑推理的核心素养。设计以学生自主探究、个性化学习的方式，有助于建立思维方式，为后续问题解决奠定基础。

1. 学习目标

（1）通过实物模型和实验活动，理解牟合方盖的结构特征与球体积的关联，培养直观想象核心素养。

（2）感受数学史中球的体积公式的推导过程，培养文化自信和科学态度，提升应用意。

2. 学情分析

授课班级为高二年级平行班,学生已掌握柱体和锥体体积公式,并有过用祖暅原理推导锥体体积的经验,为本课奠定了基础,但用牟合方盖推导球体积公式的过程较为复杂,建议学生提前查阅资料,了解史实。教师可指导学生制作相关活动视频,通过实践加深对该几何模型的理解,提高学习积极性。

3. 学习重点

牟合方盖的几何性质

4. 学习难点

理解用牟合方盖推导球的体积的过程

(四)任务设计

表4-12 数学学科"原创"个性化学习资源应用任务表

学习任务	空间特征	具体陈述	学习方式与特征		具体陈述
任务一 1. 观看制作牟合方盖模型的指导视频。 2. 观看视频后,尝试与同伴一起合作制作一个牟合方盖的模型,录制视频或拍照上传。	☑开放 ☑共融 ☑情境化	通过观看制作牟合方盖模型的指导视频,了解这一古代数学工具的结构与特点。尝试与同伴合作,制作牟合方盖的模型,学生还可以使用视频、音频等开放技术,能够身临其境地感受到牟合方盖的空间特征。通过亲自动手制作,可以对牟合方盖有更直观的认识,对其在球体积公式推导中的作用有更深刻的理解。	☑自主 ☑合作 □探究	☑主动性 □交互性 ☑体验性 □问题性 □独立性	通过这个活动,学生可以更加直观地体验和理解牟合方盖的空间结构和特征,从而提升空间认知能力,制作模型需要学生具备一定的动手实践能力。通过这一主动参与制作的过程,学生可以锻炼自己的手部协调能力、操作能力和解决问题的能力。在制作模型的过程中,学生可能需要与他人合作,这有助于培养学生的团队合作精神和沟通能力,提高他们的社交技能。
	评价	1. 评价工具:视频的点击率和观看时长、学生视频或图片的提交情况,提供评价指标和评价表。 2. 评价者:教师、学生。 3. 评价方式:根据作品视频或照片获得的点击率、留言率、好评率等统计得分,学生和教师按照评价表打分。			
任务二 1. 学生通过对牟合方盖的课件进行多角度观察,完成对牟	☑开放 □共融 ☑情境化	通过课件的旋转、缩放和平移等功能,学生得以清晰地观察到牟合方盖的结构特点和它在球体积公式推导中的作用。答题卡的设置使学生能够系统地整理观察	☑自主 □合作 ☑探究	☑主动性 ☑交互性 ☑体验性 ☑问题性 ☑独立性	这种结合现代技术的学习方式,使得学习内容更加生动和易于理解,不仅使学生更深入地理解知识,还提高了自主学习和问题解决能力。学生可以在一

175

学习任务	空间特征	具体陈述	学习方式与特征	具体陈述
合方盖几何性质的初步了解。2.根据观察结果，完成答题卡。		结果，巩固学习成果。与传统的书面学习相比，这种情境化的学习方式更具有互动性和趣味性，使学习过程更加高效。		个安全独立的环境中面对各种复杂问题，并尝试探究，这种学习方式有助于培养学生的问题解决能力和批判性思维。
	评价	1. 评价工具：课件点击率和使用时长统计，答题卡，评价标准。2. 评价者：教师。3. 评价方式：根据课件使用点击率和时长，以及答题卡完成情况，教师按照评价标准打分。		

（五）使用成效

1. 知识的理解与掌握

通过这些多样化的学习方式，带领学生初步认识这一空间几何体，激发了学习兴趣，课件的直观性和互动性使得学生能够更加清晰地了解牟合方盖的结构和特征，而视频观看则进一步为学生提供了更加准确和生动的学习体验，使得抽象的空间几何知识变得更加具体和易于理解。

2. 空间想象力的提升

在制作模型的过程中，学生需要不断地在脑海中构建和调整模型，这使得他们的空间想象力得到了极大的提升。同时，通过课件和视频观看，学生也能够更加直观地观察到牟合方盖在空间中的结构特点，进一步增强了他们的空间感知能力，提升数学抽象素养。

3. 问题解决能力增强

学生会遇到各种问题，如同伴合作、逻辑推理等。这些困难通过不断地尝试和努力成功地解决，会使得他们的问题解决能力得到极大的提升。同时，课件和动态视频也为学生提供了更多的问题解决思路和方法，使得他们在面对类似问题时能够更加从容地应对。

4. 学习兴趣激发

这些多样化的学习方式使得学习过程变得更加有趣和生动，极大地激发了学生的学习兴趣，这对于培养学生的自主学习能力和终身学习意识具有重要意义。

五、研究反思

1. 缺乏深度探究

在学习过程中，我们主要关注了牟合方盖的基本结构和特征，但对于其更深层次的数学原理和应用，我们的探究还不够深入。例如，对于牟合方盖在体积计算、空间几何等方面的应用，我们只是进行了浅显的了解，没有进一步挖掘其在实际问题中的价值和意义，以及后续的评价体系需要改进。

2. 动手制作的精细度不足

在动手制作牟合方盖的过程中，虽然很多学生成功地构建了模型，但由于材料和工具的限制，模型的精细度和稳定性还存在一定的不足。这在一定程度上影响了他们对牟合方盖空间结构的准确认识。在未来的学习中，在可行的范围内，教师可以尝试提前指导，或统一发放材料等，注重培养学生动手制作的精细度和规范性，以提高模型的质量和实用性。

3. 缺乏持续的学习动力

学生在初期对学习活动保持高热情，但随着学习难度加深，学习动力减弱，可能导致知识理解停留在表面，未得到有效内化。为改进此现象，建议设置学习支架，如问题串引领，并建立持续学习动力机制，如设目标、计划、找学习伙伴，以保持学习的持续有效性，助学生获得更多成功体验。

案例四
化学学科"原创"个性化学习资源建设与应用案例①

一、建设背景

（一）课程要求

高中化学课程标准要求学生掌握丰富的化学知识和实验技能。建立线上虚拟资料库平台可以提供学生丰富的化学实验视频、资料和模拟实验软件，帮助学生在家中进行理论学习和实验操作。同时，线上虚拟资料库平台也可以促进教师之间的资源共享和教学经验交流，提升化学教学质量。

（二）学情需求

我校学生初中时化学的基础比较薄弱，进入高中后，高中化学的知识量增大、理论性增强、系统性增强、综合性增强，因此对化学学科成就感相对较低，学习缺乏兴趣，并且高一化学学科每周只有 2 课时，这也为教师在有限课时中落实教学造成很大困扰。

因此，本资源的搭建希望能具有以下特征：

1. 促进学生学习方式的转变；

2. 给学生提供了提前预习化学知识的资料库；

3. 供学生能自我检测与评价，巩固化学学科的核心素养的平台；

4. 视频课程增加了学科的趣味性和启发性，增添学习信心和动力。

---

① 本案例由红梅、徐溥群撰写。

综上，本学习资源旨在依据本校学生的学习行为特征和认知规律，整合优秀市区级学习资源，开发适切的校本学习资源库，支持学生"自主、合作、探究"的个性化学习，改变学习方式，落实化学学科核心素养。

二、资源来源

1. 上海微校的"空中课堂"

2. 各大网站网络视频

3. "三个助手"数字化平台

4. 校本练习题

三、目录编制

本学习资源整体框架从新教材出发的以"必修一、必修二"为板块分类，各板块中按照教材的知识脉络去展开，符合学生学习化学的规律。各模块中有相关短视频和导学案作为学习资源和引导。

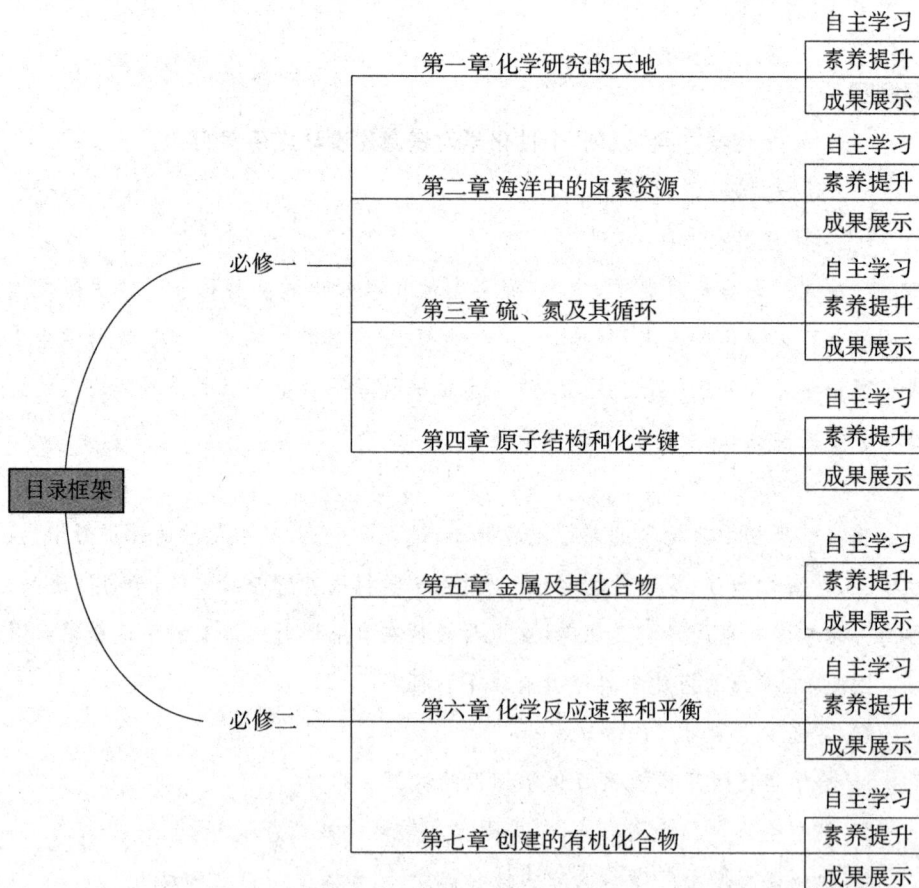

目录框架

必修一
- 第一章 化学研究的天地
  - 自主学习
  - 素养提升
  - 成果展示
- 第二章 海洋中的卤素资源
  - 自主学习
  - 素养提升
  - 成果展示
- 第三章 硫、氮及其循环
  - 自主学习
  - 素养提升
  - 成果展示
- 第四章 原子结构和化学键
  - 自主学习
  - 素养提升
  - 成果展示

必修二
- 第五章 金属及其化合物
  - 自主学习
  - 素养提升
  - 成果展示
- 第六章 化学反应速率和平衡
  - 自主学习
  - 素养提升
  - 成果展示
- 第七章 创建的有机化合物
  - 自主学习
  - 素养提升
  - 成果展示

图 4 - 19 化学学科"原创"个性化学习资源建设框架

四、典型案例

（一）资源名称："溴和碘提取"

（二）目录路径

沪教版新教材必修一第二章第三节 2.3"溴和碘提取"的第二课时

（三）设计依据

学生已经掌握了卤素性质等知识，因此本节课的教学利用视频多媒体及"三个助手"数字化平台帮助学生学习海水提溴提碘的原理流程。

1. 学习目标

（1）通过分析海水提溴和海带提碘的主要原理和步骤，认识生活与生产实际中物质提取的一般过程与方法。

（2）通过了解工业上从海水中提取溴和碘的过程，认识开发利用海水资源的重要意义，增强社会责任感。

2. 学情分析

教学对象是区示范性高中的学生，学生基础一般，学生思辨和探究的意识不强，习惯于接受性学习。在知识上，学生已学过卤素性质等有关知识；在能力上，学生初步具备了观察能力、实验能力和思维能力。

3. 学习重点

通过视频信息分析海水提溴和海带提碘的主要原理和步骤，认识生活与生产实际中物质提取的一般过程与方法。

4. 学习难点

基于"三个助手"数字化平台，完成"从海洋提取资源"的实验方案的设计，初步形成思考问题、解决问题和实验设计能力。

（四）任务设计

表 4-13　化学学科"原创"个性化学习资源应用任务表

学习任务	空间特征	具体陈述	学习方式与特征	具体陈述
任务一 观看"海水提溴"和"海带提碘"的视频。	□开放 ☑共融 ☑情境化	学生根据教师提供的线上资源进行预习或复习巩固，学生根据自己疑惑点向教师进行针对性的提问。 通过视频、动画等方式让学生身临其境感受到海水提溴和海带提碘的基本过程。	☑自主 ☑主动性 □合作 □交互性 □探究 □体验性 　　　☑问题性 　　　□独立性	学生通过教师提供的线上资源可以自主的学习海水提溴和海带提碘整个过程。然后针对自己的疑惑点可以向教师提问。

179

学习任务	空间特征	具体陈述	学习方式与特征	具体陈述
	评价	1. 评价工具："三个助手"数字化平台。 2. 评价者：自己和教师。 3. 评价方式： 　自评：评价量表、自测题。 　师评：根据学生自测题的回答情况进行评价。		
任务二 归纳海洋中提取资源的一般过程。	☑开放 □共融 ☑情境化	学生在"三个助手"数字化平台上，根据教师提供的线上资源进行理论的归纳总结、实验方案创新设计。 基于现实工业生产情境，结合视频、动画，让学生身临其境感受到海洋资源的提取。	☑自主 □合作 □探究 ☑主动性 □交互性 □体验性 □问题性 □独立性	学生基于"三个助手"数字化平台上提供的实验报告模板，结合线上视频资源，自主完成实验报告的设计与填写。
	评价	1. 评价工具："三个助手"数字化平台。 2. 评价者：自己、同学和教师。 3. 评价方式： 　自评：评价量表、开放式题目。 　互评：请班级同学对开放式题目的回答进行打分。 　师评：根据学生开放题的作答情况进行评价。		

（五）使用成效

在我们学校，学生可以根据老师提供的虚拟学习空间提前预习新知识，或者针对个人的薄弱点进行强化复习。这种学习模式的好处在于学生的新知识接受能力得到了增强，作业质量也有所提高。更重要的是，学生对学习内容会有自己的思考，能够在课堂上或课后向老师提出相关问题。这种互动方式很好地改变了学生被动接受知识的现状，促进了学生的思考和理解。此外，基础较差的学生可以根据老师提供的资源，在电子设备上反复观看，针对自己学习的弱项进行强化训练。这种个性化的学习方式能够更好地满足学生的学习需求，提高学习效果，打好学习基础。

另一处亮点在于能够对学生做出更准确、多元的评价与反馈。学生根据老师提前设计的评价量表，及时了解自己的学习情况，促进自我反思能力。在互评中，学生可以根据其他同学的作业反馈，对自身的学习情况做一次"再复习"。并且在对于开放题的评价中，能彼此激发灵感，形成头脑风暴，提高学生的创新意识。而在师评过程中，老师可以给予学生专业的指导和建议，真正做到因材施教。通过这种多维度的评价方式，学生可以更好地认识自己，提高学习效果。

五、研究反思

随着互联网日益渗透到线下教育中，出现相互融合的趋势，并且我认为打造虚拟学习空间和线下课堂教育呈互补状态。

首先，虚拟学习空间的学习让学生成功地克服了时间和空间距离的限制，实现了跨越网络的学习。学生能够根据自己的时间表和生活方式来安排学习，且不再受限于校园，成为一种开放式教育。这种灵活性为学生们创造了更多的学习机会，让他们更好地平衡学业和生活。

其次，这种学习模式更好地体现了主动学习的特点，鼓励学生培养自主学习能力和信息获取能力。学生通过自主学习和独立思考，能够更有效地提高学习成果，使其能够更好地适应现代教育和终身教育的需求。

最后，相较于传统课堂，这种学习方式能够更好地满足每个学生的学习需求。在传统课堂中，老师无法兼顾每个学生的学习能力和学习速度。而虚拟学习空间则赋予学生更大的自主权，去选择落实基础巩固或者选择能力提高。此外，学生可以通过自评、互评、师评，更好地了解自己的学习情况，有针对性地改进学习方法。这种个性化学习与评价机制，为学生提供了更多的学习机会和更好的学习体验。

案例五
生物学学科"原创"个性化学习资源建设与应用案例①

一、建设背景

（一）课程要求

新《普通高中生物学标准》指出，高中生物学课程要让学生获得基础的生物学知识，也应让学生能进行主动学习。所以，高中教师有必要根据学生学习特点，寻找合适的信息化资源，来为学生打造新的学习空间，帮助他们养成主动学习的良好习惯。

（二）学情要求

高中生物学的内容已涉及微观的分子生物学、细胞生物学，对于刚进入高中的高一新生来说，理解微观结构与宏观功能的关系，就显得较为困难。我们创设的资源库以视频资源为主，使生物学的微观世界以具象化、情境化，有利于构建学生的形象思维，为其进一步的抽象思维创设条件。一方面可用于复习巩固课堂相关知识，另一方面也为学生提供更多、更深入的资料进行学习，为学生自主学习提供时间和空间上的便利，提高学生学习的兴趣，进行更多的探索与实践，从而全面提升学生的生物学学科核心素养。

二、资源来源

上海微校的"空中课堂"、网站的剪辑视频、高木学习。

---

① 本案例由张念恩撰写。

三、目录编制

为方便学生进入虚拟资源库的检索，我校的生物学视频资源分三个一级目录："课内同步资源""课外拓展资源"和"我们的微视频"。课内资源主要按《生物学》教材的顺序来进行编排，分为"必修"和"选修"两个二级目录。每个目录下按每册教材分三级目录，每册教材中的章节为四级目录，四级目录（每一章）中都会有三个板块："教材配套网课""教材基础知识解析视频""实验（或活动）演示"三种视频资源，方便学生对教材同步内容进行学习巩固。课外拓展资源单独成为一个级目录。"我们的微视频"分两个二级目录，一个为"教师微课"，主要为一些学法指导的微课；另一个为"学生微视频"，集中一些制作精良的学生视频供大家相互学习。（图4－20）

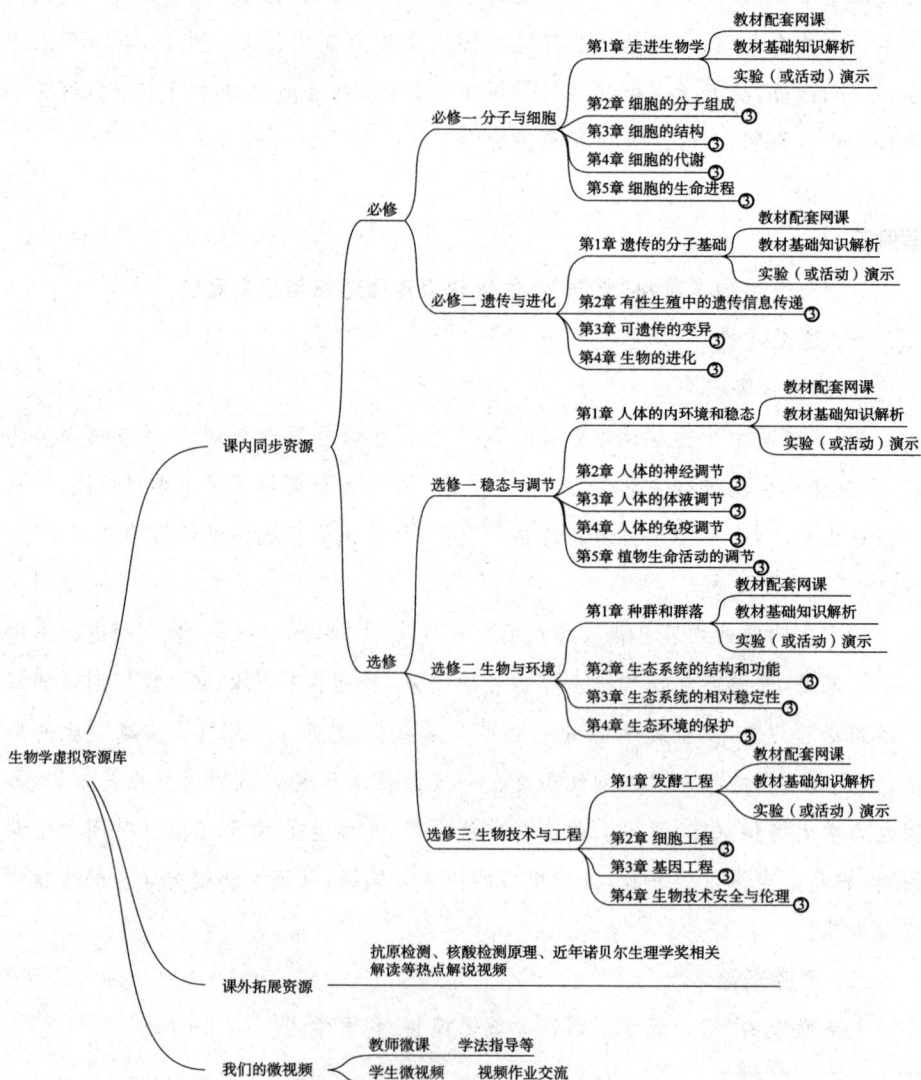

图4－20　生物学学科"原创"个性化学习资源建设目录编制框架

四、典型案例

（一）资源名称

《有性生殖中遗传信息通过配子传递给子代——减数分裂过程》

（二）目录途径

1. 高木学习/资源库/视频库/必修第二册第 2 章/第 1 节/（图 4 - 21）

图 4 - 21　高木学习相关资源路径

2. 校内资源库：课内同步资源/必修/必修二/遗传与进化/第 2 章/第 1 节/教材基础知识动画解析

（三）设计依据

1. 学习目标

概述减数分裂不同时期的染色体变化的规律及其意义。

2. 学情分析

本节内容时为比较微观，涉及 DNA 数量与染色体行为变化的关系、同源染色体和染色单体概念的辨析及其行为对减数分裂的意义、姐妹染色单体的分配规律等，而教材提供的图文对于初学者而言是存在一定困难的，不充分理解概念，往往会导致学生前学后忘。因此，需采取适当的方法促进学生能进行复习巩固。教师布置的任务不能只限于书面练习，简单的识记也不易内化为学生的学科素养。故通过激励学生用自创材料制作减数分裂视频的任务来促进他们主动学习，同时用虚拟资源库来为他们提供相关学习资料的支持。不仅如此,借助高木学习,教师可以自组测试题,作为他们自我评价和教师了解他们学情的重要依据,以便于必要时提供帮助。

3. 学习重点

通过虚拟资源库中资源的学习,能概述减数分裂不同时期的同源染色体、非同源染色体、姐妹染色单体的分配规律,理解减数第一次分裂和第二次分裂的实质。

4. 学习难点

(1)正确使用合适模型演绎减数分裂的过程;

(2)利用拍摄微格动画或者视频演示减数分裂的过程。

(四)任务设计

表 4-14　生物学学科"原创"个性化学习资源应用任务表

学习任务	空间特征	具体陈述	学习方式与特征		具体陈述
任务一:观看资源库相关目录视频及高木 APP 本节讲义,复习减数分裂的过程,完成讲义中基础知识自测。	☑开放 ☑共融 □情境化	该任务支持学生在有网络的任何地方使用电脑或手机获得虚拟资源进行学习,学习后可以通过高木学习 APP 来对自己学习情况进行测试,学生对测试结果可以进行再次学习与巩固,或冲关成功直接进入下一个任务。这次过程中能实现人机协同评价,体现共融、开放的特点。	☑自主 ☑合作 □探究	☑主动性 ☑交互性 ☑体验性 ☑问题性 ☑独立性	学生在课堂教学后,主动利用业余时间利用虚拟空间进行独立的学习和自我检测,教师可以用 APP 对其测试结果进行反馈,指导其学习,帮助解决专业上的问题,以便于学生进行下一个环节的任务。
	评价	1. 评价工具:高木学习 2. 评价者:高木学习、学生自己、教师 3. 评价方式:高木学习上的测试题			
任务二:结合所学内容,利用身边适合材料,模拟减数分裂染色体在各时期的行为,必须有讲解和文字说明,拍成视频或做成微格动画。	☑开放 ☑共融 ☑情境化	在不限制学生取材的条件下,学生可以脑洞大开地寻找最适合表达自己团队制作意图的素材制作模型,学习了资源库的视频后,他们可以有自己独特的视角和创意制作自己的模型,并小组合作完成视频拍摄。充分体现开放、共融、情景化的特征。	☑自主 ☑合作 ☑探究	☑主动性 ☑交互性 ☑体验性 ☑问题性 ☑独立性	学生自己寻找适合材料制作模型,在拍摄过程中学生能充分发现问题、解决问题,整个学习不仅提升生物学科素养,更提高了美工、摄影摄像、模型制作、视频制作、配音等多种跨学科素养。上交视频通过自评、互评、再修改后,上传到虚拟资源库的"学生微视频"目录下,供更多的人进行学习,以实现交互功能。

学习任务	空间特征	具体陈述	学习方式与特征	具体陈述
	评价	1. 评价工具：评价量表【①生物学原理（符合、基本符合、有待改进）；②美工设计（优秀、良好、一般）③创意设计（优秀、良好、一般）④参与率（1—5分，组内评分）】。 2. 评价者：教师、学生、其他学生。 3. 评价方式：请组内外同学为他们小组的作品打分。		

（五）使用成效

不得不说，学生们视频作业的作品让人刮目相看。从学生呈现的视频作业来看，首先这是他们亲手制作和配音的，能把书本上的文字和图片转化成动态的视频，没有较为扎实的生物学学习基础是不可能完成的。将之与课堂上的发言相比，视频中的学生自己的配音讲解是那么自信，很难相信那曾经是结结巴巴回答不出问题的人，可见他们在进行拍摄前进行了一番踏踏实实的学习。不仅如此，他们对减数分裂模型材料的选择虽然五花八门，但特别有创意，一位学生用小牙签套着彩色帽子来表达联会的染色体如何交换，那其实是课堂上还没讲过的内容，学生必然是通过虚拟资源库学到了更多关于减数分裂的知识，从而出色地完成了学习任务。

学生其实是希望在各种活动中展现自己的能力的，单一的课堂教学可能只能让部分学生的部分能力展现出来，而有些学生的能力没有得到充分的展示，在课堂中他们就往往保持沉默。要改变现状，教师就需要创设一个能激发学生自主学习的任务，并提供其自学的虚拟学习空间来进行创作，才让这些学生的各种能力得到发挥，这不仅能提高了他们的生物学科核心素养，更能提高他们的跨学科素养。

五、研究反思

我们学科组使用了高木学习这个市级网络虚拟资源平台，可以通过平台选择学生适合的习题对学生学习成效进行检测，系统记录学生的知识图谱掌握情况，通过 AI 技术可以向学生再推送相关知识点的学习内容进行复习巩固，是教师了解学生学习情况的好助手。

而我校教师的学习资源更是贴合我校学生的学情。自从电脑的普及，其实多媒体的使用已经普及在每节课中，然而教师的资料都存在于自己的 U 盘中，使用于自己的课堂中。而通过虚拟资源库的建设可以发挥教研组每位成员的作用，大家共同建立虚拟资源库，把适合本校学生的资源规整在一起，不仅方便所有的教师备课查找资源，更为学生打造了一个开放的、可以进行自主学习的空间，改变他们以往单一的学习方式，让他们在任务引领下发现问题、探索方法解决问题，使他们可以获得更多的体验。我校生物教研组在"基因工程限制酶的作用""酸奶制作"等专题中要求学生动手制作，上交作品,明显感到学生们参与的积极性比做书面作业高。从书本走向体验,是学生最渴望的,能给他们最专业、最贴切、最及时的支持的,应该就是他们的老师和他们打造的虚拟学习空间了吧!

第四节　研究与实践者的展望

知识的海洋如此丰富多彩,学生畅快遨游,老师们看到学生的成长自然也是乐在其中。我们希望老师和学生都可以畅游知识的乐园,建园者和游园者都能找到属于自己的乐趣。

一、成果与反思

研究中,各学科教师多次围绕"双新"教学改革、学科核心素养的落实、学生本学科的行为特征和问题归因、教育教学中的信息技术应用等主题做深入研讨,加深了对"双新"理念的理解,对学科结构、学习方式、现代化技术手段的认识和实践。其间,全校教师积极参加信息化教学能力提升的培训课程;6位教师曾主动报名参加跨学科训练营活动,学习跨学科课程的开发和学生活动的设计,为跨学科学习资源积累素材;10个类别的学科组均依据子课题的分任务积极申报市、区级教科研课题或项目,语文、数学、英语、生物、历史、地理、体育学科均有区级立项,多位青年教师在各类征文中积极投稿并获得市级奖项,提升了教科研水平和学科专业素养,反向使学生获益。在教师的教学方式的变革下,学生的学习方式也在逐步发生变化。

学生心声

我觉得在学习方式上,真的跟以前大不一样了。以前就是老师讲,我们被动听,现在更多的是自主学习,合作探讨。比如,我们在学习语文课内文章的时候,老师会给我们一个主题,然后让我们自己去找资料,自己制作演示文稿,自己讲解。这样的方式,让我们不再是被动的接受者,而是主动的探索者。

我现在可以从老师给的资源中找到很多扩充的知识,开阔了眼界,而且有些懂了的东西就可以不看,节约了时间,留下更多的时间去学自己喜欢的东西。老师也鼓励我们自主学习,我们可以自己制作视频、表演小短剧,真的挺酷的,更直观地理解那些抽象的概念。

我们现在会更多地参与到课题研究里,不再是单纯的课堂学习,而是实际动手操作,这样的体验挺好的。比如,我对化学实验感兴趣,所以我会主动找跟化学实验相关的问题,老师给我们的链接视频很有意思,有空也可以自己动手做一些实验拍成视频和同学们分享,还可以将一些发现和研究做成视频参与校级和区级的比赛，也获得了奖励，我对自己的兴趣和优势有了更深的了解。而且，通过参与各种活动，我也结识了很多志同道合的朋友，我们一起研究问题，一起进步，这也让我觉得学习变得更加有趣。

现在我觉得学习不再是一个人的事情，而是一群人的事情。我觉得这样的学习方式，不仅让我学到了知识，也让我感受到了学习的乐趣。

……

能为学生搭建真正个性化的优质学习资源是一件颇有难度的事情，但却是功德无量的。正因如此，即便本校师资力量单薄，自行开发研究，我们也坚持努力向着这个目标去靠近。例如，本学习平台的资源建设虽已完成各学科方案，各学科组正逐步添加学习资源，对典型样例进行打磨，后续将由点到面扩大应用，并对资源包的制作、资源上传、资源使用、成效评价等工作持续推进。由于种种原因，我们仅在学科资源的建构上做了一定的探索，部分学科、教师通过这次的研究已身体力行地迈开了探索的第一步，然而生涯资源尚未完成整合。在资金充裕的前提下，虚拟空间理论和实践中还有一些内容是我们可以尝试的，如：虚拟现实（VR）教学、编程与机器人教育等。再者，虚拟空间是以信息技术为依托而存在的学习空间，在当今社会信息技术日新月异，技术的更新迭代速度不断加快，这对校内普通教师而言具有很大挑战。综上，即将完成的工作中有一些具有挑战性的工作，如：资源建设的覆盖面，内容的完备性和学情的针对性；针对学生对个性化学习空间使用前、使用中和使用后的学习习惯、能力、状态的诊断及对此提供的相应的教学指导等。

二、未来展望

2024世界数字教育大会上，《数字化进程中的中国学习型社会建设报告》指出：到2035年实现乡镇、街道的数字化社区学习中心全覆盖，以家庭为单位的数字化、智慧化学习环境不断普及并推广；实现95％的家庭可通过计算机或手机高速接入互联网支撑数字化终身学习。我们欣喜地看到，在国家推进教育数字化转型的过程中，越来越多的"数字基座"正在为教育转型提供智慧的学习环境。"数字校园平台""在线教育资源库""智能评估与考试系统""双师课堂""数字课程""云游博物馆""情境感知教学环境""三个助手""教育大数据平台""学习管理系统""智慧操场"等数字化基座正在让学习变得无处不在，越来越多的智能教育服务正在进入中小学。我们的团队也将在学习中进一步探索。

专家曾向我们提出问题：对本校学生而言，自主学习的动力从哪里来？如何才能使得学生主动地、认真地用好所搭建的个性化学习平台？我们也意识到，资源被使用的频率、来自学生和家长的口碑是两项非常重要的评价指标。对于这一问题，我们将在后续研究中尝试解答,不断完善资源的建设,提高在线学习的吸引力和有效性,激发起学习者的热情和动力。

此外,我们重视学生的综合素质评价。在注重学生学业成绩的同时,我们希望能通过信息技术手段,对学生在校表现实时记录,进行全方位评价。探索建立数字化监测与评估体系,对在线学习的质量和效果进行监测和评估,不仅能为学生的综合素质评价提供依据,也能以此作为优化课程设计、提升课程质量的依据。在研究中,我们了解到有学校已借助"人工智能作业分析系统"进行"教、学、评"与作业设计,尝试满足分层教学、个性化反馈等需求,实现作业减量提质。我们也希望有前置的学习评价来了解每位学习者的个性化数据,提高教学计划的科学性和精准性。

最后,我们也关注学生的心理健康教育。我们希望能与同行们一起探究如何利用信息技术搭建起心理咨询平台,为学生提供心理辅导服务,让学生、家长和教师通过线上咨询、心理测试等功能,随时随地了解自己的心理状况,培养良好的心理素质。

几年来,学校不断努力探索信息技术与教学的深度融合,用智慧和创新解决学生们的问题,回应家长和学生的呼声,为学生的全面发展奠定基础。在今后的工作中,我们将继续深化改革,为培养更多优秀人才而努力!

第五章

铸造指引反思的"明镜",展望空间再造的前景①

第一节   寻找指引反思的路径

一、为什么需要构建空间再造的评价指标体系

古语云：以铜为镜，可以正衣冠；以古为镜，可以知兴替；以人为镜，可以明得失。可知自古以来，我们以镜为鉴、借镜自省。那么在空间再造的研究中，成败得失的判定、空间再造的进一步优化，也需一面"明镜"指引。

为学习服务、为学习者服务是空间建设的意图所在。在学习方式不断变革的背景下，关于学习者的需求与空间的形式、空间的开放性、空间应用主体的多元性等是否匹配；学习者的需求能否在空间中得到充分满足；学习者不自知的学习需求能否在学习空间中被激发，即能否实现学习空间赋能、如何评价空间赋能的水平等问题的探究尚未形成较多的研究成果。我们迫切需要一面"明镜"自照、自省、指引反思。

二、我们需要怎样的空间建设的评价指标体系

（一）我们想用这面镜子做些什么

空间建设评价指标体系所评价的对象主要为空间对活动目标达成的贡献度。所以这面"镜子"应当能帮助空间的建设者和空间的使用者进行量化打分评价，从而客观、精确地"映照"出空间建设的优缺点、应用空间的有效性。

评价指标体系要对空间建设和应用水平进行量化评价，就需要在评价指标体系中对各评分项作出明确、规范的定义，并对达成度展开分水平层级的精确描述。这样才能方便评

---

① 本章由邢慧珺撰写。

189

分者使用量表精确评判。如此一来,对照这份评价指标体系,也就能明确空间建设和空间使用的各水平目标,从而指引相关人员进行空间再造优化和空间有效应用。

(二) 我们想从哪些角度观照空间下的教学活动

学习空间建设有多维度建设目标,诸如激发学习积极性和主动性、提升学习效率、提供学习资源、开拓学习的时间空间等。比如图书馆的空间格局往往是高阔、明亮、简洁的建筑风格,这是为了营造出平和宁静的氛围,从而有利于身处其中的读者减少干扰地沉浸在舒适的阅读体验中,进而激发投身学习的积极性。又比如体操房的空间格局往往布满巨大的镜子,方便学习肢体运动技能的学习者时刻观照自身的形体是否优美、动作是否标准,从而提升肢体动作类学习的实际效果。

学习空间是多维度的,包括正式空间、虚拟空间、校家社合作空间等;学习行为是多维度的,包括师生合作、生生合作、学生自主、校家社合作等;使用空间的主体是多元的,包括教师、学生、家长、社区等。因此,评价学习空间的指标体系也应实现多维度,从而有利于对学习空间形成综合性评估结论。在构建评估维度时,一是要看学习空间创设的学习情境是否符合认知机制;二是要看学习空间所营造的氛围是否有助于学生的沉浸式学习;三是要看学习空间中所包含的元素是否支持多种学习活动的开展[①]。

基于学习效能的学习空间评估关键在于学习活动与学习空间的融合程度和学习空间对学习需求的满足程度[②]。一方面,学习空间应因不同学习需求而提供不同程度和不同种类的支持,在教学活动中,应将空间、学法、技术紧密结合[③]。另一方面,学习空间应在潜移默化中对学习活动、师生互动产生影响,从而改善学生学习[④]。因此,学习空间的评价指标体系在设计时应深入考虑未来所服务的教与学的方式。

从学习环境对学习者所能提供的支持的角度对学习空间进行应用评估,可以尝试从三个方面进行综合性评价。一是应评价学习空间设计是否富有文化性与教育性,将美学与人文关怀相结合,通过潜移默化的环境文化起到和教学目标一致的教学效果;二是应评价学习空间是否能提供充足的物质技术支持,帮助学习者获得所需的合作条件、知识资源等;三是应评价学习空间的技术水平,无论在硬件技术还是软件内容上,是否能保证学习活动和

① 沈书生.学习空间:学习发生的中介物[J].电化教育研究,2020,41(08):19—25 + 42.
② 邵兴江,张佳.中小学非正式学习空间建设:前策划、中设计与持续改进[J].教育发展研究,2022,42(22):67—75 + 84.
③ Sala-Oviedo, A., Fisher, K., & Marshall, E. The Importance of Linking Pedagogy, Space and Technology to Achieve an Effective Learning Environment for the 21st Century Learner [C]. Barcelona: International Conference on Education and New Learning Technologies, 2010:965 - 975.
④ Walker, J.D., Brooks, D.C., & Baepler, P. Pedagogy and Space: Empirical Research on New Learning Environments [J]. Educause Quarterly, 2011,34(4).

学习者的安全性。

第二节 铸造指引反思的"明镜"

在明确评价指标的价值与作用的基础上,我们开展了学习空间下的教学活动评价指标体系构建的研究。我们希望能在当今快速变革的教育教学环境中,开拓出与时俱进的、科学的考量学习空间下教学活动的评价指标,全面洞察学习空间下教学过程中的亮点和不足,为学校开展空间再造提供数据支持、为教师调整教学策略提供评价指引、为学生创造更富有启发性和互动性的学习环境,从而推动积极有效的教学变革。

一、评价原则

(一)科学性原则

符合科学性原则的评价指标体系应当逻辑清晰、表述明确,整个体系覆盖评价对象的各个方面,同时各指标之间具有互斥性。

(二)导向性原则

在构建评价指标体系时,将学生的学习需求、发展潜能以及个体差异纳入评价的考量范围,以引导学校教育朝着更加个性化、全面发展的方向迈进。

(三)操作性原则

指标体系中的表述要明确且易于理解,让各评价主体可以依据课堂观察,对各项指标进行评分。同时,指标体系的复杂度要适中,评分点不宜过多,以减轻评价者的负担。

(四)适切性原则

评价指标要符合校情、师情、生情,对于本校的教学实践有切实可行的指导意义。一方面,评价指标的设立要建立在学校已有研究与实践的基础上。另一方面,评价指标中各个水平的设定要符合本校师生的能力水平,根据最近发展区理论,激励师生的发展。

二、评价主体与评价客体

(一)评价主体

评价主体应当涵盖学生、家长、教师团队以及相关专家队伍。通过多主体参与评价,实现综合各方观点,全面了解学校学习空间的质量和效果,确保评价的全面性和公正性。

(二) 评价客体

评价客体应当包括以下三种分类:普通教室、专用教室、学科实验室、创新实验室、楼道墙面空间环境中开展的各类活动;在校家社一体化的空间中,即学校与家庭、社区合作的学习空间中开展的各类活动,诸如在社区亲子活动室、社区图书馆开展的活动、借助社会资源在校内开展的各类活动等;虚拟空间中的学习活动,包括学习者通过网络环境对个性化学习资源的获取、学习者在学习过程中的线上师生互动和生生互动等。

三、评价指标体系

表 5 - 1   上海市中原中学学习空间评价表

一级指标	二级指标	三级指标	观察点	评分(1—5 分)
学习空间再造	开放	学习场所的开放性	包括教室、楼道、墙面等校内场所	
			包括社区、高校、博物馆等	
			支持学生在家或校外获取资源学习	
		学习时间的开放性	能在课堂上利用空间提供的资源学习	
			能在课堂外通过学习空间学习感兴趣的内容	
		学习内容的开放性	提供了国家课程内的学习内容	
			提供了国家课程外的优质学习资源	
			学生的学习成果可共享	
			学习资源动态变化,不断更新、迭代	
		学习评价的开放性	支持评价主体(学生、教师、家长等)多元	
			支持评价方式(自评、互评、他评等)多元	
			支持评价内容(演讲、测验、作品等)多元	
			支持过程性和终结性评价	
	共融	资源来源的共融	国家课程、校本课程共融	
			与国家中小学智慧教育平台、"空中课堂"等资源共融	
			与区级"创智课堂"、校级"实创课堂"资源共融	
		空间功能共融	支持教师教学与学生自学共融	
			支持自主学习与同伴互助学习共融	
			支持书本知识学习与实践、实验学习共融	
		评价共融	为每个学生提供系统性的"数字画像"	

一级指标	二级指标	三级指标	观察点	评分（1—5分）
		培育目标共融	可以实现人机协同评价	
			支持培养学科核心素养与实创素养	
			支持德智体美劳五育融合	
	情境化	情境的真实性	提供适宜的服化道	
			灯光音箱等硬件设备效果良好	
			提供的情境贴近生活	
		情境的沉浸性	各项软硬件设施运作良好	
			能促进学生具有较强氛围感的学习体验	
学习方式变革	主动性	支持主动学习	支持学生主动使用软硬件设施	
			支持学生主动参与小组合作与问题解决	
			支持学生主动参与实验、实践活动	
		支持主动创新	支持学生参与活动、项目	
			支持形成新创意及作品	
	交互性	与人交互	与校内师生互动	
			与校际师生互动	
			与家庭互动	
			与社会人士互动	
		与资源交互	能利用投影仪、互动白板等硬件设备	
			能利用网络资源	
			能利用家庭资源	
			能利用社区资源	
	体验性	学习内容体验	能够通过观察感受体验活动	
			能够通过动手创造体验活动	
			能够通过虚拟仿真体验活动	
		学习过程体验	能够通过实践汇报体验活动	
			能够通过讨论分享体验活动	
		学习情感体验	能形成正确的情感体验	
			能形成积极的态度	
			能形成正确的价值观	
	问题性	能激发学生提问的意识	依托真实的情境激发	
			依托实验或虚拟实验激发	
			在与同伴的学习交流中激发	

续　表

一级指标	二级指标	三级指标	观察点	评分（1—5 分）
		能支持问题研究	提供资源检索的工具	
			提供验证问题的条件	
			提供合作探究的环境	
		能展示问题研究成果	借助软硬件设备,通过汇报、竞赛、模拟等方式展示成果	
			支持校、内外展示交流	
	独立性	支持学习规划	提供有针对性的学习目标	
			提供学习规划的建议	
			支持学生基于建议进行学习规划	
		支持落实学习	提供个性化学习的软硬件条件	
			提供实时监测与反馈	
		支持自我评价	提供参考性学习评价	
			支持学生基于参考性评价进行自评	

第三节　持镜探索空间再造的应用

　　“摸着石头过河”,是我校在实践中推进空间建设和空间建设评价指标体系构建的生动写照。我们在应用空间及评价打分的过程中更新改进评价指标体系,以期更贴切地全方位衡量空间再造的成败,并为进一步改进学习空间提供指引。为此,我们选取了六个学习空间应用的评价案例进行展示。

案例一

　　《私下交易》纸牌魔术案例:一场别开生面的教学空间之旅[①]

　　一、在空间的探索中启航——《私下交易》纸牌魔术案例的深入剖析

　　当我们踏进数学创新实验室这个独特的学习空间,首先映入眼帘的是琳琅满目的学习资源:魔方、数独、纸牌、数学书籍、平板电脑以及摄像机等。这些资源不仅为学生提供了丰富的学习材料,更在无形中激发着他们的探索欲望和创新精神。而梯形桌子的设计,则巧妙地支持了小组合作学习,促进了学生间的交流与合作。摄像机的存在,更是师生记录学习过程、反思教学行为的便捷工具。

---

① 本案例由倪艳撰写。

在这个充满可能性的空间中,《私下交易》纸牌魔术案例应运而生。这一案例不仅充分利用了实验室的硬件设施,更通过纸牌魔术这一富有趣味性和探索性的活动,将数学学习与空间探索紧密结合在一起。学生在解密魔术的过程中,不仅锻炼了数学思维,更在动手实践中感受到了数学的魅力和实用性。

表5-2 《私下交易》纸牌魔术的评分表1

学习时间的开放性	能在课堂上利用空间提供的资源学习	5
	能在课堂外通过学习空间学习感兴趣的内容	4

二、空间中的亮点与挑战——纸牌魔术教学活动的深度反思

回顾整个纸牌魔术教学活动,我们不难发现其中的亮点与挑战。首先,空间的开放性为学生提供了广阔的学习舞台。他们可以在课堂上利用纸牌进行探索学习,也可以在课堂外通过网络资源继续深入研究。特别值得一提的是,在这次活动中,教师巧妙地利用了梯形桌子的设计,将学生围坐在自己周围,形成了一个小型的剧场。教师利用纸牌这一学习资源,为学生们带来了精彩的魔术表演,不仅吸引了学生们的注意力,更激发了他们对魔术背后数学原理的好奇心。

同时,学生们也积极参与其中,用摄像机记录下教师的表演过程,方便课后观看学习。这种录制的方式不仅让学生们能够随时回顾和巩固所学知识,还为他们提供了模仿和表演的机会。当学生们尝试进行模仿表演时,教师也耐心地为他们拍摄下来,记录下他们的学习成果和进步。

这种跨越课堂内外的学习体验,不仅增强了学生的自主学习能力,也培养了他们的实践能力和创新意识。通过亲自参与表演和录制,学生们更加深入地理解了纸牌魔术背后的数学原理,同时也锻炼了动手能力和团队协作能力。

表5-3 《私下交易》纸牌魔术的评分表2

支持主动学习	支持学生主动使用软硬件设施	5
	支持学生主动参与小组合作与问题解决	5
	支持学生主动参与实验、实践活动	5
支持主动创新	支持学生参与活动、项目	5
	支持形成新创意及作品	4

然而,挑战在学习过程中同样不可避免。部分学生在探究纸牌魔术背后的数学原理时表现出困惑,这可能源于教师的阐释未能达到足够的清晰度,或是学生自身的理解能力尚待提升。为了有效应对这一挑战,教师必须充分利用数学创新实验室中的丰富资源,如平板电脑、数学书籍等,为学生提供更为详尽且生动的解释与示范。此外,

借助摄像机记录学生的学习过程,教师可更深入地洞察学生的困惑与需求,进而为他们提供更具针对性的学习指导。尽管如此,仍需注意在学习规划、支持落实学习和支持自我评价方面的不足,这些问题可能源于目标设定的不明确、规划建议的笼统性、实时监测与反馈的缺乏以及清晰评价标准的缺失。为解决这些问题,教师需要进一步优化学习目标、具体化学习规划建议、强化实时监测与反馈机制,并提供明确的参考性评价以支持学生的自我评价。通过这些措施,我们可以期待在纸牌魔术教学活动中更有效地促进学生的数学理解与创新能力的发展。

表5-4 《私下交易》纸牌魔术的评分表3

支持学习规划	提供有针对性的学习目标	4
	提供学习规划的建议	2
	支持学生基于建议进行学习规划	2
支持落实学习	提供个性化学习的软硬件条件	4
	提供实时监测与反馈	1
支持自我评价	提供参考性学习评价	1
	支持学生基于参考性评价进行自评	1

三、空间的未来探索——纸牌魔术教学活动的再造与提升

展望未来,我们期望在数学创新实验室这个独特且富有创意的空间中,进一步挖掘纸牌魔术的教学潜力与价值。我们将充分利用空间中的各类资源,特别是摄像机和学生平板电脑等高科技设备,以提升师生的实时互动性和教学体验。

首先,结合摄像机的录制与回放功能,我们可以为学生创造更多自主学习和反思的机会。通过观看自己的学习过程,学生可以更清晰地认识到自己的优点和不足,从而有针对性地进行改进。同时,教师也可以根据学生的学习记录,提供更精准、个性化的指导。

其次,学生平板电脑将成为学生探索纸牌魔术背后数学原理的有力工具。通过平板电脑上的数学软件和应用,学生可以更直观地理解数学概念,更深入地探究纸牌魔术的奥秘。此外,平板电脑还能支持学生进行跨学科的纸牌魔术活动设计,如结合物理学的力学原理、心理学的认知规律等,创造出更丰富、更有趣的纸牌魔术表演。

在这个空间中,我们还将关注个体差异,为不同需求的学生提供个性化的学习支持。利用空间中的丰富资源,我们可以为理解能力较强的学生设计更高难度的纸牌魔术挑战,激发他们的创新思维;对于需要帮助的学生,我们可以利用平板电脑上的辅导软件和数学书籍等资源,为他们提供及时的辅导和补救。

最后,教师也需要不断提升自身的专业素养和技术能力,以适应空间的变化和学

生的需求。他们将通过参加专业培训、与同行交流等方式，不断更新教学理念和方法。同时，教师也将积极利用空间中的资源，如摄像机记录自己的教学过程并进行反思和改进，以提高教学质量和效果。

总之，数学创新实验室为我们提供了一个充满无限可能的教学空间。通过充分利用空间中的资源和技术手段，我们将能够进一步挖掘纸牌魔术的教学价值，培养学生的综合素养和创新能力，实现更高水平的教学质量和效果。

四、结语：共创教育的新未来

在教育的新篇章中，空间的建设与利用将成为重要的议题。《私下交易》纸牌魔术案例为我们提供了一个有益的参考和启示。通过深入挖掘空间的潜力并充分利用其中的资源，我们可以为学生创造更加丰富多彩的学习体验并培养他们的综合素养和创新能力。让我们携手共创教育的新未来，让空间成为学生学习、探索和创新的乐园。

案例二

《走进人物采访》：一次在光影中的课程空间探索①

《走进人物采访》课程的设置使同学们能够较为系统地在实践中学习新闻采访、影像常识、拍摄技巧等方面的理论知识，为学生动手能力、审美能力和科学创新素养的培育搭建舞台。经过前期的课程体验，通过多元评价问卷的方式针对"走进人物采访"这一课程的满意度，以及课程开展中涉及的学习内容、学习空间再造及利用、学习方式变革的达成与双新背景下学科核心素养及学校实创素养间的匹配度进行反馈，旨在有针对性地达成课程设计与学习空间再造的迭代。

一、一段探索真实的创意历程——课程构想与现实之间的差距

《走进人物采访》课程设想通过关注学习空间的利用与再造，对现有学习空间的功能区域进行优化，打破学习空间布局相对固化与单一的缺陷，充分利用校内其他的学习空间资源，为学生在项目化的学习过程中提供多样化的外部学习环境，突破场所的限制，进而转变传统以"教"为中心的教学模式，打造开放、共融的学习空间，为学生自主学习、跨学科小组学习、综合实践活动提供支持。使学生在掌握影视基础知识技能的同时，激发不断探索、推陈出新的创新意识，学生在实践性的学习活动中，形成系统思维，不断深化所学知识技能，提升分析问题、解决问题的互助合作能力与素养。

依托于《新闻与摄影》创新工作室的正式学习空间，具备较为完善的硬件资源，但学习空间的开发利用在一定程度上受到学习内容与课时的限制。如摄影类课程与国家课程的学习内容交叉较少，也缺乏从校外获取学习资源的途径；由于学生个体的差

---

① 本案例由龚瑶撰写。

197

异,学习空间也无法满足不同学生的个性化需求,影响学习效能;第二课时中有关"摄影实践体验"的学习,在课时充足的情况下可以利用专用教室的摄影器材(相机、模型)等进行布置,提供创作环境,但受限于 40 分钟的课时容量而无法实施。尽管项目成果的选择紧扣课程内容,但在一定程度上也限制了学生作为课堂主体发挥的正向作用,对于部分学生来说缺乏参与热情,影响学生对于后续课程内容学习的积极性。

二、一场基于共情的深度对话——现有学习空间的亮点与不足

(一)增强学习空间的"共情"能力

"走进人物采访"课程的学习空间打破了固化的空间布置,在课程开展的过程中,避免了约束学生们的活动区域设计,通过对原来过于刻板的功能区域划分的改造,提高了学生开展讨论与交流的积极性,营造深度思考与思维碰撞的环境氛围。

为了使学习空间不仅仅被当作一个"学习场所",在建设、布置、规划过程中我们让师生共同参与其中。即根据教学的内容与需求,在课任教师的指导下包括但不限于广泛收集学生对于项目工作室学习空间建设的意见,让学生直接参与到学习空间设计和布置中来,做到师生共同参与。这在一定程度上弥补了学习空间与学生之间关系的缺失,真正让学习空间在课程开展的过程中得以满足学生的真实需要。

表 5 - 5 《走进人物采访》课程学习空间评价表 1

空间功能共融	支持教师教学与学生自学共融	4
	支持自主学习与同伴互助学习共融	5
	支持书本知识学习与实践、实验学习共融	5

(二)打造情景化的项目式学习空间

通过对学习空间的再造,关注学习主体的主动参与、亲身经历、持续探究及情感体验。项目化教学模式在培养学生多维能力、提高学生核心素养方面有其独特的优势。学习情境越真实,学习者就越投入,距离目标的达成就越近。在"人物采访"等主题的实践活动中,营造电视人物访谈的真实场景,在活动开展的过程中充分调动学生在项目化学习过程中的主动性、交互性与体验性,转变学生学习方式。

关于"摄影景别"部分的理论知识,我们尝试邀请同学在自主学习的基础上在"创意实践区"作为小老师进行授课,在台上台下的互动中,让我们意识到这次尝试充分体现了课程设置之初"以学习者为中心"的教学主张,互动教学模式改变了学生在课堂教学中的地位,使学生成为知识信息的主动构建者,学生能够真正积极主动地去探索知识,而非被动地接受知识。学生在将自己内化的知识进行转化,进而不断输出的过程中,又会形成更加深入的理解与认识,这是对原有认知的再次学习与建构。

表 5 - 6 《走进人物采访》课程学习空间评价表 2

	支持学生主动使用软硬件设施	5
支持主动学习	支持学生主动参与小组合作与问题解决	5
	支持学生主动参与实验、实践活动	5
支持主动创新	支持学生参与活动、项目	4
	支持形成新创意及作品	4

（三）完善校外学习空间资源

在评价量表的分析中,我们发现项目开展的过程中缺乏来自校外的学习空间资源支持,如社区、博物馆、高校、国家中小学智慧教育平台、空中课堂等资源的共融,通过关注学习空间的利用与再造,为学生在项目化的学习过程中提供多样化的外部学习环境,突破场所的限制。

表 5 - 7 《走进人物采访》课程学习空间评价表 3

三级指标	观察点	评分（1—5 分）
学习场所的开放性	包括教室、楼道、墙面等校内场所	4
	包括社区、高校、博物馆等	1
	支持学生在家或校外获取资源学习	3
学习内容的开放性	提供了国家课程内的学习内容	2
	提供了国家课程外的优质学习资源	3
	学生的学习成果可共享	5
	学习资源动态变化,不断更新、迭代	4
资源来源的共融	国家课程、校本课程共融	3
	与国家中小学智慧教育平台、"空中课堂"等资源共融	2
	与区级"创智课堂"、校级"实创课堂"资源共融	4

三、一次融合虚拟真实的创新设想——共建 O2O 学习资源空间

从学习空间再造这一角度切入,对《走进人物采访》课程有以下几方面的完善思路:根据课程设置的内在需求,打造特色学习资源,加强 O2O 模式（online/offline/outside）学习支持,实现线上共享学习资源与线下个性化教学相结合的同时,立足学习空间的现状与学生的学习需求,建设结构化的学习资源库。通过工作室服务器,打造支持人机交互的网络学习空间,综合运用现代技术手段,改变传统的教师教学方式。在积累丰富的学习资源的基础上,对其进行梳理,形成清晰的资源结构,按年级、模块、类型等维度进行整合,从而为学习者配置不同的学习任务,引导他们获取相应的学习资源。逐步帮助学习者形成自主获取、选择、使用学习资源的意识,促使学生改变原有

的学习方式,开展自主选择性学习,真正落实以学习者为中心的思想。

"共享学习资源库"通过项目日记的方式,让学生将参与活动的表现、反思、策略随时以书面的形式记录下来,教师也可以在共享资源库中查看学生对资源库建设做出的贡献,综合形成过程性评价。学生自身也成为学习资源的建设力量,这种师生共建共享的教学资源促进了学习空间的迭代,进而推动学习方式的颠覆性转变,在构建师生关系、生生关系、学习资源虚实关系的过程中,赋予学习空间新的功能,在不同学习需求萌发与满足的过程中,学习空间自身也在不断地迭代与完善,以学生为中心的教育理念也就得到了体现,并最终促成学生的个性化发展。

案例三

远航的灯塔与头顶的星空——班级内外墙空间应用案例①

一、班级内外墙展示面板设计初衷

班级内外墙面作为学习空间的一部分,可以在班级建设过程中发挥重要的作用。我们的设计初衷是通过班级内外墙面展示达成以下三方面的目标:显班级文化,促进集体凝聚力;秀个人风采,助力多元评价;展班级活动,记录成长点滴。

二、班级内外墙展示面板优缺点

在实际使用过程中,班级内外墙展示面板显示出了如下优势:

（一）显班级文化,促集体凝聚力

班级作为一个集体,应有其核心价值观。班级文化是班级成员信念、价值观、态度的体现。传统上,班主任老师通过班会课及日常管理向学生传递班级核心价值观。通过对学习空间的再造,我们将班级内外墙面充分利用起来。班级外展板为班级文化展示区域,包括班级口号、班级建设目标、班级公约、班主任寄语等。班级文化是一个班级的灵魂,是每个班级所特有的,展示了每个班级的特色和风貌。通过班级文化展示,可提高班级成员的共识,促进集体凝聚力。

表 5-8　教室内外墙空间建设教师打分表

学习情感体验	能形成正确的情感体验	5
	能形成积极的态度	5
	能形成正确的价值观	5

（二）秀个人风采,助力多元评价

学业成绩与学生基础、学习能力有很大关系。如果把学业成绩当作评价学生的唯

---

① 本案例由曹恋撰写。

一方式，永远只有少数学生可以从中获取成长的动力。单一成长动力来源会让很多学生产生无力感，失去成长的动力与热情。每个学生作为独特的个体，必定有其独特之处。如果能够增加评价方式，提供更丰富的成长土壤与空间，更多的学生能够获取成长的动力，能够更自由、更自信地绽放自我。通过班级内墙空间再造，我们给学生打造了书法、绘画等艺术作品的展示空间。空间的再造促进了评价方式的多元化，能够给予更多学生成长动力，激励学生奋发向上。

表5-9　教室内外墙空间建设教师打分表

培育目标共融	支持培养学科核心素养与实创素养	5
	支持德智体美劳五育融合	4
支持主动创新	支持学生参与活动、项目	5
	支持形成新创意及作品	5

（三）展班级活动，记录成长点滴

学校有丰富多彩的活动，如军训、春游、运动会、艺术节、科创节、主题班会等。参加活动的过程也是学生成长的过程。每一个成长的时刻都值得记录并细细品味。通过教室外墙面空间再造，我们给各个班级提供了记录成长点滴的洞见。各个班级会根据不同阶段的班级活动定期更新班级外墙的活动照片，通过班级活动的展示，记录学生成长点滴。

表5-10　教室内外墙空间建设教师打分表

学习内容体验	能够通过观察感受体验活动	5
	能够通过动手创造体验活动	4
	能够通过虚拟仿真体验活动	1

当然，班级内外墙面板的作用不止如此，今后我们可以从几个方面进行进一步的探索，包括学习内容的开放性、学习的过程性评价及与多方的互动性等。

三、班级内外墙展示面板后续再造建议

（一）丰富展示内容，提升学习内容的开放性

1. 提供优质学习资源

墙面可以提供给学生优质的学习资源，促进日常学习。比如各个班级可与任课老师沟通，根据近期各科目学习的重难点确定墙面展示内容，通过优质学习资源的展示，或帮助大家巩固阶段所学，或帮助大家答疑解惑。各个班级还可以开发班级特色学习资源栏目，比如语文古诗文阅读、英语外刊阅读、趣味数学等，并定期更换。

2. 加快资源动态变化

本学期班级内外墙面板初步投入使用，因此各个班级都在探索阶段，资源的更新不够及时。今后在确定内外墙面板各个部分的展示内容后，可指定专人负责，并规划好更新频率，这样可以及时更新展示内容，一方面有利于维护"忠实读者"，另一方面也更有利于吸引"新的读者"。

表5-11　教室内外墙空间建设教师打分表

学习时间	能在课堂上利用空间提供的资源学习	1
	能在课堂外通过学习空间学习感兴趣的内容	2
学习内容的开放性	提供了国家课程内的学习内容	2
	提供了国家课程外的优质学习资源	1
	学生的学习成果可共享	4
	学习资源动态变化，不断更新、迭代	3

（二）丰富展示内容，促进形成性评价

通过班级内外墙面板空间再造，可以助力各个科目学习的形成性评价。日常学习中，各科目都有许多值得展示的内容，比如科目优秀作业、优秀笔记、语文和英语的优秀作文、某些知识的思维导图等，都可以作为展示的内容。形成性评价一方面可使相关学生获得成就感，增强自信心，另一方面，所展示的优秀作业等也可对其他学生起到积极示范作用。

表5-12　教室内外墙空间建设教师打分表

学习评价的开放性	支持评价主体（学生、教师、家长等）多元	3
	支持评价方式（自评、互评、他评等）多元	3
	支持评价内容（演讲、测验、作品等）多元	3
	支持过程性和终结性评价	2

（三）丰富展示内容，提高与多方的互动性

目前班级内外墙展示的内容局限于围绕班级学习、活动等进行，缺乏与其他人员，如家长、社会人员等的互动。今后，在与多方的互动性方面可以做一些探索，丰富展示内容。比如，可考虑设立"学长学姐答疑解惑/寄语"栏目，通过该栏目，解决大家共有的困惑或激励大家奋发向上。当然，各个班级在提高与多方的互动性方面可根据班级实际情况进行探索，形成班级特色展示栏目。

表5-13　教室内外墙空间建设教师打分表

与人交互	与校内师生互动	5
	与校际师生互动	3

	续 表
与家庭互动	3
与社会人士互动	3

总的来说,班级内外墙展示面板基本达成了预计的目标,在今后的使用过程中,可以进一步探索,通过丰富展示内容,提高学习内容的开放性、学习的过程性评价及与多方的互动性,提高空间的使用效率。

案例四

塑造法治意识,开启法治教育新篇章
——揭秘高中模拟法庭学习空间的优势与挑战①

模拟法庭已成为校园法治教育的重要部分,它为学生提供了一个亲身体验法庭程序的机会,有助于他们更好地理解法律体系和法律原则。这一实践活动的成功开展,与我校近年来实施的学习空间再造战略密不可分。自2023年我校开展模拟法庭活动以来,已经取得了显著的成就。这一成果的取得,离不开学校在学习空间再造方面的持续投入和创新。通过整合各种空间学习资源,如精心打造多功能、仿真度高的模拟法庭空间,学校为学生创造了更加逼真的法律实践环境,这不仅有助于学生更好地理解法律体系和法律原则,还极大地丰富了他们的学习体验。学校为学生提供了全方位、多层次的学习支持,这些学习空间的支持不仅提升了模拟法庭活动的专业性和实效性,也为学生的法律素养和综合能力培养奠定了坚实的基础。以下是对我校为模拟法庭提供学习空间的评价:

一、校家社一体化

表5-14 模拟法庭空间教师评价表部分(1)

三级指标	观察点	评分
学习评价的开放性	支持评价主体(学生、教师、家长等)多元	5
	支持评价方式(自评、互评、他评等)多元	5
	支持评价内容(演讲、测验、作品等)多元	5
	支持过程性和终结性评价	4

如评价量表中所示,模拟法庭的评价主体具有多元性,不仅限于教师或指导法官的评价,还包括学生自评、互评以及来自其他观众或专业人士的反馈。这种多元评价主体的设置,使得评价更为全面、客观,更能真实反映学生在模拟法庭活动中的表现。

首先,社区合作。我校与殷行司法所和上海百合花法律服务中心建立了合作关

---

① 本案例由罗天星撰写。

系,允许学生使用其资源,如法庭房间、法官袍、律师袍等。这为学生提供了一个真实的环境,让他们感受到法庭的庄重和严肃。其次,家长参与。许多家长对模拟法庭活动表示出浓厚的兴趣,他们不仅为学生提供指导,还参与旁听,给予学生鼓励和支持,这种家长参与有助于增强学生与家长之间的互动,同时也有助于提高学生对模拟法庭的重视。最后,学校支持。学校为模拟法庭提供学习空间,以确保活动的顺利进行。这些学习空间通常配备有法庭所需的设施,如法庭桌椅、证物展示台等,以模拟真实的法庭环境。此外,学校还为模拟法庭活动提供必要的硬件设施,如投影仪、音响设备等,以增强庭审过程的视听效果。同时,学校为模拟法庭提供人员支持,以确保活动的专业性和有效性。这包括法律教师或专业律师的指导,他们为学生提供法律知识和实务操作技能的培训,帮助学生更好地理解和应用法律知识。

二、情境创设贴近生活

表 5 - 15　模拟法庭空间教师评价表部分(2)

二级指标	三级指标	观察点	评分
体验性	学习内容体验	能够通过观察感受体验活动	4
		能够通过动手创造体验活动	3
		能够通过虚拟仿真体验活动	5
	学习过程体验	能够通过实践汇报体验活动	4
		能够通过讨论分享体验活动	4
	学习情感体验	能形成正确的情感体验	4
		能形成积极的态度	5
		能形成正确的价值观	4

例如量表中所示,模拟法庭的学习空间与剧本情境创设紧密结合,为学生们呈现了一个贴近生活、真实感强烈的法律实践场景。在这个精心打造的学习空间中,每一个细节都经过深思熟虑,力求还原现实生活中的法庭环境。

模拟法庭所采用的案例均来源于现实生活,具有真实性和代表性。学校与法律专家、社区工作者等合作,挑选出与学生生活密切相关的案例,如未成年人抚养问题、老年人赡养问题等。同时,学生可以根据自己的兴趣和特长选择扮演律师、法官、证人等角色。在模拟法庭的剧本中,每个角色都有自己的生活背景、性格特点和情感纠葛,使得整个模拟过程更加生动、真实。学生们在扮演角色的过程中,不仅需要深入理解法律条文和案件事实,还要学会从角色的角度出发,去感受和思考。通过角色扮演,学生能够更加深入地了解各个角色的职责和立场,更好地体验法庭的程序和规则,这样更容易引起学生的兴趣和共鸣,使他们更好地理解和应用法律知识。

三、学习体验感良好

通过模拟法庭，学生们可以扮演不同的角色，包括法官、辩护律师、当事人等。通过这样的学习空间，学生们通过辩论和论证展示自己的观点和论据，不仅可以提升语言表达能力和演讲技巧，还能够培养自信心和公众表达能力。这种非正式学习空间的建设为学生们提供了一个展示自我、锻炼能力的平台，使他们在模拟法庭活动中得到全面的提升。同时，这种学习空间的建设也强调了团队合作和协调能力的培养。模拟法庭活动需要学生们在一个团队中分工合作，共同完成案件的模拟审判。学习空间内的设施和布局有助于学生们进行团队讨论、分工合作和案件准备，促进他们之间的沟通、协作和解决问题的能力。在这个过程中，学生们不仅学会了与他人合作，还培养了团队合作精神和组织能力。

四、面临挑战

模拟法庭是我校2023年刚开展的教育活动，学校在空间资源分配上还存在一些不足。第一、活动场地受限。虽然学校为模拟法庭提供相应的软硬件设施，但资源分配并不均匀，暂时没有固定的活动场地，这有时会导致活动效果受限。第二、活动时间不固定。由于各种原因，模拟法庭活动只可能在学生周五放学时间排练，偶尔会受到其他活动时间安排上的冲突，排练频率相对较低。为了达到更好的教育效果，应当考虑增加活动的频率。第三、法律知识不足。由于高中生的法律知识相对有限，他们在模拟法庭中可能更多地关注形式而非实质，这就还需要教师在活动前进行充分的准备，确保活动的质量。

综上所述，我校模拟法庭空间学习既有其独特的价值又有局限性。为了更好地发挥其教育功能，学校接下来应当与社区、家长和其他资源方进行更紧密的合作，为学生创造一个既有趣又有教育意义的模拟法庭环境。

案例五

打造"生态鱼塘"，方能"渔"之有道
——利用虚拟空间进行教学的思考①

古人云："授人以鱼不如授之以渔"，说的是给人一条鱼能解他一时之饥，却不能解决长久的生计问题，不如教会他捕鱼的方法。然而，如果只是告诉学习者该如何捕鱼，却不给他练习、实践的时间和空间，恐怕他直接去江河湖海中捕鱼就会面临很多危机，所以辅导者如何创设训练与提供实践的机会，使其能在较短时间内获得捕鱼技能的相关素养是很重要的。

作为教育者，教师首先需要为学生创设合理的"捕鱼"技能学习空间，创设一个适

---

① 本案例由张念恩撰写。

合学生练习的"鱼塘"不失为一个好方法。这鱼塘必须有足够的大小和深度、有鱼、有船、有人养护,实现可持续发展,让学习者有兴趣、有目标在这里训练捕鱼技能,从中生成的内在驱动力可能还会让他学会划船、游泳、织网等技能,从而成为一名合格的渔夫,将来在更广阔的天地去捕鱼,从根本上解决他的生计问题。

我校生物学虚拟资源库就承担起了"鱼塘"的作用,通过实践,我们对其使用情况请相关教师和学生进行评价,希望及时发现可以改进的地方,更有利于在今后的教与学中发挥其重要作用。

一、虚拟学习空间应用情况反馈

我们本着"开放""共融""情境化"三个特征指标进行资源库的建设:

学习空间和时间应该是开放的,便于学生随时使用的。我校生物学虚拟资源库只需下载手机应用或通过电脑,经统一注册登录后就能使用。或在等待公交车的时候,或坐车上学的路上,只要有网络,就能打开手机完成一定的学习任务或自主学习,获取资源进行十分便捷,所以在学习空间和时间的开放性方面评分最高。

生物学资源库的来源较为丰富,内容相对比较开放。资源以视频为主,使生物学的微观世界以情境化的形式展现,有利于构建学生的形象思维,为其进一步的抽象思维创设条件。这些视频一方面来自高木学习,这是由上海市名师团队与高木科技技术团队打造的构建基于知识图谱的生物学智适应学习系统。该系统的资源不仅包含微课、动画、文本和测评试题,同时,还开发了核心素养进阶测评模型。这个系统的开发基于大数据的智能诊断、资源推送和学习辅导等应用,实现人机协同评价,形成评价共融。另一方面资源还来自本校生物教师搜集的课外拓展资源,主要来源有"空中课堂"、国内外生物纪录片相关视频资料,按上海科技出版社出版的普通高中《生物学》教材的顺序来进行编排,方便学生检索。另外还有教师或学生自己制作的微视频共享。资源内容的开放与融合性,适合学生高效使用虚拟资源进行学习。

表5-16　高中生物学虚拟空间建设的开放性打分表

三级指标	观察点	教师	学生
学习场所的开放性	支持学生在家或校外获取资源学习	5	5
学习时间的开放性	能在课堂上利用空间提供的资源学习	4	4
	能在课堂外通过学习空间学习感兴趣的内容	4	4
学习内容的开放性	提供了国家课程内的学习内容	4	4
	提供了国家课程外的优质学习资源	4	5
	学生的学习成果可共享	4	4
	学习资源动态变化,不断更新、迭代	4	4

根据教师教学任务完成的学习，评价方法也较为多样。不仅有高木学习的检测题，还有对学生学习过程的评价。对于学生的学习成果交流，我们不仅展开教师、互评等评价方式，对于内容也进行多方面的评价，比如不仅针对生物学科知识的科学性进行评价，还有对美术设计、创意设计等等开展评价。对学生进行培养学科核心素养与实创素养的多维评价，有利于提高学生的学习兴趣和创作自信。

表 5-17 高中生物学虚拟空间建设的共融性打分表

三级指标	观察点	教师	学生
资源来源的共融	国家课程、校本课程共融	4	4
	与国家中小学智慧教育平台、"空中课堂"等资源共融	5	5
	与区级"创智课堂"、校级"实创课堂"资源共融	4	4
空间功能共融	支持教师教学与学生自学共融	5	4
	支持自主学习与同伴互助学习共融	4	4
	支持书本知识学习与实践、实验学习共融	5	4
评价共融	为每个学生提供系统性的"数字画像"	5	4
	可以实现人机协同评价	5	4
培育目标共融	支持培养学科核心素养与实创素养	5	5
	支持德智体美劳五育融合	4	4

综上所述，我校的生物学虚拟资源库具备开放、共融的特征。

不过，通过实践及反馈，我们也发现了已有学习空间的不足，主要反映在校内的学习空间配套支持方面。首先是，鉴于硬件设施网络条件，交互性不够高效，资料上传比较费时；其次，支持学习的环境基本还是靠学生自己寻找，学校的设备支持不够，实验室不够开放，在校可以用于自主学习的课余时间不够。

表 5-18 高中生物学虚拟空间建设的学习支持打分表

三级指标	观察点	教师	学生
支持主动学习	支持学生主动使用软硬件设施	3	2
	支持学生主动参与实验、实践活动	3	3
支持落实学习	提供个性化学习的软硬件条件	3	2
能支持问题研究	提供合作探究的环境	2	1

二、反思

我们发现，同学们对于教师安排的通过资源库进行自主学习的任务存在一定的新鲜感和好奇心，这是他们愿意尝试自主学习的初动力。然而在自主学习的过程中，支持他们继续下去的动力是学习过程中对众多困难的克服,此时团队的合作与支持、教师及时跟进与支持、硬件环境的支持、家长的支持等等,都是学生完成自主学习有效保障。一旦这些条件失去支持,可能学生坚持下去的信心就会减少。

通过学生评价得知,我们的虚拟资源库虽使用方便,但是能充分自主学习的时间是不够的。一方面来自于课业繁忙。开放性的学习任务是比较耗时的,所以教师们安排开放性的学习任务需要注意留给他们充分的时间。另一方面,利用手机进行学习容易分心,实际上可能会降低他们学习效率,这需要学生用强大意志力坚持完成任务,这也需要教师创设更贴近他们生活的情境,创设更有吸引力的任务来提升他们学习的内驱力。第三,如果校内有更多的时间给他们交流、实验、合作学习,交互性更强,可能学习效果更佳,学生的体验性会更高。而高一的生物课只有1课时,有点捉襟见肘。最后,虽然大多学生学习主动性有所提高,但是部分同学参与度还是不够高。

三、展望

关于如何完善我们的资源库,我想有如下几点可以再进行提升或改变:

第一,完善实验室管理方法,设置一定的开放时间。毕竟生物学是一门实验科学,学校可以建立一定的管理制度,允许学生在教师引导下进行实验探究,线上与线下结合,让学生经历更多的体验,对提高其实验技能、培养科学思维和科学探究能力是很有帮助的。第二,课程设置上能留给学生一定的时间,让学生可以进行充分的合作学习、探究学习、交流分享。第三,设计校级的评价系统,将学生的作品挂在公共平台,让更多学生甚至家长参与平台资源的学习和分享,类似于"朋友圈"点赞和留言。这不仅可以提高学生参与的积极性,也可以提升他们的自信。第四,生物虚拟资源库需要教师们进行进一步资源的更新,比如每一年新的诺贝尔生理学奖、新的生物工程的运用等,这不仅与学科知识相关,更能体现生物科学的进步,引导学生关注社会热点,提高其社会责任感。

四、小结

课堂曾经是让学生学习的主要"鱼塘",但已不再是学生自主学习的主要空间,它存在时间和空间的限制,不够大,不够开放,不能满足学生时刻存在的求知欲驱动的自主学习。教师参与构筑开放、共融、情境化的虚拟空间资源库,会与学生学情高度匹配,有利于他们自主学习的开展,助力学生不受时空限制进行自主探究,配合校内各种硬件设施的支持,让他们多维度体验生物学学科的魅力,最终实现学科核心素养及跨学科素养的提高。

案例六

"现实"与"虚拟"交融的滨江行走：一次别开生面的社会实践活动①

社会实践活动是构建培育政治学科核心素养为主导的活动型课程的重要途径，合理有效地开发利用政治学科社会实践活动资源关系到社会实践活动的开展与成效。本案例聚焦政治学科社会实践活动虚拟学习空间开发与利用，如何将网络、社区、高校博物院等学习资源通过多媒体方式呈现的虚拟学习空间与社会实践有效结合。本案例设计了题为《杨浦滨江，人民的滨江》的参观访问实践活动，旨在通过学生实地参观、亲身感悟杨浦滨江的变化和党的坚持以人民为中心的理念，结合互联网平台提供的资源和互动栏目，更深入地了解杨浦滨江的过去、现在和将来，利用学科互动平台对实践成果进行交流、评价，使学生在实践中学习感悟学科知识，在虚拟学习空间交流分享学习成果，实现"现实"与"虚拟"的交融，提升实践活动的成效。

一、"现实"与"虚拟"碰撞的火花——社会实践活动虚拟学习空间使用效果

"现实"与"虚拟"交融的滨江行走效果如何呢？

从学生学习方式上看，评价数据（表5-19）显示通过参加访问，撰写交流观后感、小组讨论，促进学生转变学习方式，在合作学习和探究学习过程中，培养创新精神，提高沟通能力与分析问题解决问题的能力，助力学科核心素养和实创精神的培养。

表5-19　"滨江行走"虚拟空间建设打分表1

支持主动学习	支持学生主动使用软硬件设施	4
	支持学生主动参与小组合作与问题解决	4
	支持学生主动参与实验、实践活动	4
支持主动创新	支持学生参与活动、项目	5
	支持形成新创意及作品	4

学生通过虚拟学习空间的学科互动平台对探究的成果进行交流展示、点评、网上投票，促进师生、生生互动，增强学习内容、过程、情感的体验，有助于形成积极的态度，正确的价值观（见表5-20）。在与同伴的学习交流中碰撞出思维的火花，激发问题意识和创新思维。可见社会实践活动与虚拟学习空间的结合能有效促进学生学习方式的交互性、主动性、体验性和问题性。

---

① 本案例由陶琪华撰写。

表5-20 "滨江行走"虚拟空间建设打分表2

与资源交互	能利用投影仪、互动白板等硬件设备	4
	能利用网络资源	4
	能利用家庭资源	3
	能利用社区资源	3
学习过程体验	能够通过实践汇报体验活动	5
	能够通过讨论分享体验活动	4
学习情感体验	能形成正确的情感体验	4
	能形成积极的态度	4
	能形成正确的价值观	4
能激发学生提问的意识	依托真实的情境激发	5
	依托实验或虚拟实验激发	
	在与同伴的学习交流中激发	5
能展示问题研究成果	借助软硬件设备，通过汇报、竞赛、模拟等方式展示成果	5
	支持校、内外展示交流	4

从学习空间的使用情况看(见表5-21)虚拟学习空间为学生实践活动提供更多的资源、实现学习成果可共享,评价主体、内容、方式的多元化,将过程性评价和终结性评价有效结合,书本知识学习与实践共融,促进学科核心素养的提升。

表5-21 "滨江行走"虚拟空间建设打分表3

学习评价的开放性	支持评价主体(学生、教师、家长等)多元	5
	支持评价方式(自评、互评、他评等)多元	5
	支持评价内容(演讲、测验、作品等)多元	4
	支持过程性和终结性评价	4

二、当"虚拟"遭遇"现实"的短板——社会实践活动虚拟学习空间存在的不足

案例实施过程中也发现不少问题。例如学习方式变革上(见表5-22),虚拟学习空间在实现学习内容、资源、成果共享的同时如何保障学生学习独立性、自主性、真实性,虚拟学习空间会不会成为学生抄袭的温床;另外本学科虚拟学习空间缺乏个性化学习支持,如针对不同学生的个性化推荐、学习路径规划等,这使得学生无法得到个性化的学习支持,影响学习效果。学习互动上比较单一,校际、家庭、社会之间互动缺乏。

表 5-22 "滨江行走"虚拟空间建设打分表 4

与人交互		与校内师生互动	4
		与校际师生互动	2
		与家庭互动	2
		与社会人士互动	2
独立性	支持学习规划	提供有针对性的学习目标	2
		提供学习规划的建议	2
		支持学生基于建议进行学习规划	3
	支持落实学习	提供个性化学习的软硬件条件	3
		提供实时监测与反馈	2
	支持自我评价	提供参考性学习评价	2
		支持学生基于参考性评价进行自评	2

在虚拟学习空间使用上(见表 5-23)，通过学科互动平台让学生参与点评互动，让学生在开放互动中有参与感、获得感和成就感。但是在过程中，如何防止出现恶意点评或蓄意骚扰，学生的个人信息和隐私如何得到有效的保护。从学习空间的资源来说，有效的资源还不够，特别是社区、博物馆、高校的资源，更新迭代速度较慢。

表 5-23 "滨江行走"虚拟空间建设打分表 5

学习场所的开放性	包括教室、楼道、墙面等校内场所	4
	包括社区、高校、博物馆等	3
	支持学生在家或校外获取资源学习	2
学习时间的开放性	能在课堂上利用空间提供的资源学习	3
	能在课堂外通过学习空间学习感兴趣的内容	3
学习内容的开放性	学习资源动态变化，不断更新、迭代	2

三、让"虚拟"为"现实"赋能——如何完善政治社会实践虚拟学习空间

第一，实施对虚拟学习空间有效的监管。教师需要定期检查学生的学习进度和成果，并提供及时的反馈和相应的奖惩：一旦发现抄袭现象及时予以警示；优秀的实践成果给予奖励和推广，激励学生开展独立的实践探究。教师需要特别注意保护学生的隐私和安全，不应公开学生的个人信息，同时也要及时关注学生在虚拟学习空间中的活动不会受到骚扰或侵犯。教师应与学生共同制定文明公约，一旦出现上述问题及时予以纠正，营造一个文明健康、积极向上、学风优良的虚拟学习空间。

第二，完善虚拟学习空间资源建设。虚拟学习空间可以提供模拟社会实践的资源，如模拟场景、角色扮演、互动环节等。这些资源可以帮助学生模拟真实的社会环

境,了解社会实践的流程和要求,提高实践能力和应对能力。可以整合更多社区、博物馆、大学的资源,包括视频教程、在线讲座、互动课程等,帮助学生深入了解社会实践的主题和内容,增加学校、家庭、社会之间的互动,提高社会实践的效果和质量。

第三,维护虚拟学习空间平台建设。虚拟学习空间可能会出现各种技术问题,如网络连接中断、学习平台崩溃等。教师需要具备处理这些问题的能力,确保学生的学习不受影响。同时,教师也需要定期更新和升级学习平台,以提供更好的学习体验。

社会实践与虚拟学习空间相结合,实现"现实"与"虚拟"的交融,可以为学生提供丰富的资源和更广阔的学习空间,促进学习方式的变革,激发学生的创新精神和实践能力,提升学科核心素养。

第四节　展望空间再造的前景

一、对空间建设及评价指标体系的反思

从六个案例中,可知我们开展的空间建设取得了一定成果,正式空间的教学活动正在有条不紊地尝试和优化中,教室内外的墙面文化已能初步发挥环境育人价值;校家社一体化空间的布局正在稳步拓展;虚拟空间的建设和应用也在初步尝试。

同时,我们也综合了空间使用者的多方意见,梳理出一些对现行评价指标体系的意见:

1. 评价量表有些复杂而不易操作打分
2. 有些评价指标的内涵似有交叉重复
3. 量表的某些指标个性化不够强,对个别特殊活动无法评价
4. 个别评价指标的评价主体不太统一
5. 个别评价指标使用过于专业的术语,对家长、学生这些非专业评价主体不太友好

二、空间再造和学习空间下的教学活动评价指标体系优化改进方向

(一) 优化评价指标体系,科学评价空间下的教学活动

我们将听取空间使用者的意见建议,对评价量表体系进行梳理、合并同质指标、明确指标概念、提供个性化评价服务。

(二) 形成空间建设—教学应用—活动评价—空间再造的闭环

我们将进一步加强学校内外各级评价机制的衔接,形成持续优化的学习空间建设和评

价闭环；建立评价结果的反馈机制，确保评价结果直接指引学校的建设。

（三）尝试建立智能化的学习空间实时监测系统

我们将尝试与专业机构合作，利用信息化时代下的大数据分析技术，通过实时监测学生在学习空间中的行为，收集学生在学习空间的活动轨迹、设备使用情况等数据，深入了解学习空间的实际使用情况，指导空间再造，不断提升学习空间的品质。

三、空间再造的前景展望

（一）保障学习空间的开放性和功能性

未来，我们将进一步落实学习空间的开放性，不止体现在跨越物理隔离界线，更应重视师生心理上的包容互动，从而更好地激发师生的创造力，服务于更加沉浸式的学习体验，同时做好顶层规划，合理空间布局，突出体现学习空间的主题性，使其更好地支撑个性化教学。

（二）融通正式学习空间、非正式学习空间、虚拟空间

未来，我们将通过进一步融通三种类别的学习空间，提高学习的便捷性与学习空间功能价值的发挥。积极拓宽普通教室、专用教室、创新实验室等正式学习空间的非正式学习功能，为学生自主合作学习、校家社互动合作、获取虚拟空间学习资源等提供服务。

（三）推动传统教学空间转型升级

未来，我们将在学习空间的持续建构升级中，努力打造教育生态系统，推动教学组织的创新，从而形成更富自主性与交互性的空间设计；推动课程体系的重构，从而匹配可选择、多样化的学习空间；加强对学生学习路径的指引，从而打造全过程、个性化的学习空间格局。

（四）加强多元协作，发挥学习空间的社会价值

未来，我们将利用学习空间建设和评价，探索与政府、教育机构、家长和学生等多方建立更加紧密的合作关系。通过座谈会、工作坊和调查研究等形式，形成共识，更好地整合各方资源，为学习空间建设和评价提供更为有效的指导，推动学校教育教学水平不断提升。

反思是前进的推进器，我们将继续加强反思，不断优化评价指标体系，推动学习空间建设朝更科学的方向发展，最终助力学习方式的变革和学习实效的提升，为党育人、为国育才。

终章
空间再造的成效反思[①]

学习空间是学生学习发生的载体，学校通过正式、非正式、虚拟学习空间的建设，将核心价值观和核心素养培育、办学理念和办学特色落实、"双新"改革推进和育人目标达成蕴含其中，创设了良好的学习氛围，使学生心灵得到了滋养，校园文化氛围变得更浓厚，师生认同感有效提升。

一、成效评估

1. 空间再造路径明晰，教师专业素养优化。高中学习方式变革与学习空间建设的理论研究和实证分析，为学校提供科学、合理和有效的学习空间再造理论和策略，为今后的研究和实践提供有力的理论支撑和参考。在研究实践中，教师明晰了学习空间与学生核心素养培育之间的内在联系，认识了空间资源整合在促进高中生核心素养培育中的关键性角色，教师的研究和实践能力得以提升。学校形成了促进学习方式变革的正式学习空间再造建设路径，形成了各种空间建设案例和研究报告，编印了《创新学习空间建设与应用的实践研究》《改进学习方式的虚拟学习空间的实践研究》等校内刊物。学科组依据子课题的分任务积极申报市、区级教科研课题或项目，多个学科课题获得区级立项，多位教师获得市级奖项，提升了教科研水平和学科专业素养。本书初步回答了"如何建设支持自主、合作、探究式学习的学习空间"的问题，为教育学者和实践者提供了一个新的视角来探讨教育环境与学习方式之间的相互作用和影响。

2. 正式空间功能迭代，实创特色课程优化。普通教室的数字化升级，专用教室的情景化再造，实创中心的融合功能迭代，构建了支持学生个性化和全面发展的学习空间，为学校的课程和育人方式转型提供强有力的支持。学校在正式空间建设中，以实创素养为抓手，聚焦国家课程与校本课程之间的融合，分析当前学生的学习方式和需求，深度探索学习空

[①] 本章由陈美莲撰写。

间再造策略,对于体验激趣、实践培特、探究赋能三级实创课程的课程开发和实施进行优化,对学科教学、综合实践活动、生涯指导、社团课程都起到了很好的支撑作用。学生实创课程学习过程中,不仅有独立完成,更多的是团队合作,不仅取材于校内,还要借助校外资源,学生独立判断、分析综合等高阶思维获得了提高,更难得的是,学生感受到了"由作业到作品"的成就感与愉悦感,学生的实创素养得到提升,也为学校"建设实创学校,培育实创素养"的办学特色提供有力支持。

3. 墙面空间功能升级,环境育人效能优化。墙面学习空间建设促进了"如何通过墙面学习空间建设提升学校文化建设水平"的理论研究,发挥墙面空间建设在立德树人、文化建设的重要价值。班级内部安装的展示板,成为优秀作品的展示园地,促进同伴教育效果明显。班级外部展示板成为班级文化的宣传窗口,将同伴学习拓展到班级之际的学习。实验室展示墙为学生提供课外的学习资源,显示屏能够比较便捷地传播最新的学科知识,走廊开放式实验装置给予学生及时动手实践体验。办公室墙和楼梯墙建设,促进师生交融,起到了引领学生学习先进文化、高雅文化的作用。在墙面学习空间建设过程中,很多都是由学生自主设计、自主布置,将想法转化为做法,改变了主要动脑、较少动手的学习方式,强化学生的主体意识、实践意识,激发学生的内驱力、创新力,展示了学生个性化才能,享受到从学习到实践的乐趣。

4. 校家社育人体系更新,一体化育人课程优化。通过研究和实践,打造家庭融合学习空间,创新专题教育空间,建立社会复合学习空间,丰富志愿服务空间,建设"校家社"综合学习空间,充实综评实践空间,完成了非正式学习空间——"校家社"一体化空间的再造,学校、家庭、社会三方育人目标一致、课程体系完整、功能融合互补,家庭学校社会协同育人机制健全。非正式学习空间再造有效突破了学校教育资源的局限性,师生普遍认为非正式学习空间中的学习可以提高学生综合素质,它是一种拓宽视野的学习手段;是一种培养与人沟通,锻炼协作统筹能力的方法;是一种精神放松、境界提升的途径。学生在家文化传承、志愿者服务、综评实践等多元活动中感受到非正式空间的学习更为自由,学习方式注重合作性、交互性,学习内容具有情境性,提升了他们参与社会实践的能力,学生学习体验进一步丰富。

5. "原创"平台初步完成,个性化学习路径优化。我们完成了学校的平台建设方案和各学科的资源建设的原则和目录框架,打磨了一部分学习资源样例,通过数字资源开发、数字技术运用、数字平台建设,初步完成"原创"学生个性化学习平台的建设。教师在学习行为特征研究、技术赋能学生发展等主题深入研讨中,加深了对学科结构,学习方式,现代化技术手段的认识和实践。在教师的教学行为的变革下,学生的学习行为方式也在逐步发生变化。学生在"原创"个性化自主学习平台的支持下开展查找资料、制作视频、当众演讲、表演短剧、课题研究、动手实践、成果展示、在线交互等多元学习活动中,不再是被动的接受者,而是主动的探索者,更多的是自主学习、合作探讨,激发了学生对学习的兴趣,满足了学生个性化需求,把学习与生活、生命、成长、发展有机联系起来,促进学生全面而个性发展。

二、未来思考

1. 正式空间及课程建设进一步优化。展望未来,我们将着重于进一步优化课程及其实施。通过引入更加精细的分析工具和方法学,深入剖析学习空间与学生学习行为的内在关系,完善课程建设。采取更具针对性的调研手段,实现对学习空间使用情况的精准监测和分析。同时依托跨学科的研究团队,集结更多领域的专家学者,强化与教育前沿理论的对接,引入心理学、教育学等多方面的理论支撑,进而更有针对性地进行学习空间的设计和优化,通过更加精细化和专业化的调研,实现学习空间的适性发展。

2. 校家社一体化课程活动进一步多元。当前非正式学习空间课程建设在家校之间已形成了较好的融合,但在家与家之间的融合相对较少,校家社一体化特色品牌活动还不够丰富,面对学生提出的需求尚有一定差距。后续我们将继续在学校已有的基础上打破固有的空间的概念,实现灵活的构建和组合,加强校家社三方资源整合,使得学习空间更加开放和灵活,通过课程、空间、学习方式等各方面要素的协同创新来转变教育模式,最大程度地满足对学生个性化培养的需求。

3. 虚拟空间平台及资源进一步完善。虚拟空间中学习资源建设的覆盖面、内容的完备性和学情的针对性有待进一步完善。对学生使用"原创"平台的习惯、能力、状态加强研判,完善学习平台的建设与管理,增强学生使用的动力和效能。随着人工智能的不断发展,做一些新的尝试,如虚拟现实教学、编程与机器人教育。在教育数字化转型的过程中,探索"数字基座"建设,整合各方资源,为学生个性成长提供智慧的学习环境。

4. 空间再造评价体系进一步改进。我们将听取空间使用者的意见建议,对评价量表体系进行梳理、合并同质指标、明确指标概念、提供个性化评价服务。加强各级评价机制衔接,建立评价结果反馈机制,尝试智能化学习空间实时监测系统建设,形成空间建设—教学应用—活动评价—空间再造的闭环,推动学习空间建设朝更科学的方向发展,最终助力学习方式的变革和学习实效的提升。

本书对学校空间再造研究只是一个粗浅的开始,我们期待在学习空间再造的持续推进中,促使办学者办学理念的迭代和办学路径的优化、教育者教育理念的升级和育人方式的创新、学习者学习意愿的激发和学习方式的变革,更好地激发师生的创造力,推动课程体系的优化,促进高质量学习的发生,打造良好的教育生态,促进学生全面而有个性地发展,实现为党育人、为国育才的价值追求。

参 考 文 献

［１］汤瑞丽.思维发展视角下的中小学学习方式变革研究——以武汉市新洲区思源实验学校为例［D］.武汉:武汉大学,2017.

［２］孙美荣.高中生学习方式的调查分析［J］.江苏教育研究.2017,2A/3A,45.

［３］刘春玲.国内外有关学习方式的研究综述及对我国教学发展的启示［J］.教育实践与研究,2004(02):3—6.

［４］竺建伟.基于学生发展核心素养的学习空间重构［J］.教育与装备研究,2017(11):6—9.

［５］［美］贝兰卡(James Bellanca),勃兰特(RonBrandt).21世纪学习的愿景［M］.安桂清,主译.上海:华东师范大学出版社,2020.

［６］江丰光,孙铭泽.国内外学习空间的再设计与案例分析［J］.中国电化教育,2016(2):33—40.

［７］杨俊锋,黄荣怀等.国外学习空间研究评述［J］.中国电化教育,2013(6):15—20.

［８］许亚锋,尹晗,张际平.学习空间:概念内涵、研究现状与实践进展［J］.现代远程教育研究,2015,(03):82—94＋112.

［９］景玉慧.指向混合学习的学习空间建设与应用研究［D］.南京:南京师范大学,2018.

［10］吴慧平,陈怡.新西兰中小学构建灵活性学习空间的理论与实践［J］.教师教育论坛,2018,31(10):80—83.

［11］范斐,陆洲.以学习者为中心的跨学科创新学习空间营造研究［J］.高等工程教育研究,2016,(02):63—68.

［12］王运彬,叶曦,林君雅,郑洁洁.面向非正式学习的图书馆虚拟学习空间建构研究［J］.图书馆理论与实践,2019(5):1—9.